Prinzipien des Softwaredesigns

Prinzipien des Softwaredesigns

Entwurfsstrategien für komplexe Systeme

John Ousterhout

Deutsche Übersetzung von
Thomas Demmig

John Ousterhout

Lektorat: Ariane Hesse
Übersetzung: Thomas Demmig
Korrektorat: Sibylle Feldmann, *www.richtiger-text.de*
Satz: III-satz, *www.drei-satz.de*
Herstellung: Stefanie Weidner
Umschlaggestaltung: Karen Montgomery, Michael Oreal, *www.oreal.de*
Druck und Bindung: mediaprint solutions GmbH, 33100 Paderborn

Bibliografische Information der Deutschen Nationalbibliothek
Die Deutsche Nationalbibliothek verzeichnet diese Publikation in der Deutschen Nationalbibliografie; detaillierte bibliografische Daten sind im Internet über *http://dnb.d-nb.de* abrufbar.

ISBN:
Print 978-3-96009-159-2
PDF 978-3-96010-499-5
ePub 978-3-96010-500-8
mobi 978-3-96010-501-5

1. Auflage 2022

Wieblinger Weg 17
69123 Heidelberg

Title of the English original: A Philosophy of Software Design, 2nd Edition
ISBN 978-1732102217

Dieses Buch erscheint in Kooperation mit O'Reilly Media, Inc. unter dem Imprint »O'REILLY«. O'REILLY ist ein Markenzeichen und eine eingetragene Marke von O'Reilly Media, Inc. und wird mit Einwilligung des Eigentümers verwendet.

Hinweis:
Dieses Buch wurde auf PEFC-zertifiziertem Papier aus nachhaltiger Waldwirtschaft gedruckt. Der Umwelt zuliebe verzichten wir zusätzlich auf die Einschweißfolie.

Schreiben Sie uns:
Falls Sie Anregungen, Wünsche und Kommentare haben, lassen Sie es uns wissen: *kommentar@oreilly.de*.

5 4 3 2 1 0

Inhalt

Vorwort

Seit mehr als 80 Jahren schreiben Menschen Programme für elektronische Computer, aber es gibt erstaunlich wenige Diskussionen darüber, wie diese Programme zu designen sind oder wie gute Programme aussehen sollten. Es wurde viel über die Prozesse bei der Softwareentwicklung gesprochen – zum Beispiel über agile Entwicklung oder Entwicklungswerkzeuge wie Debugger, Systeme zur Versionsverwaltung und Tools zur Testabdeckung. Auch gab es umfassende Analysen zu Programmiertechniken wie zum Beispiel objektorientierter oder funktionaler Programmierung, aber auch zu Design Patterns und Algorithmen. Alle diese Diskussionen sind sehr wertvoll, aber das zentrale Problem des Softwaredesigns wird größtenteils nicht angegangen. Der Grundsatzartikel »On the Criteria to be used in Decomposing Systems into Modules« von David Parnas erschien 1971, aber der Stand der Technik hat sich im Softwaredesign in den folgenden 45 Jahren nicht sonderlich weiterentwickelt.

Das grundlegendste Problem in der Informatik ist die *Problemzerlegung*: Wie teilen Sie ein komplexes Problem so in Teile auf, dass diese unabhängig voneinander gelöst werden können? Die Problemzerlegung ist die zentrale Designaufgabe, der man sich beim Programmieren tagtäglich gegenübersieht – und trotzdem habe ich abgesehen von den hier beschriebenen Arbeiten noch keinen einzigen Kurs an einer Universität finden können, in dem die Problemzerlegung ein zentrales Thema wäre. Wir unterrichten `for`-Schleifen und objektorientierte Programmierung, aber kein Softwaredesign.

Zudem schwanken Qualität und Produktivität derjenigen, die programmieren, sehr stark, wir haben uns aber bisher keine große Mühe damit gegeben, herauszufinden, was die Besten so viel besser macht, oder diese Fähigkeiten in unseren Kursen zu unterrichten. Ich habe mit vielen Leuten gesprochen, deren Programmierkünste ich hoch einschätze, aber die meisten hatten Probleme damit, die spezifischen Techniken zu benennen, die ihnen ihren Vorteil verschaffen. Viele gehen davon aus, dass die Fähigkeit zu gutem Softwaredesign »angeboren« sei und nicht gelehrt werden könne. Aber es gibt eine recht gute wissenschaftliche Evidenz dafür, dass außergewöhnliche Leistungen in vielen Bereichen mehr mit hochwertiger Praxis denn mit angeborenen Fähigkeiten zu tun haben (siehe zum Beispiel das Buch *Talent wird überschätzt* von Geoff Colvin).

Viele Jahre haben mich diese Themen verwirrt und frustriert. Ich fragte mich, ob Softwaredesign gelehrt werden kann, und stellte die Hypothese auf, dass die Fähigkeit zum Design gerade den Unterschied zwischen großartigem und normalem Programmieren ausmacht. Schließlich wurde mir klar, dass ich diese Fragen nur beantworten kann, indem ich Softwaredesign unterrichte. Das Ergebnis ist CS 190 an der Stanford University. In diesem Kurs präsentiere ich die Prinzipien des Softwaredesigns. Die Studierenden nutzen dann eine Reihe von Projekten, um sich mit diesen Prinzipien vertraut zu machen und sie einzuüben. Der Kurs ist ähnlich aufgebaut wie ein klassischer Universitätskurs zum Schreiben von Texten. Dabei folgen die Studierenden einem iterativen Prozess, in dem sie einen Entwurf erstellen, Feedback erhalten und den Text dann neu schreiben, um besser zu werden. In CS 190 entwickeln die Studierenden eine realistische Software von Grund auf. Dann werden umfangreiche Code Reviews durchgeführt, um Designprobleme aufzudecken, und die Studierenden überarbeiten ihre Projekte, um diese Probleme zu beheben. So können sie sehen, wie sich ihr Code durch das Anwenden von Designprinzipien verbessern lässt.

Ich habe den Kurs in Softwaredesign nun drei Mal gehalten, und dieses Buch basiert auf den Designprinzipien, die sich daraus entwickelt haben. Sie sind ziemlich allgemein gehalten und stoßen bereits an die Grenzen zur Philosophie (»Definieren Sie die Existenz von Fehlern weg«), dadurch ist es für Studierende schwierig, die Ideen in dieser Abstraktheit zu verstehen. Sie lernen am besten, indem sie Code schreiben, Fehler machen und dann sehen, wie ihre Fehler und deren notwendige Fixes mit den Prinzipien in Zusammenhang stehen.

Jetzt fragen Sie sich vielleicht, wieso ich der Meinung bin, beim Softwaredesign alle Antworten zu kennen. Nun, ehrlich gesagt: Ich kenne sie nicht. Als ich das Programmieren erlernte, gab es keine Kurse zum Softwaredesign, und es gab niemanden, der mir die Designprinzipien erklärt hat. Auch Code Reviews waren damals quasi nicht existent. Meine Ideen zum Softwaredesign entstammen meiner persönlichen Erfahrung beim Lesen und Schreiben von Code. Im Laufe meiner Karriere schrieb ich etwa 250.000 Zeilen Code in diversen Programmiersprachen. Ich arbeitete in Teams, die drei Betriebssysteme von Grund auf erstellt haben. Es entstanden eine Reihe von Datei- und Storage-Systemen, Infrastrukturtools wie Debugger, Build-Systeme und GUI-Toolkits, eine Skriptsprache und interaktive Editoren für Text, Grafiken, Präsentationen und integrierte Schaltkreise. In dieser Zeit erfuhr ich die Probleme großer Systeme aus erster Hand und experimentierte mit diversen Designtechniken. Zudem las ich ziemlich viel Code von anderen Programmiererinnen und Programmierern, sodass ich viele unterschiedliche Ansätze kennenlernen konnte – sowohl gute wie auch schlechte.

Mit dieser Erfahrung versuchte ich, aus häufig anzutreffenden Gedankengängen vermeidbare Fehler, aber auch sinnvolle Techniken zu extrahieren und abzuleiten. Dieses Buch spiegelt meine Erfahrungen wider: Jedes hier beschriebene Problem ist eines, dem ich mich persönlich gegenübersah, und jede vorgeschlagene Technik ist eine, die ich in meinem eigenen Code erfolgreich eingesetzt habe.

Ich erwarte nicht, dass dieses Buch das letzte Wort zum Thema Softwaredesign sein wird – ich bin sicher, dass es noch andere lohnenswerte Techniken gibt, die ich nicht kenne, und manche meiner Vorschläge werden sich vielleicht langfristig als nicht so gute Ideen herausstellen. Aber ich hoffe, mit diesem Buch eine Diskussion über Softwaredesign anzustoßen. Vergleichen Sie die Ideen in diesem Buch mit Ihren eigenen Erfahrungen und entscheiden Sie selbst, ob die hier beschriebenen Vorgehensweisen die Komplexität der Software tatsächlich reduzieren. Dieses Buch ist eine Meinungsäußerung, daher werden manche Leserinnen und Leser ein paar meiner Vorschläge nicht gut finden. Wenn Sie anderer Meinung sind, versuchen Sie, herauszufinden, woran das liegt. Ich bin daran interessiert, von Ihnen zu hören, was für Sie funktioniert, was nicht funktioniert und welche Ideen Sie ansonsten zum Thema Softwaredesign haben. Ich hoffe, dass die sich daraus ergebenden Gespräche unser gemeinsames Verständnis von Softwaredesign verbessern werden. In zukünftigen Auflagen dieses Buchs werde ich mit aufnehmen, was ich daraus gelernt habe.

Am besten kommunizieren Sie mit mir über das Buch, indem Sie eine E-Mail an diese Adresse schicken:

`software-design-book@googlegroups.com`

Interessiert bin ich an Ihrem spezifischen Feedback zum Buch – wie zum Beispiel an Verbesserungsvorschlägen oder eventuellen Fehlern –, aber auch an allgemeinen Gedanken und Erfahrungen rund um Softwaredesign. Besonders freue ich mich auf spannende Beispiele, die ich in zukünftigen Auflagen verwenden kann. Die besten Beispiele illustrieren ein wichtiges Designprinzip, während sie gleichzeitig so einfach sind, dass sie sich in ein oder zwei Absätzen erläutern lassen. Möchten Sie wissen, was andere Menschen an diese E-Mail-Adresse schicken, oder möchten Sie sich an Diskussionen beteiligen, können Sie der Google Group *software-design-book* beitreten.

Sollte diese Gruppe aus irgendwelchen Gründen in Zukunft nicht mehr existieren, suchen Sie im Web nach meiner Homepage – sie wird aktuelle Informationen zur Kommunikation zu diesem Buch enthalten. Schicken Sie bitte keine E-Mails rund um das Buch an meine private E-Mail-Adresse.

Ich empfehle Ihnen, die Vorschläge in diesem Buch mit einer gewissen Vorsicht zu genießen. Das Gesamtziel ist eine Reduktion der Komplexität – das ist wichtiger als alle anderen spezifischen Prinzipien oder Ideen, von denen Sie hier lesen werden. Wenn Sie eine Idee aus diesem Buch ausprobieren und feststellen, dass sie die Komplexität gar nicht verringert, sollten Sie sich nicht dazu genötigt fühlen, sie trotzdem einzusetzen (aber lassen Sie mich an Ihrer Erfahrung teilhaben – ich möchte mitbekommen, was funktioniert und was nicht).

Viele Menschen haben Kritik geäußert oder Vorschläge gemacht, wie man die Qualität dieses Buchs verbessern könnte. Von folgenden erhielt ich hilfreiche Kommentare zu den diversen Entwürfen: Abutalib Aghayev, Jeff Dean, Will Duquette, Sanjay Ghemawat, John Hartman, Brian Kernighan, James Koppel, Amy Ousterhout, Kay Ousterhout, Rob Pike, Partha Ranganathan, Daniel Rey, Keith Schwartz und Alex Snaps. Christos Kozyrakis hat die Begriffe »deep« (»tief«) und »shallow« (»flach«) für Klassen und Schnittstellen vorgeschlagen, die anstelle von »thick« und »thin« traten, die nicht so eindeutig waren. Ich bedanke mich auch bei den Studierenden in CS 190 – das Lesen ihres Codes und die Diskussionen mit ihnen haben mir dabei geholfen, meine Gedanken zum Design besser ordnen zu können.

KAPITEL 1

Einführung (es geht immer um Komplexität)

Das Schreiben von Computersoftware gehört zu den uneingeschränkt kreativen Aktivitäten in der Geschichte der Menschheit. Programmierer und Programmiererinnen sind nicht an Beschränkungen wie die Gesetze der Physik gebunden – wir können spannende virtuelle Welten erschaffen, die so in der Realität nie möglich wären. Zum Programmieren benötigt man keine großen physischen Voraussetzungen und auch keine gute Koordination wie beim Ballett oder beim Basketball. Sie brauchen nur einen kreativen Kopf und die Fähigkeit, Ihre Gedanken zu ordnen. Können Sie sich ein System vorstellen, können Sie es vermutlich auch in einem Computerprogramm implementieren.

Die größte Einschränkung beim Schreiben von Software ist also unsere Fähigkeit, das zu erschaffende System zu verstehen. Wenn sich ein Programm weiterentwickelt und mehr Features notwendig sind, wird es komplizierter, und es gibt subtile Abhängigkeiten zwischen den Komponenten. Mit der Zeit summiert sich die Komplexität auf, und es wird beim Programmieren immer schwieriger, alle relevanten Faktoren beim Anpassen des Systems im Kopf zu behalten. Das verlangsamt das Entwickeln und führt zu Fehlern, was die Entwicklung noch mehr verlangsamt und noch teurer macht. Die Komplexität steigt mit zunehmender Lebenszeit jedes Programms ganz unvermeidlich. Je umfangreicher es ist und je mehr Personen daran arbeiten, desto schwieriger wird es, sie im Griff zu behalten.

Gute Entwicklungswerkzeuge können uns dabei helfen, mit der Komplexität umzugehen, und in den letzten Jahrzehnten entstanden viele großartige Tools. Aber es gibt eine Grenze bei dem, was wir allein mit Tools erreichen können. Wollen wir das Schreiben von Software leichter machen, damit wir mit weniger Aufwand leistungsfähigere Systeme bauen können, müssen wir Wege finden, die Software einfacher zu gestalten. Die Komplexität wird trotz all unserer Bemühungen mit der Zeit wachsen, aber ein einfacheres Design erlaubt uns, größere und leistungsfähigere Systeme zu bauen, bevor uns die Komplexität erschlägt.

Es gibt im Allgemeinen zwei Ansätze, Komplexität zu bekämpfen, und auf beide werden wir in diesem Buch eingehen. Der erste ist, die Komplexität zu reduzieren, indem wir den Code einfacher und offensichtlicher machen. So können wir beispielsweise Spezialfälle ausmerzen oder Namen konsistent einsetzen.

Der zweite Ansatz besteht darin, die Komplexität zu kapseln, sodass man in einem System programmieren kann, ohne mit der gesamten Komplexität auf einmal konfrontiert zu werden. Dieser Ansatz nennt sich *modulares Design*. Dabei wird ein Softwaresystem in *Module* aufgeteilt, wie zum Beispiel in einer objektorientierten Sprache in Klassen. Die Module sind so entworfen, dass sie voneinander relativ unabhängig sind, sodass man beim Programmieren mit einem Modul arbeiten kann, ohne die Details anderer Module verstehen zu müssen.

Weil Software so formbar ist, handelt es sich beim Softwaredesign um einen fortlaufenden Prozess, der den gesamten Lebenszyklus eines Softwaresystems begleitet – das unterscheidet das Softwaredesign vom Entwurf physischer Systeme, etwa von Gebäuden, Schiffen oder Brücken. Aber Softwaredesign wurde nicht immer so betrachtet. In der Anfangszeit der Programmierung konzentrierte sich das Design zunächst im Wesentlichen auf den Beginn eines Projekts – so wie in anderen Ingenieurdisziplinen. Der extremste Ansatz nennt sich *Wasserfallmodell*, bei dem ein Projekt in getrennte Phasen unterteilt wird, wie zum Beispiel Anforderungsdefinition, Design, Programmieren, Testen und Wartung. Im Wasserfallmodell wird jede Phase erst abgeschlossen, bevor die nächste beginnen kann – in vielen Fällen sind auch unterschiedliche Personen für die verschiedenen Phasen verantwortlich. Das gesamte System wird auf einmal in der initialen Designphase entworfen. Dann wird das Design am Ende der Phase eingefroren, und die folgenden Phasen haben die Aufgaben, dieses Design mit Leben zu füllen und zu implementieren.

Leider funktioniert das Wasserfallmodell für Software nur sehr selten. Softwaresysteme sind intrinsisch viel komplexer als physische Systeme – es ist nicht möglich, das Design eines großen Softwaresystems so gut darzustellen, dass alle seine Implikationen verstanden werden, bevor man etwas baut. Im Ergebnis wird das initiale Design viele Probleme haben. Diese werden erst sichtbar, wenn die Implementierung voranschreitet. Aber das Wasserfallmodell ist nicht dazu gedacht, an diesem Punkt noch große Designveränderungen zu ermöglichen (zum Beispiel können sich die Designteams schon einem anderen Projekt zugewandt haben). Daher versucht die Entwicklung, die Probleme zu umgehen, ohne das Gesamtdesign zu verändern. Das führt zu einer Komplexitätsexplosion.

Aus diesem Grund verfolgen die meisten aktuellen Softwareprojekte einen inkrementellen Ansatz, zum Beispiel die *agile Entwicklung*, bei der sich das initiale Design auf eine kleine Untermenge der Gesamtfunktionalität konzentriert. Diese Untermenge wird entworfen, implementiert und dann evaluiert. Probleme mit dem ursprünglichen Design werden erkannt und behoben, dann werden ein paar weitere Features entworfen, implementiert und evaluiert. Jede Iteration deckt Probleme des bestehenden Designs auf, die man behebt, bevor die nächsten Features entworfen werden. Indem wir das Design so immer weiter ausbauen, können wir Probleme mit dem initialen Design beheben, während das System noch klein ist – später hinzukommende Features profitieren von der Erfahrung, die während der Implementierung früherer Features gewonnen wurde, sodass weniger Probleme entstehen werden.

Der inkrementelle Ansatz funktioniert für Software, weil diese so flexibel ist, dass auch während der Implementierung noch signifikante Designänderungen vorgenommen werden können. Für physische Systeme sind größere Designänderungen hingegen viel schwieriger – so wäre es beispielsweise nicht praktikabel, die Anzahl der Pfeiler, die eine Brücke stützen, während der Bauphase anzupassen.

Inkrementelle Entwicklung bedeutet, dass Softwaredesign niemals fertig ist. Sie findet über den gesamten Lebenszyklus eines Systems hinweg statt, beim Entwickeln sollte man daher stets über Designthemen nachdenken. Inkrementelle Entwicklung heißt auch kontinuierliches Redesign. Das erste Design eines Systems oder einer Komponente ist so gut wie nie auch schon das beste – Erfahrung führt unvermeidlich zu besseren Wegen beim Umsetzen von Dingen. Als Softwareentwicklerin oder -entwickler sollten Sie immer nach Gelegenheiten Ausschau halten, das Design des Systems, an dem Sie arbeiten, zu verbessern, und Sie sollten einen Teil Ihrer Zeit für Verbesserungen am Design einplanen.

Wenn man während des Entwickelns von Software fortlaufend über Designthemen nachdenken soll und das Reduzieren der Komplexität das wichtigste Element des Softwaredesigns ist, sollte man beim Entwickeln immer auch über Komplexität nachdenken. Dieses Buch dreht sich darum, wie Sie das Thema Komplexität nutzen können, um sich beim Design von Software über deren gesamten Lebenszyklus leiten zu lassen.

Dieses Buch hat zwei größere Ziele. Das erste ist, die Natur der Komplexität von Software zu beschreiben: Was bedeutet »Komplexität«, warum ist sie wichtig, und wie können Sie erkennen, ob ein Programm unnötig komplex ist? Das zweite Ziel des Buchs ist herausfordernder: Ich präsentiere Techniken, die Sie während des Softwareentwicklungsprozesses nutzen können, um die Komplexität zu minimieren. Leider gibt es kein einfaches Rezept, das immer ein tolles Softwaredesign garantiert. Stattdessen werde ich eine Reihe von High-Level-Konzepten vorstellen, die sich philosophischen Aussagen bereits stark annähern, wie zum Beispiel: »Klassen sollten tief sein.« oder: »Definieren Sie die Existenz von Fehlern weg.« Diese Konzepte werden nicht sofort das beste Design aufzeigen, aber Sie können sie einsetzen, um Designalternativen zu vergleichen und um hierbei Ihren Gestaltungsspielraum zu erkunden.

Wie Sie dieses Buch einsetzen

Viele der hier beschriebenen Designprinzipien sind mehr oder weniger abstrakt, daher werden sie sich nur schwer würdigen lassen, wenn man sich keinen echten Code dazu anschaut. Es war schwierig, Beispiele zu finden, die klein genug waren, um sie in dieses Buch aufnehmen zu können, aber gleichzeitig groß genug, um Probleme an realen Systemen zu demonstrieren (wenn Sie gute Beispiele kennen, schicken Sie sie mir bitte zu). Daher kann es sein, dass dieses Buch allein nicht ausreicht, um zu lernen, wie Sie die Prinzipien anwenden.

Am besten nutzen Sie das Buch zusammen mit Code Reviews. Lesen Sie den Code anderer und denken Sie darüber nach, ob er den hier vorgestellten Konzepten entspricht und wie das mit der Komplexität des Codes zusammenhängt. Es ist einfacher, Designprobleme im Code von anderen Entwicklerinnen und Entwicklern zu finden als in eigenem Code. Sie können die hier beschriebenen Warnzeichen nutzen, um Probleme zu erkennen und Ideen für Verbesserungen zu entwickeln. Durch das Begutachten von Code werden Sie zudem neue Designansätze und Programmiertechniken kennenlernen.

Einer der besten Wege zum Verbessern Ihrer Designfähigkeiten ist, ein gutes Gespür für *Warnzeichen* zu entwickeln – Anzeichen, dass ein Stück Code vermutlich komplizierter ist, als es sein müsste. Im Verlauf des Buchs werde ich Warnzeichen (durch das Skorpion-Icon hervorgehoben) vorstellen, die auf Probleme hinweisen, die mit den jeweiligen Designaspekten verbunden sind – die wichtigsten habe ich noch einmal am Ende des Buchs zusammengefasst. Sie können sie beim Programmieren nutzen: Sehen Sie ein Warnzeichen, nehmen Sie sich etwas Zeit und suchen Sie nach einem alternativen Design, das das Problem behebt. Verfolgen Sie diesen Ansatz das erste Mal, werden Sie eventuell eine Reihe von Designalternativen prüfen müssen, bevor Sie die finden, die das Warnzeichen verschwinden lässt. Aber geben Sie nicht zu schnell auf: Je mehr Alternativen Sie ausprobieren, ehe Sie das Problem beheben, desto mehr werden Sie lernen. Mit der Zeit werden Sie feststellen, dass Ihr Code immer weniger Warnzeichen enthält und Ihre Designs immer klarer werden. Mit zunehmender Erfahrung werden Sie auch auf andere Warnzeichen aufmerksam, die Ihnen dabei helfen werden, Designprobleme zu erkennen (und ich würde mich freuen, davon zu hören).

Wenn Sie die Ideen aus diesem Buch anwenden, ist es wichtig, mit Augenmaß und besonnen vorzugehen. Jede Regel hat ihre Ausnahmen, und jedes Prinzip hat seine Grenzen. Treiben Sie eine Designidee ins Extreme, wird Sie das nicht dahin bringen, wohin Sie möchten. Schönes Design spiegelt eine Balance zwischen konkurrierenden Ideen und Ansätzen wider. Einige Kapitel enthalten Abschnitte, die »Wann Sie zu weit gehen« heißen und in denen beschrieben ist, wie Sie erkennen, dass Sie es mit einer guten Sache zu gut meinen.

Annähernd alle Beispiele in diesem Buch nutzen Java oder C++, und ein Großteil der Diskussion dreht sich um das Design von Klassen in einer objektorientierten Sprache. Aber die Ideen passen auch in anderen Domänen. Fast alle Ideen beziehen sich auf Methoden, die auch auf Funktionen in einer Sprache ohne Objektorientierung angewendet werden können, wie zum Beispiel in C. Die Designideen passen auch zu Modulen, die gerade keine Klassen sind, wie zum Beispiel Subsysteme oder Netzwerkservices.

Mit diesen Gedanken im Hinterkopf wollen wir uns nun genauer anschauen, was Komplexität verursacht und wie man Softwaresysteme einfacher gestaltet.

KAPITEL 2

Die Natur der Komplexität

In diesem Buch geht es darum, wie man Softwaresysteme so entwirft, dass ihre Komplexität minimiert wird. Der erste Schritt ist, den Feind zu kennen. Was genau ist »Komplexität«? Wie können Sie erkennen, ob ein System unnötig komplex ist? Was sorgt dafür, dass Systeme komplex werden? Dieses Kapitel wird diese Fragen im Überblick beleuchten – folgende Kapitel werden Ihnen dann zeigen, wie Sie Komplexität auf niedrigerer Ebene anhand spezifischer struktureller Merkmale erkennen.

Die Fähigkeit zum Erkennen von Komplexität ist eine entscheidende Designfähigkeit. Sie erlaubt Ihnen, Probleme aufzudecken, bevor Sie viel Aufwand in ihre Lösung investieren, und bei der Auswahl von Alternativen eine gute Wahl zu treffen. Es ist leichter, ein einfaches Design zu erkennen, als eines zu erstellen. Haben Sie aber einmal erkannt, dass ein System zu kompliziert ist, können Sie diese Fähigkeit nutzen, um Ihre Designphilosophie hin zu mehr Einfachheit auszurichten. Erscheint ein Design kompliziert, versuchen Sie es mit einem anderen Ansatz und schauen, ob dieser zu mehr Einfachheit führt. Mit der Zeit werden Sie feststellen, dass bestimmte Techniken eher zu einfacheren Designs führen, während andere mit Komplexität in Zusammenhang stehen. Das erlaubt Ihnen, schneller für ein einfacheres Design zu sorgen.

Dieses Kapitel stellt zudem ein paar grundlegende Annahmen vor, die im Rest des Buchs zur Anwendung kommen. Spätere Kapitel werden auf das Material aus diesem Kapitel zurückkommen und eine Reihe von Verfeinerungen und Schlussfolgerungen liefern.

Definition der Komplexität

Für dieses Buch definiere ich »Komplexität« eher praktisch: **Komplexität ist all das, was mit der Struktur eines Softwaresystems in Zusammenhang steht und dieses schwer verständlich und schwer anpassbar macht.** Komplexität kann viele Formen annehmen. So kann es beispielsweise schwierig sein, zu verstehen, wie ein bestimmter Codeabschnitt funktioniert; es kann viel Aufwand erfordern, eine kleine Verbesserung umzusetzen, oder es ist nicht klar, welche Teile des Systems für die Verbesserung angepasst werden müssen; es kann schwer sein, einen Fehler zu beheben, ohne gleich einen neuen Fehler einzubauen. Lässt sich ein Softwaresystem nur schwer verstehen und anpassen, ist es kompliziert – lässt es sich leicht verstehen und anpassen, ist es einfach.

Sie können die Komplexität auch unter Kosten- und Nutzenaspekten betrachten. In einem komplexen System ist viel Arbeit erforderlich, um selbst kleine Verbesserungen umzusetzen. In einem einfachen System können größere Verbesserungen mit weniger Aufwand erreicht werden.

Komplexität sieht man sich beim Entwickeln zu einem bestimmten Zeitpunkt gegenüber, wenn man versucht, ein bestimmtes Ziel zu erreichen. Sie hängt nicht zwingend mit der Gesamtgröße oder der Gesamtfunktionalität des Systems zusammen. Häufig wird das Wort »komplex« genutzt, um große Systeme mit ausgefeilten Features zu beschreiben, aber wenn es einfach ist, an solch einem System zu arbeiten, ist es – im Rahmen dieses Buchs – nicht komplex. Natürlich arbeitet es sich mit so gut wie allen großen und ausgefeilten Softwaresystemen schwer, daher erfüllen sie auch meine Definition von Komplexität, aber das muss nicht zwingend der Fall sein. Es ist auch für ein kleines und schlichtes System möglich, ziemlich komplex zu sein.

Komplexität wird durch die am häufigsten vorkommenden Aktivitäten bestimmt. Besitzt ein System ein paar Teile, die zwar sehr kompliziert sind, aber so gut wie nie angefasst werden, haben diese keinen allzu großen Einfluss auf die Gesamtkomplexität des Systems. Wir stellen das mathematisch einmal sehr rustikal dar:

$$C = \sum_{p} c_p t_p$$

Die Gesamtkomplexität eines Systems (C) wird bestimmt durch die Komplexität jedes Teils p (c_p), gewichtet mit dem Anteil der Zeit, die Entwickler an diesem Teil arbeiten (t_p). Wenn Sie die Komplexität an einem Ort isolieren, an dem sie niemand zu sehen bekommt, ist das fast so gut, als würden Sie die Komplexität komplett ausmerzen.

Komplexität ist eher beim Lesen als beim Schreiben zu erkennen. Wenn Sie Code schreiben, der Ihnen einfach erscheint, aber andere der Meinung sind, er sei komplex, dann ist er auch komplex. Finden Sie sich selbst in solchen Situationen wieder, lohnt es sich, mit den anderen Entwicklern und Entwicklerinnen zu sprechen, um herauszufinden, warum sie den Code komplex finden – vermutlich erhalten Sie dadurch einige interessante Lektionen, aus denen Sie lernen können, warum es einen Unterschied zwischen deren und Ihrer Meinung gibt. Beim Entwickeln ist es Ihre Aufgabe, nicht nur Code zu schaffen, mit dem Sie leicht arbeiten können, sondern auch solchen, mit dem andere leicht arbeiten können.

Symptome der Komplexität

Komplexität manifestiert sich ganz allgemein in drei verschiedenen Ausprägungen, die im Folgenden beschrieben werden. Jede dieser Manifestationen erschwert es, Entwicklungsaufgaben zu erledigen.

Ausweiten von Änderungen: Das erste Symptom der Komplexität ist, wenn für eine scheinbar einfache Änderung Code an vielen verschiedenen Stellen angepasst werden muss. Stellen Sie sich beispielsweise eine Website mit vielen Seiten vor, die jeweils ein Banner mit einer Hintergrundfarbe anzeigen. In vielen frühen Websites war die Farbe explizit auf jeder Seite definiert (siehe Abbildung 2-1 (a)). Um den Hintergrund für solch eine Website anzupassen, müsste jede bestehende Seite per Hand geändert werden – für eine große Site mit Tausenden von Seiten nahezu unmöglich. Zum Glück nutzen moderne Websites einen Ansatz wie den in Abbildung 2-1 (b), bei dem die Bannerfarbe einmal an zentraler Stelle definiert wird und alle einzelnen Seiten auf diesen gemeinsamen Wert zugreifen. So kann die Bannerfarbe der gesamten Website durch eine einzelne Änderung angepasst werden. Eines der Ziele guten Designs ist, die Menge an Code zu verringern, die durch jede Designentscheidung betroffen ist, sodass für Designänderungen nicht so viele Codeanpassungen erforderlich sind.

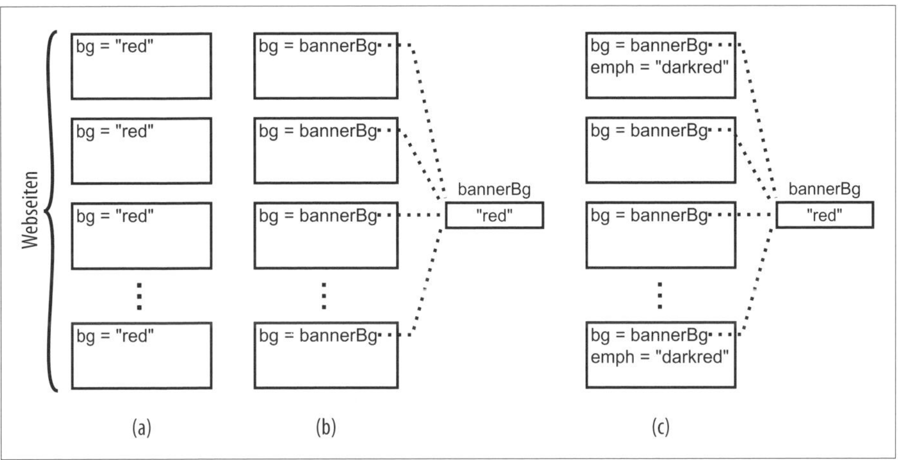

Abbildung 2-1: Jede Seite einer Website zeigt ein farbiges Banner an. In (a) ist die Hintergrundfarbe jedes Banners explizit auf jeder Seite festgelegt. In (b) steht die Hintergrundfarbe in einer gemeinsamen Variablen, und jede Seite bezieht sich auf diese Variable. In (c) nutzen manche Seiten eine zusätzliche Farbe zum Hervorheben, bei der es sich um eine dunklere Variante der Hintergrundfarbe handelt – ändert sich die Hintergrundfarbe, muss sich auch die Farbe der Hervorhebung ändern.

Kognitive Last: Das zweite Symptom der Komplexität ist die kognitive Last, die sich darauf bezieht, wie viel man beim Entwickeln wissen muss, um eine Aufgabe zu erfüllen. Eine höhere kognitive Last bedeutet, dass mehr Zeit mit dem Aufnehmen und Erfassen der erforderlichen Informationen verbracht werden muss und dass es ein höheres Fehlerrisiko gibt, weil eventuell etwas Wichtiges vergessen wurde. Stellen Sie sich beispielsweise eine Funktion in C vor, die Speicher anfordert, einen Zeiger auf diesen Speicher zurückgibt und annimmt, dass der Aufrufende den Speicher freigeben wird. Das erhöht die kognitive Last beim Einsatz der Funktion – wird vergessen, den Speicher freizugeben, führt das zu einem Speicherleck. Kann das System so umstrukturiert werden, dass sich der Aufrufende nicht um das Freigeben des Speichers kümmern muss (dasselbe Modul, das den Speicher anfordert, sorgt auch dafür, dass er wieder freigegeben wird), reduziert das die kognitive Last. Solcherart kognitive Last entsteht auf vielerlei Weisen, wie zum Beispiel durch APIs mit vielen Methoden, globale Variablen, Inkonsistenzen und Abhängigkeiten zwischen Modulen.

Systemdesigner gehen manchmal davon aus, dass sich Komplexität anhand der Menge an Codezeilen messen lässt. Sie nehmen an, dass eine kürzere Implementierung auch einfacher sein muss – sind nur ein paar Zeilen Code für eine Änderung erforderlich, muss die Änderung einfach sein. Diese Sichtweise ignoriert aber die Kosten, die mit der kognitiven Last verbunden sind. Ich habe Frameworks gesehen, die es erlaubten, Anwendungen mit ein paar Zeilen Code zu schreiben. Es war aber außerordentlich schwierig, herauszufinden, wie diese Zeilen auszusehen hatten. **Manchmal ist ein Ansatz, der mehr Codezeilen erfordert, tatsächlich einfacher, weil er die kognitive Last verringert.**

Unbekannte Unbekannte (Unknown Unknowns): Das dritte Symptom der Komplexität ist, dass nicht offensichtlich ist, welcher Code angefasst werden muss, um eine Aufgabe abzuschließen, oder welche Informationen man haben muss, um die Aufgabe erfolgreich umzusetzen. In Abbildung 2-1 (c) kann man dieses Problem sehen. Die Website nutzt eine zentrale Variable, um die Hintergrundfarbe des Banners festzulegen, daher scheint eine Änderung einfach zu sein. Aber ein paar Webseiten verwenden eine dunklere Schattierung der Hintergrundfarbe für Hervorhebungen, und diese dunklere Farbe ist explizit in den einzelnen Seiten festgelegt. Ändert sich die Hintergrundfarbe, muss sich auch die Farbe für die Hervorhebungen ändern. Leider ist das beim Entwickeln oft nicht klar, daher wird eventuell nur die zentrale Variable `bannerBg` geändert, ohne die Farbe zum Hervorheben zu ändern. Und selbst wenn sich ein Entwickler dieses Problems bewusst ist, ist nicht offensichtlich, welche Seiten die Farbe zum Hervorheben verwenden – jede Seite der Website muss also durchsucht werden.

Von den drei Manifestationen der Komplexität sind die unbekannten Unbekannten (Unknown Unknowns) die schlimmsten. Denn das bedeutet, dass es etwas gibt, das Sie wissen müssen, es aber keine Möglichkeit gibt, herauszufinden, was das ist oder ob es überhaupt ein Problem ist. Erfahren werden Sie es erst, wenn nach einer Änderung Fehler auftauchen. Dass sich Änderungen ausweiten, ist nervig, aber solange klar ist, welcher Code angepasst werden muss, wird das System funktionieren, sobald die Änderung abgeschlossen ist. Genauso wird eine hohe kognitive Last die Kosten für eine Änderung erhöhen, aber wenn klar ist, welche Informationen gelesen werden müssen, wird die Änderung immer noch sehr wahrscheinlich richtig sein. Bei unbekannten Unbekannten ist unklar, was zu tun ist oder ob eine vorgeschlagene Lösung überhaupt funktionieren wird. Sicher kann man nur sein, wenn man jede Zeile Code im System liest, was für ausgewachsene Systeme ab einer bestimmten Größe völlig unmöglich ist. Und selbst das mag nicht ausreichen, weil eine Änderung von einer subtilen Designentscheidung abhängen kann, die nie dokumentiert wurde.

Eines der wichtigsten Ziele guten Systemdesigns ist *Offensichtlichkeit*. Das ist das Gegenteil von hoher kognitiver Last und unbekannten Unbekannten. In einem offensichtlichen System kann man beim Entwickeln schnell verstehen, wie der bestehende Code funktioniert und was erforderlich ist, um eine Änderung vorzunehmen. Ein offensichtliches System ist eines, in dem ein Entwickler oder eine Entwicklerin schnell eine Vermutung dazu anstellen kann, was zu tun ist, ohne allzu sehr nachdenken zu müssen – und dabei trotzdem zuversichtlich sein kann, dass diese Vermutung korrekt ist. In Kapitel 18 werden Techniken vorgestellt, mit denen Code offensichtlicher wird.

Ursachen für Komplexität

Nachdem Sie nun die Symptome von Komplexität aus einer sehr allgemeinen Perspektive kennengelernt haben und wissen, warum sie die Softwareentwicklung erschwert, besteht der nächste Schritt darin, zu verstehen, was Komplexität verursacht, sodass wir Systeme so designen können, dass die Probleme vermieden werden. Komplexität wird durch zwei Dinge verursacht: *Abhängigkeiten* und *Unklarheit*. Dieser Abschnitt behandelt diese Faktoren auf sehr allgemeinem Niveau – folgende Kapitel werden darauf eingehen, in welchem Zusammenhang sie zu Designentscheidungen auf niedrigeren Ebenen stehen.

So wie es in diesem Buch verstanden wird, besteht dann eine Abhängigkeit, wenn ein gegebener Codeabschnitt nicht isoliert nachvollzogen und angepasst werden kann – der Code bezieht sich auf die eine oder andere Art und Weise auf anderen Code, und der andere Code muss berücksichtigt und/oder angepasst werden, wenn der gegebene Code geändert wird. Im Website-Beispiel aus Abbildung 2-1 (a) erzeugt die Hintergrundfarbe Abhängigkeiten zwischen allen Seiten. Alle Seiten müssen den gleichen Hintergrund haben – ändern Sie also den Hintergrund für eine Seite, muss er auch für alle anderen angepasst werden. Ein anderes Beispiel für Abhängigkeiten zeigt sich bei Netzwerkprotokollen. Typischerweise gibt es eigenen Code für den Sender und den Empfänger, aber sie müssen sich beide an das Protokoll halten – ändern Sie den Code für den Sender, müssen Sie so gut wie immer auch entsprechende Änderungen beim Empfänger vornehmen und umgekehrt. Die Signatur einer Methode erzeugt eine Abhängigkeit zwischen der Implementierung dieser Methode und dem Code, der sie aufruft – wird der Methode ein neuer Parameter hinzugefügt, müssen alle Aufrufe dieser Methode angepasst werden, um diesen Parameter anzugeben.

Abhängigkeiten sind ein fundamentales Element von Software, und sie können nicht vollständig verhindert werden. Tatsächlich fügen wir als Teil des Softwaredesignprozesses absichtlich Abhängigkeiten hinzu. Jedes Mal, wenn Sie eine neue Klasse schreiben, erzeugen Sie Abhängigkeiten rund um die API für diese Klasse. Aber eines der Ziele des Softwaredesigns ist, die Menge an Abhängigkeiten zu verringern und sie so einfach und offensichtlich wie möglich zu machen.

Denken Sie noch mal an das Beispiel der Website. Auf der alten Website mit dem Hintergrund, der auf jeder Seite getrennt spezifiziert ist, hingen alle Webseiten voneinander ab. Die neue Website hat dieses Problem behoben, indem sie die Hintergrundfarbe an einer zentralen Stelle definiert und eine API bereitstellt, über die die einzelnen Seiten diese Farbe abrufen können, wenn sie gerendert werden. Glücklicherweise ist die neue Abhängigkeit offensichtlicher: Es ist klar, dass jede einzelne Webseite von der Farbe `bannerBg` abhängt, und beim Entwickeln kann man leicht alle Stellen finden, an denen die Variable verwendet wird, indem man nach ihrem Namen sucht. Zudem helfen Compiler dabei, API-Abhängigkeiten zu verwalten: Ändert sich der Name der gemeinsam genutzten Variablen, werden Kompilierungsfehler in jedem Code auftauchen, der immer noch den alten Namen verwendet. Die neue Website ersetzt eine nicht offensichtliche und schwierig zu managende Abhängigkeit durch eine einfachere und offensichtlichere.

Die zweite Ursache für Komplexität ist Unklarheit. Unklarheit tritt dann auf, wenn wichtige Informationen nicht offensichtlich sind. Ein einfaches Beispiel ist ein Variablenname, der so generisch ist, dass er nur wenige nützliche Informationen enthält (zum Beispiel `time`). Oder die Dokumentation für eine Variable gibt nicht ihre Einheiten an, sodass Sie diese nur herausfinden können, indem Sie im Code nach Stellen suchen, an denen die Variable zum Einsatz kommt. Unklarheit entsteht oft in Verbindung mit Abhängigkeiten, wenn nicht offensichtlich ist, dass eine Abhängigkeit existiert. Wird beispielsweise ein System durch einen neuen Fehlerstatus ergänzt, kann es notwendig sein, eine Tabelle, die beschreibende Textstrings für jeden Status enthält, um einen Eintrag zu erweitern. Aber die Existenz dieser Message-Tabelle wird beim Programmieren nicht offensichtlich sein, wenn man sich nur die Statusdeklaration anschaut. Inkonsistenz trägt ebenfalls gern zu Unklarheit bei: Wird derselbe Variablenname für zwei verschiedene Zwecke eingesetzt, ist nicht offensichtlich, welchem Zweck eine bestimmte Variable dient.

In vielen Fällen entsteht Unklarheit durch nicht adäquate Dokumentation – Kapitel 13 behandelt dieses Thema. Aber Unklarheit schafft auch ein Designproblem. Hat ein System ein klares und offensichtliches Design, wird weniger Dokumentation benötigt. Der Bedarf nach umfassender Dokumentation ist oft ein Warnsignal dafür, dass das Design noch nicht perfekt ist. Der beste Weg, Unklarheit zu verringern, ist, das Systemdesign zu vereinfachen.

Zusammen sind Abhängigkeiten und Unklarheit für die drei im Abschnitt »Symptome der Komplexität« auf Seite 21 beschriebenen Manifestationen der Komplexität verantwortlich. Abhängigkeiten führen dazu, dass sich Änderungen stärker ausweiten, und sie führen zu einer hohen kognitiven Last. Unklarheit sorgt für unbekannte Unbekannte und trägt ebenfalls zu kognitiver Last bei. Finden wir Designtechniken, die Abhängigkeiten und Unklarheit verringern, können wir die Komplexität der Software reduzieren.

Komplexität ist inkrementell

Komplexität wird nicht durch einen einzelnen katastrophalen Fehler ausgelöst – sie summiert sich in kleinen Häppchen auf. Eine einzelne Abhängigkeit oder Unklarheit wird für sich allein die Wartbarkeit eines Softwaresystems eher wenig beeinflussen. Komplexität entsteht aus Hunderten oder Tausenden kleinen Abhängigkeiten und Unklarheiten, die mit der Zeit entstehen. Schließlich gibt es so viele dieser kleinen Problemchen, dass jede mögliche Änderung am System durch diverse dieser Probleme beeinträchtigt wird.

Die inkrementelle Natur der Komplexität macht es schwer, sie im Griff zu behalten. Sie können sich leicht einreden, dass das kleine bisschen Komplexität, das Sie durch Ihre aktuelle Änderung in das System bringen, kein Problem ist. Aber wenn jeder Entwickler und jede Entwicklerin diesen Ansatz bei jeder Änderung verfolgt, summiert sich die Komplexität schnell auf. Und ist das geschehen, kann man sie nur schwer wieder loswerden, da das Beheben einer einzelnen Abhängigkeit oder Unklarheit im Gesamtkontext keinen großen Unterschied machen wird. Um das Wachsen der Komplexität zu verringern, müssen Sie eine »Null-Toleranz-Philosophie« verfolgen, wie wir sie in Kapitel 3 besprechen.

Zusammenfassung

Komplexität entsteht aus einer Ansammlung von Abhängigkeiten und Unklarheiten. Mit zunehmender Komplexität nehmen Änderungen größere Ausmaße an, Sie erhalten eine hohe kognitive Last und viele unbekannte Unbekannte (Unknown Unknowns). Im Ergebnis sind mehr Codeänderungen für das Implementieren neuer Features notwendig. Und beim Entwickeln verbringt man mehr Zeit mit dem Zusammentragen von Informationen, um die Änderung sicher zu machen – im schlimmsten Fall lassen sich gar nicht alle erforderlichen Informationen finden. Das Fazit: Komplexität macht es schwierig und riskant, eine bestehende Codebasis zu verändern.

KAPITEL 3

Funktionierender Code reicht nicht aus (strategische versus taktische Programmierung)

Eines der wichtigsten Elemente guten Softwaredesigns ist die mentale Haltung bei einer Programmieraufgabe. Viele Organisationen unterstützen eine taktische Herangehensweise und konzentrieren sich darauf, Features so schnell wie möglich zum Laufen zu bringen. Aber wenn Sie ein gutes Design haben wollen, müssen Sie eher einen strategischen Ansatz verfolgen, bei dem Sie Zeit investieren, um saubere Designs zu schaffen und Probleme zu beheben. Dieses Kapitel dreht sich darum, warum der strategische Ansatz für bessere Designs sorgt und langfristig tatsächlich günstiger ist als ein taktisches Vorgehen.

Taktische Programmierung

Die meisten Menschen gehen die Softwareentwicklung mit einer mentalen Haltung an, die ich als *taktische Programmierung* bezeichne. Dabei geht es ihnen vor allem darum, etwas zum Laufen zu bringen, wie zum Beispiel ein neues Feature oder einen Bugfix. Auf den ersten Blick ist das total vernünftig: Was könnte wichtiger sein, als Code zu schreiben, der funktioniert? Trotzdem sorgt taktische Programmierung dafür, dass ein gutes Systemdesign nahezu unmöglich wird.

Das Problem bei der taktischen Programmierung ist ihre Kurzsichtigkeit. Programmieren Sie taktisch, versuchen Sie, eine Aufgabe so schnell wie möglich fertigzustellen. Vielleicht haben Sie eine harte Deadline. Dann hat zukunftsorientiertes Planen keine so hohe Priorität. Sie wenden nicht viel Zeit auf, nach dem besten Design Ausschau zu halten – Sie wollen nur, dass etwas schnell funktioniert. Sich selbst beruhigen Sie damit, dass es in Ordnung ist, ein bisschen Komplexität ins System zu bringen oder ein oder zwei kleine schmutzige Tricks anzuwenden, wenn die aktuelle Aufgabe damit schneller abgeschlossen ist.

So werden Systeme komplizierter. Wie im vorherigen Kapitel besprochen, ist Komplexität inkrementell. Es ist nicht diese eine besondere Sache, die ein System komplizierter macht, sondern das Aufsummieren Dutzender oder Hunderter kleiner Dinge. Programmieren Sie taktisch, wird jede Programmieraufgabe ein bisschen zu dieser Komplexität beitragen. Jeder Schritt scheint ein vernünftiger Kompromiss zu sein, um die aktuelle Aufgabe schnell abzuschließen. Aber die Komplexität wächst schnell, insbesondere wenn alle taktisch programmieren.

Über kurz oder lang werden einige der Komplexitäten für Probleme sorgen, und Sie beginnen, sich zu wünschen, sie hätten frühere Workarounds nicht genutzt. Aber Sie werden sich einreden, dass es wichtiger ist, das nächste Feature fertigzustellen, als einen Schritt zurückzugehen und den bestehenden Code zu refaktorieren. Refaktorieren mag Ihnen langfristig helfen, aber es verlangsamt definitiv die aktuelle Aufgabe. Also suchen Sie nach schnellen Korrekturen, um Probleme zu umgehen, denen Sie sich gegenübersehen. Das sorgt für noch mehr Komplexität, was weitere schnelle, schmutzige Fixes erfordert. Ziemlich schnell ist der Code ein großes Durcheinander, aber jetzt ist alles schon so verworren, dass es Monate brauchen würde, das Ganze aufzuräumen. Solch eine Verzögerung würde Ihr Zeitplan nicht zulassen, und das Beheben von ein oder zwei Problemen scheint keinen großen Unterschied auszumachen, also bleiben Sie bei der taktischen Programmierung.

Sofern Sie sehr lange an einem großen Softwareprojekt gearbeitet haben, ist Ihnen taktische Programmierung vermutlich bereits begegnet, und Sie sind auch schon über die Probleme gestolpert, die diese verursacht. Haben Sie einmal den taktischen Weg eingeschlagen, ist es schwer, die Richtung zu ändern.

In so gut wie jeder Softwareentwicklungsorganisation gibt es mindestens eine Person, die taktische Programmierung ins Extrem treibt: ein *taktischer Tornado*. Diese Person ist sehr produktiv und wirft Code schneller als alle anderen aus, geht aber vollkommen taktisch vor. Geht es darum, mal eben ein Feature zu implementieren, ist keiner so schnell wie der taktische Tornado. In manchen Organisationen behandelt das Management die taktischen Tornados als zu verehrendes Vorbild. Aber sie hinterlassen eine Schneise der Verwüstung. Diejenigen, die in Zukunft mit ihrem Code arbeiten müssen, verehren sie eher selten. Meist müssen andere später das Chaos aufräumen, das die Tornados mit ihrem Code hinterlassen haben – was dann so aussieht, als wäre der »Reinigungstrupp« (die wahren Helden) langsamer als der Tornado.

Strategische Programmierung

Der erste Schritt hin zu einem guten Softwaredesign ist die Erkenntnis, dass **funktionierender Code** nicht ausreicht. Es ist nicht akzeptabel, unnötige Komplexität in das System zu bringen, um Ihre aktuelle Aufgabe schneller abschließen zu können. Am wichtigsten ist die langfristige Struktur des Systems. In jedem System entsteht ein Großteil des Codes dadurch, dass die bestehende Codebasis erweitert wird. Daher ist es Ihre Aufgabe, beim Entwickeln diese zukünftigen Erweiterungen zu ermöglichen. Sie sollten also nicht den funktionierenden Code als wichtigstes Ziel ansehen, auch wenn Ihr Code natürlich funktionieren muss. Vor allem müssen Sie ein sehr gutes Design schaffen, das zudem noch funktioniert. Das ist *strategisches Programmieren*.

Für das strategische Programmieren braucht man eine Investitionsmentalität. Statt den schnellsten Weg zum Abschluss Ihres aktuellen Projekts zu wählen, müssen Sie Zeit investieren, um das Design des Systems zu verbessern. Diese Investitionen werden Sie kurzfristig ein wenig verlangsamen, aber langfristig werden Sie damit schneller sein, wie Abbildung 3-1 demonstriert.

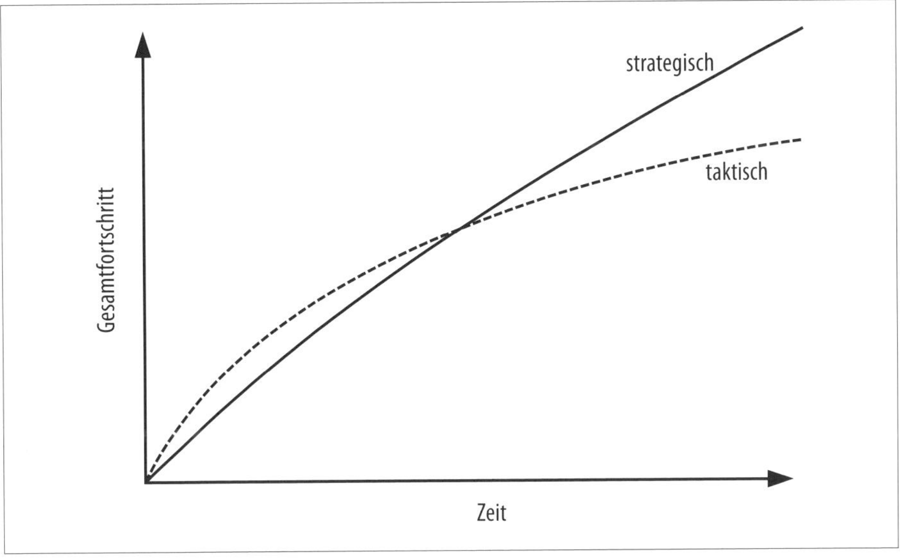

Abbildung 3-1: Zu Beginn wird ein taktisches Vorgehen beim Programmieren für einen schnelleren Fortschritt sorgen als ein strategischer Ansatz. Aber die Komplexität summiert sich beim taktischen Ansatz schneller auf, was die Produktivität verringert. Mit der Zeit führt das strategische Vorgehen zu schnellerem Fortschritt. Beachten Sie: Dieses Diagramm soll nur der qualitativen Veranschaulichung dienen – ich kenne keine empirischen Untersuchungen zum genauen Verlauf der Kurven.

Manche der Investitionen werden proaktiv sein. So lohnt es sich zum Beispiel, für jede neue Klasse ein wenig Zeit aufzuwenden, um ein einfaches Design zu finden – statt also die erste Idee zu implementieren, die Ihnen in den Sinn kommt, probieren Sie ein paar alternative Designs aus und wählen das sauberste davon. Versuchen Sie, sich ein paar Richtungen vorzustellen, in die sich das System in Zukunft ändern könnte, und stellen Sie sicher, dass diese mit Ihrem Design möglich sind. Das Schreiben guter Dokumentation ist ein weiteres Beispiel für eine proaktive Investition.

Andere Investitionen werden eher reaktiv sein. Egal, wie viel Sie im Voraus investieren – Sie werden bei Ihren Designentscheidungen immer Fehler machen. Irgendwann werden diese Fehler offensichtlich werden. Entdecken Sie ein Designproblem, ignorieren Sie es nicht einfach oder programmieren darum herum – nehmen Sie sich ein wenig Zeit, um es zu beheben. Wenn Sie strategisch programmieren, werden Sie immer wieder kleine Verbesserungen am Systemdesign vornehmen. Das ist das Gegenteil von taktischer Programmierung, bei der Sie fortlaufend für ein wenig mehr Komplexität sorgen, die in der Zukunft für Probleme sorgen wird.

Wie viel soll ich investieren?

Welches Ausmaß an Investitionen in ein besseres Design ist nun angemessen? Es wäre nicht effektiv, zu Beginn riesig viel Aufwand zu treiben, um zum Beispiel direkt das gesamte System zu designen. Das entspräche der Wasserfallmethode, von der wir wissen, dass sie nicht funktioniert. Das ideale Design tendiert dazu, sich Schritt für Schritt zu entwickeln, während Sie Erfahrungen mit dem System sammeln. Daher ist es am besten, kontinuierlich viele kleine Investitionen zu tätigen. Ich schlage vor, etwa 10 bis 20% Ihrer gesamten Entwicklungszeit für Investitionen aufzuwenden. Das ist so wenig, dass es Ihre Zeitpläne nicht signifikant beeinträchtigt, aber so viel, dass es mit der Zeit signifikante Vorteile bringt. Ihre ersten Projekte werden daher um 10 bis 20% länger dauern als bei einem rein taktischen Vorgehen. Diese zusätzliche Zeit führt aber zu einem besseren Softwaredesign, und Sie werden innerhalb weniger Monate die Vorteile erkennen. Es wird nicht lange dauern, bis Sie mindestens 10 bis 20% schneller entwickeln, als wenn Sie taktisch programmieren würden. Ab diesem Punkt werden sich Ihre Investitionen auszahlen: Die Vorteile Ihrer früheren Investitionen werden Ihnen so viel Zeit sparen, dass die Kosten zukünftiger Investitionen damit abgedeckt sind. Sie werden die Kosten der ersten Investitionen schnell wieder eingespielt haben. Abbildung 3-1 verdeutlicht das.

Programmieren Sie hingegen taktisch, werden Sie Ihre ersten Projekte um 10 bis 20% schneller abschließen, aber mit der Zeit wird sich Ihre Entwicklung verlangsamen, wenn sich die Komplexität ansammelt. Es wird nicht lange dauern, bis Sie mindestens 10 bis 20% langsamer programmieren. Schnell werden Sie die Zeit verbraucht haben, die Sie zu Beginn einsparen konnten, und für die restliche Lebensdauer des Systems werden Sie langsamer entwickeln, als wenn Sie den strategischen Ansatz verfolgt hätten. Haben Sie noch nie in einer wirklich schlimm heruntergekommenen Codebasis gearbeitet, sprechen Sie mal mit einer Person, die das schon getan hat – sie wird Ihnen bestätigen, dass schlechte Codequalität die Entwicklung um mindestens 20% verlangsamt.

Der Begriff *technische Schulden* wird oft verwendet, um die Probleme zu beschreiben, die durch taktische Programmierung verursacht werden. Mithilfe taktischen Programmierens borgen Sie sich Zeit aus der Zukunft: Die Entwicklung wird jetzt schneller sein, aber später mehr Zeit benötigen. Wie bei finanziellen Schulden werden Sie mehr zurückzahlen müssen, als Sie sich geborgt haben. Aber anders als bei finanziellen Schulden werden technische Schulden nie vollständig zurückgezahlt: Sie werden immer und immer wieder zahlen müssen.

Abbildung 3-1 wirft eine wichtige Frage auf: Wo schneiden sich die strategische und die taktische Kurve? Mit anderen Worten: Wie lange dauert es, bis sich der strategische Ansatz auszahlt? Ich kenne leider keine Daten zu diesem Thema, und es wäre auch schwierig, ein kontrolliertes Experiment so durchzuführen, dass die Antwort überzeugen könnte. Meiner persönlichen Meinung nach liegt der Zeitpunkt im Bereich zwischen 6 und 18 Monaten. Er hängt stark vom Erinnerungsvermögen der Entwicklerinnen und Entwickler ab: Ist ein Codeabschnitt ein paar Monate alt, hat man das meiste von dem vergessen, was man sich beim Schreiben dabei gedacht hat. Die Entwicklung wird dadurch signifikant verlangsamt, wenn der Code komplex ist. Diese zusätzlichen Kosten gleichen schnell einen initialen Vorsprung gegenüber der strategischen Programmierung aus. Aber wie gesagt: Das ist nur meine Meinung, und ich habe keine Daten, die das bestätigen können.

Start-ups und Investitionen

In manchen Umgebungen gibt es starke Kräfte, die gegen den strategischen Ansatz arbeiten. So spüren beispielsweise Start-ups in ihrer Frühphase einen unglaublichen Druck, erste Releases so schnell wie möglich herauszubringen. In solchen Firmen scheinen selbst die 10 bis 20% Investitionen nicht machbar zu sein. Daher verfolgen viele Start-ups einen taktischen Ansatz und wenden nur wenig Zeit für das Design und noch weniger für das Aufräumen nach Problemen auf. Sie begründen das damit, dass sie – wenn sie erfolgreich sind – genug Geld haben würden, um zusätzliches Personal zum Beseitigen des Chaos einstellen zu können.

Arbeiten Sie in einer Firma, die in diese Richtung tendiert, sollten Sie sich im Klaren sein, dass eine Codebasis, die einmal zu Spaghetticode wurde, so gut wie nie wieder aufgeräumt werden kann. Sie werden vermutlich über die gesamte Lebenszeit des Produkts hohe Entwicklungskosten haben. Zudem macht sich gutes (oder schlechtes) Design sehr schnell bemerkbar, daher stehen die Chancen nicht schlecht, dass der taktische Ansatz selbst Ihr erstes Produkt-Release nicht sehr beschleunigen wird.

Zudem sollten Sie berücksichtigen, dass einer der wichtigsten Faktoren für den Erfolg einer Firma die Qualität der Entwicklung ist. Am besten verringern Sie die Entwicklungskosten, indem Sie hervorragende Entwicklerinnen und Entwickler einstellen – sie kosten nicht viel mehr als mittelmäßiges Personal, haben aber eine sehr viel höhere Produktivität. Allerdings ist den besten ihrer Zunft gutes Design wichtig. Ist Ihre Codebasis Schrott, wird sich das herumsprechen, und es wird für Sie schwieriger werden, gutes Personal zu finden. So wird die Entwicklung nur mittelmäßig sein, was Ihre Kosten in Zukunft erhöhen und die Systemstruktur vermutlich noch schlechter machen wird.

Facebook ist ein Beispiel für ein Start-up, das taktische Programmierung gefördert hat. Viele Jahre lang hieß das Firmenmotto: »Move fast and break things.« Neues Personal frisch vom College wurde darin bestärkt, direkt in die Codebasis des Unternehmens einzutauchen – es war ganz normal, schon in der ersten Arbeitswoche Commits in die Produktivumgebung zu pushen. Das Positive war, dass Facebook sich den Ruf erwarb, eine Firma zu sein, die ihre Mitarbeitenden befähigt. Die Entwicklung hatte unglaublich viele Freiheiten, und es gab nur wenige Regeln und Einschränkungen.

Als Firma war Facebook spektakulär erfolgreich, aber die Codebasis hatte aufgrund des taktischen Ansatzes Schwächen – ein Großteil des Codes war instabil und nur schwer zu lesen, es gab wenige Kommentare oder Tests, und die Arbeit daran war schmerzvoll. Mit der Zeit erkannte das Unternehmen, dass seine Kultur nicht nachhaltig war. Schließlich änderte Facebook sein Motto zu: »Move fast with solid infrastructure.« Es unterstützte die Entwicklung darin, mehr in gutes Design zu investieren. Es wird sich zeigen, ob Facebook die Probleme erfolgreich beseitigen kann, die sich in all den Jahren taktischer Programmierung angehäuft haben.

Fairerweise sollte ich darauf hinweisen, dass der Code von Facebook vermutlich nicht schlimmer ist als der eines durchschnittlichen Start-ups. Taktische Programmierung ist in vielen Start-ups verbreitet – Facebook ist dafür nur ein besonders sichtbares Beispiel.

Zum Glück ist es auch im Silicon Valley möglich, mit einem strategischen Ansatz erfolgreich zu sein. Google und VMware wurden ungefähr zur gleichen Zeit wie Facebook groß, aber beide Firmen verfolgten ein eher strategisches Vorgehen. Ihnen waren qualitativ hochwertiger Code und gutes Design wichtig, und beide Firmen schufen ausgefeilte Produkte, die komplexe Probleme mit zuverlässigen Softwaresystemen lösten. Die starke technische Kultur der Unternehmen wurde in Silicon Valley schnell bekannt. Nur wenige andere Firmen konnten mit ihnen beim Einstellen der besten Talente mithalten.

Diese Beispiele zeigen, dass Firmen sowohl mit dem einen als auch mit dem anderen Ansatz Erfolg haben können. Aber es macht viel mehr Spaß, in einer Firma zu arbeiten, der Softwaredesign wichtig ist und die eine saubere Codebasis besitzt.

Zusammenfassung

Gutes Design gibt es nicht umsonst. Sie müssen kontinuierlich investieren, sodass sich kleine Probleme nicht zu großen anhäufen. Glücklicherweise zahlt sich gutes Design aus – und zwar schneller, als Sie vielleicht denken.

Es ist entscheidend, beim Anwenden des strategischen Ansatzes konsequent vorzugehen und die Investitionen als etwas anzusehen, das Sie heute tun sollten und nicht erst morgen. Wird es zeitlich eng, ist es verlockend, das Aufräumen auf die Zeit nach einer Deadline zu verschieben. Aber das ist ein gefährlicher Weg – nach der aktuellen Deadline kommt mit Sicherheit die nächste und danach wieder eine. Haben Sie einmal damit begonnen, Verbesserungen nach hinten zu schieben, passiert es ganz schnell, dass Sie sie immer weiterschieben und sich Ihre Entwicklungskultur hin zum taktischen Ansatz bewegt. Je länger Sie damit warten, Designprobleme anzugehen, desto größer werden sie – die Lösungsansätze werden immer beängstigender, was dazu führt, dass Sie sie lieber noch mehr in die Zukunft schieben. Der effektivste Ansatz ist einer, bei dem jede Entwicklerin und jeder Entwickler fortlaufend kleine Investitionen in gutes Design tätigt.

KAPITEL 4

Module sollten tief sein

Eine der wichtigsten Techniken im Umgang mit Softwarekomplexität besteht darin, Systeme so zu designen, dass man sich beim Entwickeln jederzeit immer nur einem kleinen Teil der Gesamtkomplexität gegenübersehen muss. Dieser Ansatz wird als *modulares Design* bezeichnet, und dieses Kapitel stellt seine grundlegenden Prinzipien vor.

Modulares Design

Beim modularen Design wird ein Softwaresystem in eine Sammlung von *Modulen* unterteilt, die verhältnismäßig unabhängig voneinander sind. Module können viele Formen annehmen, zum Beispiel Klassen, Subsysteme oder Services. In einer idealen Welt wäre jedes Modul vollständig unabhängig von den anderen: Beim Entwickeln könnte man in jedem der Module arbeiten, ohne irgendetwas über eines der anderen Module wissen zu müssen. In dieser Welt wäre die Komplexität eines Systems die Komplexität seines schlimmsten Moduls.

Leider ist dieses Ideal nicht erreichbar. Module müssen zusammenarbeiten, indem sie Funktionen oder Methoden anderer Module aufrufen. Daher müssen Module etwas über andere wissen. Es wird *Abhängigkeiten* zwischen den Modulen geben: Ändert sich ein Modul, müssen sich eventuell auch andere Module ändern, damit wieder alles passt. So sorgen beispielsweise die Argumente einer Methode für eine Abhängigkeit zwischen der Methode und jeglichem Code, der diese Methode aufruft. Ändern sich die erforderlichen Argumente, müssen alle Aufrufe der Methode angepasst werden, damit diese der neuen Signatur entsprechen. Abhängigkeiten können viele andere Formen annehmen, und sie können ziemlich subtil sein. Als Beispiel sei eine Methode erwähnt, die nur dann korrekt funktioniert, wenn eine andere Methode zuvor aufgerufen wurde. Das Ziel des modularen Designs ist es, die Abhängigkeiten zwischen Modulen zu minimieren.

Um Abhängigkeiten erkennen und managen zu können, stellen wir uns vor, dass jedes Modul aus zwei Teilen besteht: einer *Schnittstelle* (*Interface*) und einer *Implementierung*. Die Schnittstelle setzt sich zusammen aus allem, was man beim Entwickeln in einem anderen Modul wissen muss, um das gegebene Modul zu verwenden. Typischerweise beschreibt die Schnittstelle, *was* das Modul tut, aber nicht, *wie* es das tut. Die Implementierung dagegen besteht aus dem Code, der die durch die Schnittstelle gemachten Versprechungen umsetzt. Arbeitet man an einem bestimmten Modul, muss man die Schnittstelle und die Implementierung dieses Moduls verstehen, dazu aber auch die Schnittstellen aller anderen Module, die vom gegebenen Modul aufgerufen werden. Beim Entwickeln sollte man die Implementierungen von anderen Modulen mit Ausnahme des aktuell bearbeiteten nicht kennen müssen.

Stellen Sie sich ein Modul vor, das balancierte Bäume implementiert. Es enthält vermutlich ausgeklügelten Code, um sicherzustellen, dass der Baum balanciert bleibt. Aber diese Komplexität ist beim Einsatz des Moduls nicht sichtbar. Beim Anwenden sieht man nur eine recht einfache Schnittstelle, um Operationen zum Einfügen, Entfernen und Auslesen von Knoten aufrufen zu können. Um eine Einfügeoperation aufzurufen, müssen lediglich Schlüssel und Wert für den neuen Knoten geliefert werden – die Mechanismen zum Durchlaufen des Baums und zum Aufteilen der Knoten sind in der Schnittstelle nicht sichtbar.

Im Rahmen dieses Buchs verstehen wir ein Modul als eine Codeeinheit, die eine Schnittstelle und eine Implementierung besitzt. Jede Klasse in einer objektorientierten Programmiersprache ist ein Modul. Methoden in einer Klasse oder Funktionen in einer nicht objektorientierten Sprache können auch als Module angesehen werden – jede hat eine Schnittstelle und eine Implementierung, und auch auf sie können modulare Designtechniken angewendet werden. Subsysteme und Services auf höherer Ebene sind ebenfalls Module – ihre Schnittstellen mögen allerdings anders aussehen, wie zum Beispiel Kernelaufrufe oder HTTP-Requests. Ein Großteil der Diskussion von modularem Design wird sich in diesem Buch auf das Designen von Klassen konzentrieren, aber die Techniken und Konzepte lassen sich auch auf andere Arten von Modulen anwenden.

Die besten Module sind diejenigen, deren Schnittstellen viel einfacher als ihre Implementierungen sind. Solche Module haben zwei Vorteile. Zum einen minimiert eine einfache Schnittstelle die Komplexität, die ein Modul für den Rest des Systems freisetzt, und zum anderen sorgt eine Veränderung eines Moduls, die dessen Schnittstelle nicht beeinflusst, dafür, dass kein anderes Modul davon beeinflusst wird. Ist die Schnittstelle eines Moduls viel einfacher als dessen Implementierung, wird es viele Aspekte des Moduls geben, die geändert werden können, ohne dass andere Module beeinflusst werden.

Was ist eine Schnittstelle?

Die Schnittstelle eines Moduls enthält zwei Arten von Informationen: formale und informelle. Die formalen Teile einer Schnittstelle werden explizit im Code spezifiziert und und einige davon können von der Programmiersprache auf Korrektheit überprüft werden. So ist beispielsweise die formale Schnittstelle einer Methode deren Signatur, zu der die Namen und Typen der Parameter gehören, der Typ des

Rückgabewerts und Informationen über Exceptions, die von der Methode geworfen werden. Die meisten Programmiersprachen stellen sicher, dass jeder Aufruf einer Methode die richtige Anzahl und den richtigen Typ von Argumenten bereitstellt, die zu ihrer Signatur passen. Die formale Schnittstelle einer Klasse besteht aus den Signaturen aller öffentlichen Methoden, dazu aus den Namen und Typen aller öffentlichen Variablen.

Jede Schnittstelle enthält auch informelle Elemente. Diese werden nicht so spezifiziert, dass sie von der Programmiersprache verstanden oder durch sie sichergestellt werden können. Zu den informellen Teilen einer Schnittstelle gehört ihr High-Level-Verhalten, etwa dass eine Funktion die Datei löscht, deren Name durch eines der Argumente angegeben wurde. Gibt es Einschränkungen bezüglich des Einsatzes einer Klasse (zum Beispiel muss eine Methode aufgerufen werden, bevor eine andere aufgerufen werden kann), sind diese ebenfalls Teil der Klassenschnittstelle. Ganz allgemein gilt: Muss man eine bestimmte Information kennen, um ein Modul nutzen zu können, ist diese Information Teil der Modulschnittstelle. Die informellen Aspekte einer Schnittstelle können nur durch Kommentare beschrieben werden, und die Programmiersprache kann nicht sicherstellen, dass die Beschreibung vollständig oder exakt ist.[1] Bei den meisten Schnittstellen sind die informellen Aspekte größer und komplexer als die formellen Anteile.

Einer der Vorteile einer sauber spezifizierten Schnittstelle ist, dass sie genau angibt, was die Entwicklung wissen muss, um das entsprechende Modul nutzen zu können. Das hilft dabei, das im Abschnitt »Symptome der Komplexität« auf Seite 21 beschriebene Problem der »unbekannten Unbekannten« auszumerzen.

Abstraktionen

Der Begriff *Abstraktion* steht in einem engen Zusammenhang mit der Idee des modularen Designs. **Eine Abstraktion ist eine vereinfachte Sicht einer Entität, die unwichtige Details auslässt.** Abstraktionen sind nützlich, weil sie es uns erleichtern, über komplexe Dinge nachzudenken und sie zu verändern.

Bei der modularen Programmierung stellt jedes Modul eine Abstraktion in Form seiner Schnittstelle bereit. Diese dient als vereinfachte Sicht auf die Funktionalität des Moduls – die Details der Implementierung sind aus Sicht der Abstraktion unwichtig, daher werden sie in der Schnittstelle weggelassen.

1 Es gibt Sprachen – vor allem innerhalb der Forschungsgemeinde –, bei denen das vollständige Verhalten einer Methode oder Funktion formal durch eine Spezifikationssprache beschrieben werden kann. Die Spezifikation kann automatisch geprüft werden, um sicherzustellen, dass sie der Implementierung entspricht. Eine interessante Frage ist, ob solch eine formale Spezifikation die informellen Teile einer Schnittstelle ersetzen könnte. Aktuell bin ich der Meinung, dass eine in natürlicher Sprache beschriebene Schnittstelle vermutlich intuitiver und für die Entwicklung verständlicher ist als eine, die in einer formalen Spezifikationssprache geschrieben ist.

Bei der Definition der Abstraktion ist das Wort »unwichtig« entscheidend. Je mehr unwichtige Details weggelassen werden, desto besser ist es. Aber ein Detail kann nur dann bei einer Abstraktion weggelassen werden, wenn es unwichtig ist. Eine Abstraktion kann auf zwei Arten fehlerhaft sein. Zum einen kann sie Details enthalten, die nicht wirklich wichtig sind – wenn das geschieht, wird die Abstraktion komplizierter als nötig, was die kognitive Last bei ihrem Einsatz erhöht. Der zweite Fehler ist, dass eine Abstraktion Details weglässt, die eigentlich wichtig sind. Das führt zu Unklarheiten: Schaut man sich nur die Abstraktion an, besitzt man nicht alle Informationen, die zum korrekten Einsatz notwendig sind. Eine Abstraktion, die wichtige Details weglässt, ist eine *falsche Abstraktion*: Sie scheint einfach zu sein, ist es aber in Wirklichkeit nicht. Der Schlüssel beim Designen von Abstraktionen ist, zu verstehen, was wichtig ist, und nach Designs Ausschau zu halten, die die Menge an wichtigen Informationen minimiert.

Stellen Sie sich zum Beispiel ein Dateisystem vor. Die von einem Dateisystem bereitgestellte Abstraktion lässt viele Details weg, zum Beispiel die Mechanismen zum Auswählen der Blöcke auf einem Storage-Device. Diese Details sind für das Einsetzen des Dateisystems unwichtig (solange das System eine ausreichende Leistung liefert). Aber manche der Implementierungsdetails eines Dateisystems sind wichtig. Die meisten Dateisysteme puffern Daten im Hauptspeicher und verzögern das Schreiben neuer Daten auf das Storage-Device, um die Performance zu verbessern. Manche Anwendungen – wie zum Beispiel Datenbanken – müssen genau wissen, wann Daten auf den Storage geschrieben werden, um sicherstellen zu können, dass diese auch nach einem Systemabsturz vorhanden sind. Daher müssen die Regeln zum Wegschreiben der Daten auf den Secondary Storage in der Schnittstelle des Dateisystems sichtbar sein.

Wir sind nicht nur beim Programmieren auf Abstraktionen angewiesen, um die Komplexität meistern zu können, sondern überall in unserem Alltag. Eine Mikrowelle enthält komplexe Elektronik, um Wechselstrom in Mikrowellenstrahlung umzuwandeln und diese dann im ganzen Garraum zu verteilen. Zum Glück findet man beim Kochen eine deutlich einfachere Abstraktion vor, die nur aus ein paar Knöpfen zum Steuern von Dauer und Intensität der Mikrowellen besteht. Autos bieten eine einfache Abstraktion, die es uns erlaubt, sie zu fahren, ohne die Mechanismen von Elektromotoren, Batteriemanagement, Antiblockiersystemen, Tempomat und so weiter verstehen zu müssen.

Tiefe Module

Die besten Module sind die, die leistungsfähige Funktionalität bieten, dabei aber trotzdem eine einfache Schnittstelle haben. Ich nutze den Begriff *tief* (*deep*), um solche Module zu beschreiben. Um sich die Tiefe zu verdeutlichen, stellen Sie sich vor, dass jedes Modul durch ein Rechteck dargestellt wird (siehe Abbildung 4-1). Die Fläche jedes Rechtecks ist proportional zur durch das Modul implementierten Funktionalität. Die obere Kante eines Rechtecks repräsentiert die Schnittstelle des

Moduls – die Länge dieser Kante steht für deren Komplexität. Die besten Module sind tief: Sie besitzen viel Funktionalität, die hinter einer einfachen Schnittstelle verborgen ist. Ein tiefes Modul ist eine gute Abstraktion, weil nur ein kleiner Teil seiner internen Komplexität für seine Nutzerinnen und Nutzer sichtbar ist.

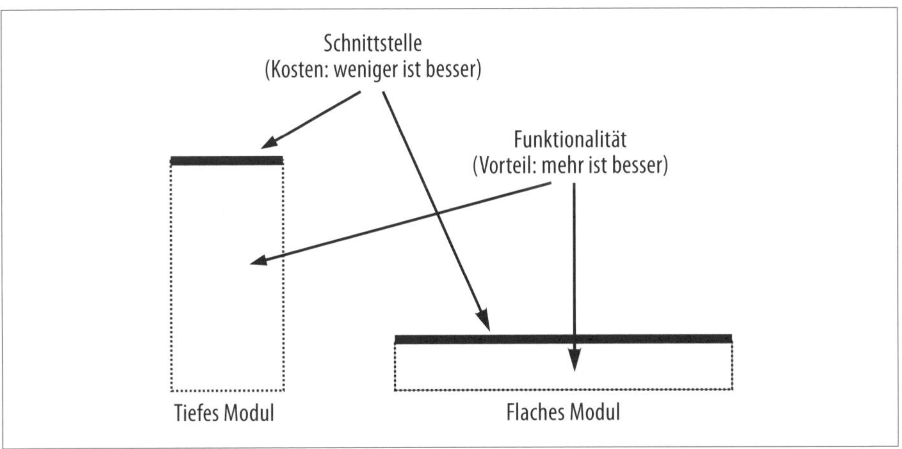

Abbildung 4-1: Tiefe und flache Module. Die besten Module sind tief: Sie erlauben, viel Funktionalität über eine einfache Schnittstelle anzusprechen. Ein flaches Modul ist eines mit einer recht komplexen Schnittstelle, aber nicht viel Funktionalität – so wird nicht viel Komplexität verborgen.

Die Modultiefe ist ein Ansatzpunkt, um über den Konflikt zwischen Kosten und Vorteilen nachzudenken. Die Vorteile eines Moduls bestehen in dessen Funktionalität, die Kosten eines Moduls (in Bezug auf die Systemkomplexität) in dessen Schnittstelle. Die Schnittstelle eines Moduls repräsentiert die Komplexität, die das Modul in den Rest des Systems trägt: Je kleiner und einfacher die Schnittstelle ist, desto weniger Komplexität bringt sie mit sich. Die besten Module sind solche mit den größten Vorteilen und den geringsten Kosten. Schnittstellen sind gut, aber mehr oder größere Schnittstellen sind nicht unbedingt besser!

Der Mechanismus für Datei-I/O von Unix und seinen Nachfolgern wie Linux ist ein wunderschönes Beispiel für eine tiefe Schnittstelle. Es gibt nur fünf grundlegende Systemaufrufe mit einfachen Signaturen:

```
int open(const char* path, int flags, mode_t permissions);
ssize_t read(int fd, void* buffer, size_t count);
ssize_t write(int fd, const void* buffer, size_t count);
off_t lseek(int fd, off_t offset, int referencePosition);
int close(int fd);
```

Der Systemaufruf `open` übernimmt einen hierarchischen Dateinamen wie `/a/b/c` und gibt einen *Dateideskriptor* als Integer-Wert zurück, der dann als Referenz für die geöffnete Datei dient. Die anderen Argumente beim Öffnen stellen zusätzliche Informationen bereit, wie zum Beispiel, ob die Datei zum Lesen oder Schreiben geöffnet wird, ob eine neue Datei erzeugt werden soll, wenn es sie noch nicht gibt, und wie die Zugriffsberechtigungen für die Datei aussehen, wenn eine neue Datei angelegt wird. Die Systemaufrufe `read` und `write` übertragen Informationen zwischen Pufferbereichen im Speicher der Anwendung und der Datei, `close` beendet den Zugriff auf die Datei. Auf die meisten Dateien wird sequenziell zugegriffen, daher ist das die Standardvorgehensweise – ein wahlfreier Zugriff wird über den Systemaufruf `lseek` erreicht, durch den man die aktuelle Zugriffsposition anpasst.

Für eine moderne Implementierung der I/O-Schnittstelle von Unix sind Hunderttausende Zeilen Code erforderlich, die komplexe Themen wie die folgenden angehen:

- Wie werden Dateien auf der Festplatte repräsentiert, um einen effizienten Zugriff zu ermöglichen?
- Wie werden Verzeichnisse abgelegt, und wie werden hierarchische Pfadnamen verarbeitet, um die Datei zu finden, die dadurch angesprochen wird?
- Wie werden die Berechtigungen sichergestellt, sodass der eine Anwender nicht die Dateien einer anderen Anwenderin verändern oder löschen kann?
- Wie wird der Dateizugriff implementiert? Wie wird beispielsweise die Funktionalität zwischen Interrupt-Handlern und Code im Hintergrund aufgeteilt, und wie kommunizieren diese beiden Elemente zuverlässig miteinander?
- Welche Scheduling-Richtlinien werden genutzt, wenn es konkurrierende Zugriffe auf mehrere Dateien gibt?
- Wie können die Daten von kürzlich angesprochenen Dateien im Speicher gehalten werden, um die Anzahl der Festplattenzugriffe zu verringern?
- Wie kann eine Vielzahl von unterschiedlichen Secondary-Storage-Devices – wie beispielsweise Festplatten oder Flash Drives – in ein einzelnes Dateisystem integriert werden?

Alle diese Probleme – und viele mehr – werden von der Implementierung des Unix-Dateisystems behandelt. Sie sind für Programmiererinnen und Programmierer, die die Systemaufrufe nutzen, unsichtbar. Die Implementierungen der Unix-I/O-Schnittstelle haben sich im Laufe der Jahre massiv weiterentwickelt, aber die fünf grundlegenden Kernelaufrufe haben sich nicht geändert.

Ein weiteres Beispiel eines tiefen Moduls ist der Garbage Collector in einer Sprache wie Go oder Java. Dieses Modul besitzt überhaupt keine Schnittstelle – es arbeitet unsichtbar hinter den Kulissen, um ungenutzten Speicher aufzuräumen. Indem ein System um eine Garbage Collection erweitert wird, schrumpft tatsächlich die Gesamtschnittstelle, da die Schnittstelle zum Freigeben von Objekten wegfällt. Das Implementieren eines Garbage Collector ist ziemlich komplex, aber diese Komplexität wird gegenüber den Programmierern verborgen.

Tiefe Module wie Unix-I/O und Garbage Collectors liefern leistungsfähige Abstraktionen, weil sie sich leicht einsetzen lassen, dabei aber signifikante Implementierungskomplexität verbergen.

Flache Module

Im Gegensatz dazu ist bei einem flachen Modul dessen Schnittstelle im Vergleich zur bereitgestellten Funktionalität recht komplex. Beispielsweise ist eine Klasse flach, die eine verkettete Liste implementiert. Es braucht nicht viel Code, um eine verkettete Liste zu implementieren (zum Einfügen oder Löschen eines Elements sind nur ein paar Zeilen Code notwendig), daher verbirgt die Abstraktion der verketteten Liste nicht sehr viele Details. Die Komplexität der Schnittstelle einer verketteten Liste ist fast so groß wie die Komplexität ihrer Implementierung. Flache Klassen lassen sich manchmal nicht vermeiden, und sie können auch immer noch ihre Berechtigung haben, aber sie sind beim Managen von Komplexität nicht sehr hilfreich.

Hier ein extremes Beispiel einer flachen Methode aus einem Projekt in einem Kurs zu Softwaredesign:

```
private void addNullValueForAttribute(String attribute) {
    data.put(attribute, null);
}
```

Vom Aspekt der Komplexität aus betrachtet macht diese Methode die Dinge nur schlimmer. Sie bietet keine Abstraktion, da die gesamte Funktionalität durch ihre Schnittstelle sichtbar ist. Aufrufender Code muss beispielsweise vermutlich wissen, dass das Attribut in der Variablen `data` gespeichert wird. Es ist nicht einfacher, über die Schnittstelle nachzudenken als über die vollständige Implementierung. Ist die Methode sauber dokumentiert, wird die Dokumentation länger sein als der Code der Methode. Es erfordert sogar mehr Tippaufwand, um die Methode aufzurufen, also die Variable `data` direkt zu verändern. Die Methode sorgt für zusätzliche Komplexität (in Form einer neuen Schnittstelle, die Entwicklerinnen und Entwickler lernen müssen), bietet aber keinen Vorteil, der dies ausgleichen würde.

Warnzeichen: Flache Module

Ein flaches Modul ist eines, dessen Schnittstelle im Verhältnis zur bereitgestellten Funktionalität relativ kompliziert ist. Flache Module helfen nicht sehr beim Kampf gegen Komplexität, weil ihr Vorteil (nicht lernen zu müssen, wie sie intern funktionieren) durch die Kosten für das Erlernen und Einsetzen ihrer Schnittstellen aufgezehrt wird. Kleine Module tendieren dazu, flach zu sein.

Klassizitis

Leider wird der Wert tiefer Klassen heutzutage nicht allzu sehr anerkannt. Üblicherweise ist man in der Programmierung der Ansicht, dass Klassen *klein* und nicht tief sein sollten. Häufig wird Studierenden beigebracht, dass es beim Design von Klassen am wichtigsten sei, größere Klassen in kleinere aufzuteilen. Den gleichen Rat gibt es auch oft bei Methoden: »Jede Methode, die größer als N Zeilen ist, sollte in mehrere Methoden aufgeteilt werden.« (N kann auch einen Wert von nur

10 haben.) Dieser Ansatz führt zu vielen flachen Klassen und Methoden, die die Gesamtkomplexität des Systems vergrößern.

Das Extrem beim »Klassen sollten klein sein«-Ansatz ist ein Syndrom, das ich als *Klassizitis* bezeichne und das von der irrtümlichen Ansicht herrührt, dass »Klassen gut sind und mehr Klassen also besser sind«. In Systemen, die an Klassizitis leiden, werden Entwicklerinnen und Entwickler darin bestärkt, die Menge an Funktionalität in jeder neuen Klasse zu minimieren: Wollen Sie mehr Funktionalität haben, bringen Sie mehr Klassen ins Spiel. Klassizitis kann zu Klassen führen, die für sich betrachtet einfach sind, aber die Komplexität des Gesamtsystems vergrößern. Kleine Klassen tragen nicht viel Funktionalität bei, daher muss es viele von ihnen geben, die jeweils eine eigene Schnittstelle besitzen. Diese Schnittstellen summieren sich auf Systemebene zu einer unglaublichen Komplexität auf. Kleine Klassen führen zudem zu einem weitschweifigen Programmierstil, weil jede Klasse immer wieder neuen Code erfordert.

Beispiele: Java und Unix-I/O

Eines der bekanntesten Beispiele für Klassizitis ist heutzutage die Klassenbibliothek von Java. Die Programmiersprache Java erfordert nicht viele kleine Klassen, aber in der Programmier-Community von Java scheint eine Kultur der Klassizitis Fuß gefasst zu haben. Um zum Beispiel eine Datei zum Einlesen serialisierter Objekte zu öffnen, musste man in der Java-Entwicklung viele Jahre lang drei verschiedene Objekte erstellen:

```
FileInputStream fileStream =
        new FileInputStream(fileName);
BufferedInputStream bufferedStream =
        new BufferedInputStream(fileStream);
ObjectInputStream objectStream =
        new ObjectInputStream(bufferedStream);
```

Ein `FileInputStream`-Objekt stellt nur rudimentäre I/O zur Verfügung – es kennt kein gepuffertes I/O und kann auch keine serialisierten Objekte lesen oder schreiben. Das `BufferedInputStream`-Objekt ermöglicht das Puffern eines `FileInputStream`, und der `ObjectInputStream` bietet dann zusätzlich das Lesen und Schreiben serialisierter Objekte. Die ersten beiden Objekte im Code (`fileStream` und `bufferedStream`) werden nie mehr verwendet, nachdem die Datei erst einmal geöffnet wurde – alle weiteren Operationen nutzen `objectStream`.

Es ist besonders nervig (und fehleranfällig), dass das Puffern explizit angefordert werden muss, indem ein eigenes `BufferedInputStream`-Objekt erstellt wird – vergisst ein Entwickler, dieses Objekt zu erzeugen, gibt es kein Puffern, und die I/O wird langsam sein. Vielleicht würde man bei der Java-Entwicklung argumentieren, dass nicht jeder die Datei-I/O puffern will, daher sollte es nicht in den zugrunde liegenden Mechanismus eingebaut sein. Eventuell wäre es ja besser, das Puffern separat zu halten, damit die Entwickler selbst entscheiden können, ob sie es nutzen wollen oder nicht. Es ist zwar gut, die Wahl zu haben, aber **Schnittstellen sollten so designt sein, dass sie den häufigsten Fall so einfach wie möglich machen** (siehe die Formel auf Seite 20). So gut wie jede Anwendung der Datei-I/O wird einen Buffer nutzen wollen, daher sollte es standardmäßig angeboten werden. Für die wenigen Situationen, in denen Puffern nicht erwünscht ist, kann die Bibliothek einen Mechanismus anbieten, um es zu deaktivieren. Jeder Mechanismus, der das Puffern abschaltet, sollte in der Schnittstelle ganz klar getrennt sein (zum Beispiel durch einen eigenen Konstruktor für `FileInputStream` oder mithilfe einer Methode, die den Puffermechanismus abschaltet oder ersetzt), sodass sich die meisten Personen dessen Existenz beim Entwickeln gar nicht bewusst sind.

Im Gegensatz dazu haben die Designer der Unix-Systemaufrufe den häufigsten Fall einfach gestaltet. Sie haben beispielsweise erkannt, dass sequenzielles I/O am gebräuchlichsten ist, daher haben sie das zum Standardverhalten gemacht. Der wahlfreie Zugriff ist auch noch recht leicht mit dem Systemaufruf `lseek` zu nutzen, aber braucht man beim Entwickeln nur sequenziellen Zugriff, muss man diesen Mechanismus nicht kennen. Besitzt eine Schnittstelle viele Features, von denen aber fast immer nur wenige benötigt werden, ist die effektive Komplexität dieser Schnittstelle einfach die Komplexität der am häufigsten eingesetzten Features.

Zusammenfassung

Durch das Abtrennen der Schnittstelle eines Moduls von dessen Implementierung können wir die Komplexität der Implementierung vor dem Rest des Systems verbergen. Nutzt man ein Modul, muss man nur die durch die Schnittstelle bereitgestellte Abstraktion verstehen. Beim Design von Klassen und anderen Modulen ist es am wichtigsten, diese tief zu gestalten, sodass sie einfache Schnittstellen für die häufigsten Anwendungsfälle besitzen, aber trotzdem ausreichend Funktionalität bereitstellen. Das maximiert die Menge an Komplexität, die verborgen wird.

KAPITEL 5

Information Hiding (und Lecks)

In Kapitel 4 wurde argumentiert, dass Module tief sein sollten. In diesem und den nächsten Kapiteln werden Techniken behandelt, um tiefe Module zu schaffen.

Information Hiding

Die wichtigste Technik für tiefe Module ist *Information Hiding*. Sie wurde erstmals von David Parnas[1] beschrieben. Die zentrale Idee ist, dass jedes Modul einige wenige Wissensbestandteile kapseln sollte, die Designentscheidungen repräsentieren. Das Wissen ist in die Implementierung des Moduls eingebettet, erscheint aber nicht in seiner Schnittstelle, daher ist es für andere Module nicht zu sehen.

Die im Modul verborgenen Informationen bestehen im Allgemeinen aus Details über das Implementieren bestimmter Mechanismen. Hier ein paar Beispiele für Informationen, die in einem Modul verpackt werden könnten:

- Wie Informationen in einem B-Baum (B-Tree) abgelegt werden und wie man darauf effizient zugreift.
- Wie man den physischen Festplattenblock identifiziert, der zu einem logischen Block in einer Datei gehört.
- Wie man das TCP-Netzwerkprotokoll implementiert.
- Wie man Threads für einen Mehrkernprozessor scheduled.
- Wie man JSON-Dokumente parst.

Zu den verborgenen Informationen gehören Datenstrukturen und Algorithmen, die mit dem Mechanismus in Zusammenhang stehen. Es können kleinteiligere Details enthalten sein, wie zum Beispiel die Größe einer Seite, aber auch abstraktere High-Level-Konzepte, wie zum Beispiel die Annahme, dass die meisten Dateien klein sind.

Information Hiding verringert die Komplexität auf zwei Arten. Zum einen vereinfacht es die Schnittstelle für ein Modul. Sie stellt eine einfachere, abstraktere Sicht

1 David Parnas, »On the Criteria to be Used in Decomposing Systems into Modules«, *Communications of the ACM*, Dezember 1972.

der Modulfunktionalität dar und verbirgt die Details – das reduziert die kognitive Last bei denjenigen, die das Modul verwenden. So muss man sich beispielsweise beim Verwenden einer B-Tree-Klasse keine Gedanken über die ideale Verteilung der Knoten im Baum oder um das kontinuierliche Ausbalancieren des Baums machen. Zum anderen erleichtert das Information Hiding die Weiterentwicklung des Systems. Wird eine Information verborgen, gibt es außerhalb ihres Moduls keine Abhängigkeiten zu ihr, sodass eine Designänderung, die diese Information betrifft, nur Auswirkungen auf das eine Modul hat. Ändert sich beispielsweise das TCP-Protokoll (um vielleicht einen neuen Mechanismus zur Stausteuerung hinzuzufügen), wird die Implementierung des Protokolls angepasst, aber es sollte kein Code geändert werden müssen, der TCP zum Senden und Empfangen von Daten nutzt.

Beim Design eines neuen Moduls sollten Sie sorgfältig darüber nachdenken, welche Informationen in diesem Modul verborgen werden können. Ist es möglich, mehr Informationen zu kapseln, sollten Sie auch die Schnittstelle des Moduls vereinfachen können, was für mehr Tiefe sorgt.

Hinweis: Das Verstecken von Variablen und Methoden in einer Klasse durch das Deklarieren als `private` ist nicht das Gleiche wie Information Hiding. Private Elemente können beim Information Hiding helfen, da sie sich so nicht direkt von außen ansprechen lassen. Aber Informationen über die privaten Elemente können immer noch über öffentliche Methoden wie zum Beispiel Getter und Setter bereitgestellt werden. Wenn das geschieht, sind die Variablen genauso von außen erreichbar, als wären sie öffentlich.

Die beste Form des Information Hiding ist das vollständige Verbergen von Informationen in einem Modul, sodass sie bei der Anwendung des Moduls irrelevant und unsichtbar sind. Aber auch ein teilweises Information Hiding hat seinen Wert. Wenn beispielsweise ein bestimmtes Feature oder ein Informationselement nur bei wenigen Anwendungsfällen einer Klasse notwendig ist und über eigene Methoden angesprochen wird, sodass es bei den üblichen Einsätzen nicht sichtbar ist, dann ist diese Information größtenteils verborgen. Das sorgt für weniger Abhängigkeiten als bei Informationen, die bei allen Einsätzen der Klasse zu sehen sind.

Informationslecks

Das Gegenteil von Information Hiding sind *Informationslecks* (*Information Leakage*). Diese treten auf, wenn eine Designentscheidung sich in mehreren Modulen niederschlägt. Denn dadurch entsteht eine Abhängigkeit zwischen den Modulen: Jede Änderung an dieser Designentscheidung erfordert Änderungen an allen beteiligten Modulen. Wird eine Information in der Schnittstelle eines Moduls bereitgestellt, wurde sie schon per definitionem geleakt – daher tendieren einfachere Schnittstellen dazu, mit einem besseren Information Hiding zu korrelieren. Aber Informationen können auch nach außen dringen, wenn sie nicht in der Schnittstelle eines Moduls erscheinen. Stellen Sie sich beispielsweise zwei Klassen vor, die beide etwas über ein bestimmtes Dateiformat wissen (vielleicht liest eine Klasse Dateien in diesem Format, und die andere Klasse schreibt sie). Auch wenn keine der beiden Klassen diese Informationen in ihrer Schnittstelle nach außen gibt, hängen beide von dem Dateiformat ab: Ändert sich das Format, müssen beide Klassen angepasst werden. Solche Backdoor-Lecks sind gefährlicher als Lecks über eine Schnittstelle, weil sie nicht offensichtlich sind.

Informationslecks gehören zu den wichtigsten Warnzeichen im Softwaredesign. Eine der wichtigsten Fähigkeiten, die Sie beim Softwaredesign entwickeln sollten, ist ein sehr gutes Gespür für Informationslecks. Finden Sie Informationslecks zwischen Klassen, fragen Sie sich: »Wie kann ich diese Klassen so reorganisieren, dass dieses spezifische Wissen nur eine von beiden betrifft?« Sind die betroffenen Klassen recht klein und eng mit der nach außen dringenden Information verbunden, kann es sinnvoll sein, sie in einer einzelnen Klasse zusammenzuführen. Ein anderer möglicher Ansatz besteht darin, die Information aus allen betroffenen Klassen herauszuziehen und eine neue Klasse zu erstellen, die nur diese Information kapselt. Allerdings wird dieser Ansatz nur effektiv sein, wenn Sie eine einfache Schnittstelle schaffen können, die die Details wegabstrahiert – gibt die neue Klasse einen Großteil ihres Wissens über ihre Schnittstelle nach außen, wird sie nicht viel Wert liefern (Sie haben dann einfach das Backdoor-Leck durch ein Leck via Schnittstelle ersetzt).

Warnzeichen: Informationslecks
Informationslecks entstehen, wenn das gleiche Wissen an mehreren Stellen genutzt wird, wie zum Beispiel in zwei verschiedenen Klassen, die beide das Format eines bestimmten Dateityps verstehen.

Zeitliche Dekomposition

Eine häufig anzutreffende Ursache von Informationslecks ist ein Designstil, den ich *zeitliche Dekomposition* nenne. Dabei korrespondiert die Struktur eines Systems mit der zeitlichen Abfolge, in der Operationen ausgeführt werden. Stellen Sie sich eine Anwendung vor, die eine Datei in einem bestimmten Format liest, den Inhalt der Datei verändert und sie dann wieder wegschreibt. Bei der zeitlichen Dekomposition wird diese Anwendung vielleicht in drei Klassen aufgeteilt: eine zum Lesen der Datei, eine zum Durchführen der Änderungen und eine dritte zum Schreiben der neuen Version. Sowohl die Schritte zum Lesen wie auch zum Schreiben der Datei wissen etwas über das Dateiformat, was zu einem Informationsleck führt. Die Lösung ist, die zentralen Mechanismen zum Lesen und Schreiben von Dateien in einer einzelnen Klasse zusammenzuführen. Diese Klasse wird dann in der Anwendung für beide Schritte eingesetzt. Man gerät leicht in die Falle der zeitlichen Dekomposition, weil man die Reihenfolge der Operationen beim Programmieren schon im Kopf hat. Aber die meisten Designentscheidungen manifestieren sich zu verschiedenen Zeitpunkten während der Lebensdauer der Anwendung, daher führt die zeitliche Dekomposition häufig zu Informationslecks.

Die Reihenfolge ist oft wichtig, daher wird sie irgendwo in der Anwendung wiederzufinden sein. Aber sie sollte sich nicht in der Modulstruktur widerspiegeln, es sei denn, diese Struktur ist mit dem Information Hiding vereinbar (vielleicht nutzen die verschiedenen Schritte völlig verschiedene Informationen). **Konzentrieren Sie sich beim Designen von Modulen auf das Wissen, das zum Durchführen jeder Aufgabe notwendig ist, und nicht auf die Reihenfolge, in der die Aufgaben ablaufen.**

Warnzeichen: Zeitliche Dekomposition

Bei der zeitlichen Dekomposition spiegelt sich die Ausführungsreihenfolge in der Codestruktur wider: Operationen, die zu unterschiedlichen Zeitpunkten ablaufen, befinden sich auch in unterschiedlichen Methoden oder Klassen. Kommt das gleiche Wissen zu verschiedenen Zeitpunkten zum Einsatz, wird es an mehreren Orten codiert, was zu Informationslecks führt.

Beispiel: HTTP-Server

Um die Probleme beim Information Hiding deutlich zu machen, schauen wir uns die Designentscheidungen an, die Studierende beim Implementieren des HTTP-Protokolls in einem Kurs zum Softwaredesign getroffen haben. Es ist hilfreich, sich sowohl die guten Entscheidungen anzuschauen als auch die Stellen aufzuzeigen, an denen sie Probleme hatten.

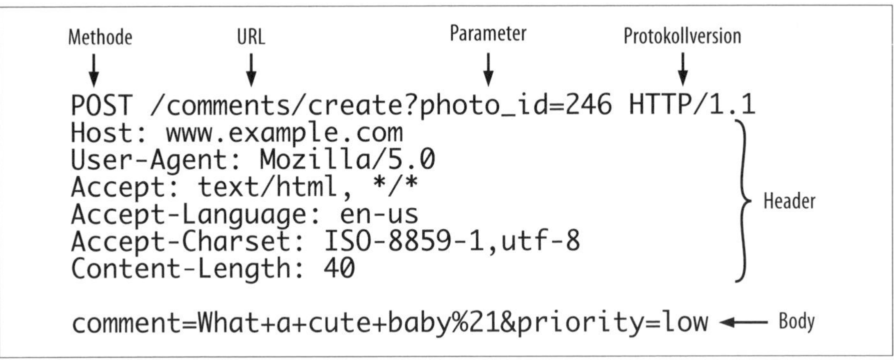

Abbildung 5-1: Ein POST-Request besteht im HTTP-Protokoll aus Text, der über einen TCP-Socket geschickt wird. Jeder Request enthält eine initiale Zeile, eine Reihe von Headern, die durch eine Leerzeile beendet werden, und einen optionalen Body. Die initiale Zeile enthält den Request-Typ (`POST` wird zum Abschicken von Formulardaten genutzt), eine URL für eine Operation (`/comments/create`) und optionale Parameter (`photo_id` hat den Wert 246) sowie die vom Sender genutzte HTTP-Protokollversion. Jede Headerzeile besteht aus einem Namen (wie `Content-Length`) und dessen Wert. Bei diesem Request enthält der Body noch zusätzliche Parameter (`comment` und `priority`).

HTTP ist ein Mechanismus, der von Webbrowsern genutzt wird, um mit Webservern zu kommunizieren. Klickt man in einem Webbrowser auf einen Link oder schickt ein Formular ab, nutzt der Browser HTTP, um einen Request über das Netzwerk an einen Webserver zu schicken. Hat der Server den Request verarbeitet, schickt er eine Response zurück an den Browser – darin findet sich normalerweise eine neue Webseite zum Anzeigen. Das HTTP-Protokoll legt das Format der Requests und Responses fest, die beide textbasiert sind. In Abbildung 5-1 sehen Sie beispielhaft einen HTTP-Request, der ein abgeschicktes Formular enthält. Die Studierenden wurden im Kurs aufgefordert, eine oder mehrere Klassen zu implementieren, die es Webservern einfach machen, eintreffende HTTP-Requests zu empfangen und Responses zurückzuschicken.

Beispiel: Zu viele Klassen

Der häufigste Fehler, den die Studierenden gemacht haben, war das Aufteilen des Codes in eine große Anzahl flacher Klassen, was zu Informationslecks zwischen den Klassen führte. Ein Team hat zwei verschiedene Klassen für das Empfangen von HTTP-Requests genutzt – die erste hat den Request aus der Netzwerkverbindung in einen String gelesen, die zweite diesen dann geparst. Das ist ein Beispiel für eine zeitliche Dekomposition (»erst lesen wir den Request, dann parsen wir ihn«). Informationslecks sind deshalb aufgetreten, weil ein HTTP-Request nicht gelesen werden kann, ohne einen Großteil der Message zu parsen – so gibt beispielsweise der Header `Content-Length` die Länge des Request-Bodys an, daher müssen die Header geparst werden, um die Gesamtlänge des Requests berechnen zu können. So mussten beide Klassen vieles von der Struktur der HTTP-Requests kennen können, und das Parsen des Codes kam in beiden Klassen vor. Dieser Ansatz hat zusätzlich weitere Komplexität beim Aufrufen verursacht, weil zwei Methoden in verschiedenen Klassen in einer bestimmten Reihenfolge eingesetzt werden mussten, um einen Request zu empfangen.

Da die Klassen so viele Informationen gemeinsam genutzt haben, wäre es besser gewesen, sie in einer einzelnen Klasse zusammenzuführen, die das Lesen und Parsen des Requests übernimmt. Das sorgt für ein besseres Information Hiding, weil das gesamte Wissen zum Request-Format in einer Klasse isoliert ist. Zudem ist so eine einfachere Schnittstelle möglich (nur eine Methode ist aufzurufen).

Dieses Beispiel illustriert ein grundlegendes Thema im Softwaredesign: **Information Hiding lässt sich oft verbessern, indem eine Klasse etwas größer gemacht wird.** Ein Grund dafür ist, dass so der gesamte Code für eine bestimmte Fähigkeit (wie das Parsen eines HTTP-Requests) zusammengebracht wird, sodass die daraus entstehende Klasse alles dafür Notwendige bieten kann. Ein zweiter Grund für das Vergrößern einer Klasse ist, dass die Schnittstelle mächtiger werden kann. Statt also beispielsweise eigene Methoden für jeden der drei Schritte einer Berechnung anzubieten, gibt es jetzt eine einzelne Methode, die den gesamten Prozess durchlaufen lässt. Das kann zu einer einfacheren Schnittstelle führen. Beide Vorteile gelten für das Beispiel des vorherigen Abschnitts: Indem wir die Klassen kombinieren, bringen wir den gesamten Code zusammen, der mit dem Parsen eines HTTP-Requests zu tun hat, und ersetzen zwei extern sichtbare Methoden durch eine. Die kombinierte Klasse ist tiefer als die ursprünglichen Klassen.

Natürlich ist es möglich, die Idee größerer Klassen zu weit zu treiben (wie zum Beispiel mit einer einzelnen Klasse für die gesamte Anwendung). In Kapitel 9 werden wir die Bedingungen besprechen, unter denen es sinnvoll ist, den Code in mehrere kleinere Klassen aufzuteilen.

Beispiel: HTTP-Parameter-Handling

Nachdem ein HTTP-Request von einem Server empfangen wurde, muss dieser auf einige der Informationen aus dem Request zugreifen. Wer sich um den Request aus Abbildung 5-1 kümmert, muss beispielsweise den Wert des Parameters `photo_id` erfahren können. Parameter können in der ersten Zeile des Requests angegeben werden (`photo_id` in Abbildung 5-1) oder manchmal auch im Body stehen (`comment` und `priority` in Abbildung 5-1). Jeder Parameter hat einen Namen und einen Wert. Die Werte von Parametern nutzen eine bestimmte Codierung namens *URL Encoding* – so wird beispielsweise im Wert für `comment` das +-Zeichen genutzt, um ein Leerzeichen zu repräsentieren, und `%21` steht für »!«. Um einen Request zu verarbeiten, benötigt der Server die Werte von einigen der Parameter – und zwar in decodierter Form.

Die meisten der studentischen Projekte trafen bei der Parameterverarbeitung zwei gute Entscheidungen. Zum einen erkannten sie, dass sich Serveranwendungen nicht darum scheren, ob ein Parameter in der ersten Zeile oder im Body des Requests spezifiziert wurde, weshalb sie diese Differenzierung vor dem aufrufenden Programm verbargen und die Parameter von beiden Stellen zusammenführten. Zum anderen versteckten sie das Wissen über das URL Encoding: Der HTTP-Parser decodiert die Parameterwerte, bevor er sie an den Webserver zurückgibt, sodass der Wert des Parameters `comment` in Abbildung 5-1 als »What a cute baby!« statt als »What+a+cute+baby%21« zurückgegeben wurde. In diesen beiden Fällen führte das Information Hiding zu einfacheren APIs für den Code, der das HTTP-Modul verwendet hat.

Die meisten Studententeams nutzten allerdings eine zu flache Schnittstelle zum Zurückgeben von Parametern, was zu vertanen Chancen beim Information Hiding führte. Viele Projekte setzten auf ein Objekt vom Typ `HTTPRequest`, um die geparsten HTTP-Requests zu speichern, und dieses besaß eine einzelne Methode wie die folgende, um Parameter zurückzugeben:

```
public Map<String, String> getParams() {
    return this.params;
}
```

Statt einen einzelnen Parameter zurückzuliefern, gab die Methode eine Referenz auf die `Map` zurück, die intern zum Speichern aller Parameter verwendet wurde. Diese Methode ist flach und gibt die in der Klasse `HTTPRequest` genutzte interne Repräsentation für die Parameter nach außen. Jede Änderung an dieser Darstellung wird zu einer Änderung an der Schnittstelle führen, was wiederum Anpassungen an jedem aufrufenden Code verursacht. Werden Implementierungen angepasst, gehören zu den Änderungen oft auch Modifikationen der Repräsentation zentraler Datenstrukturen (um beispielsweise die Performance zu verbessern). Daher ist es wichtig, interne Datenstrukturen so selten wie möglich nach außen zu geben. Dieser Ansatz sorgt zudem für mehr Arbeit beim Aufrufen: Dabei muss erst getParams eingesetzt werden, und dann muss der Code eine andere Methode aufrufen, um einen bestimmten Parameter aus der Map zu lesen. Schließlich muss beim Programmieren auch noch bedacht werden, dass die von getParams zurückgegebene Map nicht verändert werden darf, da dies den internen Status des HTTPRequest modifizieren würde.

Dies ist eine bessere Schnittstelle zum Auslesen von Parameterwerten:

```
public String getParameter(String name) { ... }
public int getIntParameter(String name) { ... }
```

getParameter gibt einen Parameterwert als String zurück. Er bietet eine etwas tiefere Schnittstelle als das getParams darüber – wichtiger ist aber, dass die Methode die interne Repräsentation für die Parameter verbirgt. getIntParameter wandelt den Wert eines Parameters aus seiner String-Form im HTTP-Request in eine Ganzzahl um (zum Beispiel den Parameter photo_id in Abbildung 5-1). Das erspart dem aufrufenden Code eine zusätzliche Umwandlung von String nach Integer und verbirgt diesen Mechanismus. Bei Bedarf könnten auch weitere Methoden für andere Datentypen definiert werden, wie zum Beispiel getDoubleParameter. (Alle diese Methoden werfen Exceptions, wenn der gewünschte Parameter nicht vorhanden ist oder nicht in den angeforderten Typ umgewandelt werden kann – die Exception-Deklaration wurde im Code oben weggelassen).

Beispiel: Standardwerte in HTTP-Responses

Die HTTP-Projekte mussten auch Unterstützung für das Erzeugen von HTTP-Responses liefern. Die häufigsten Fehler, die dabei in diesem Bereich gemacht wurden, waren unpassende Standardwerte. Jede HTTP-Response muss eine HTTP-Protokollversion angeben – ein Team verpflichtete den aufrufenden Code dazu, diese Version beim Erstellen eines Response-Objekts explizit festzulegen. Sie muss aber mit der Version im Request-Objekt übereinstimmen, und der Request muss sowieso als Argument beim Verschicken der Response mitgegeben werden (denn darin ist angegeben, wohin die Response gesendet werden soll). Daher ist es für die HTTP-Klassen sinnvoller, die Response-Version automatisch zu ermitteln. Der aufrufende Code weiß eher selten, welche Version zu nutzen ist, und wenn ein Wert angegeben wird, führt das vermutlich zu einem Informationsleck zwischen der HTTP-Bibliothek und dem aufrufenden Code. HTTP-Responses enthalten ebenfalls einen Header Date, in dem festgehalten wird, wann der Response verschickt wurde – die HTTP-Bibliothek sollte auch dafür einen sinnvollen Standardwert festlegen.

Standardwerte illustrieren das Prinzip, dass Schnittstellen so designt sein sollten, dass der häufigste Fall so einfach wie möglich ist. Sie sind auch ein Beispiel für teilweises Information Hiding: Im Normalfall muss man sich beim Aufrufen der Existenz der Standardwerte nicht bewusst sein. In den seltenen Fällen, in denen ein Standardwert überschrieben werden muss, wird der aufrufende Code sowieso den Wert kennen müssen und kann dann eine spezielle Methode nutzen, um ihn anzupassen.

Wann immer möglich, sollten Klassen »einfach das Richtige tun«, ohne explizit darum gebeten werden zu müssen. Standardwerte sind ein Beispiel dafür. Das Java-I/O-Beispiel im Abschnitt »Beispiele: Java und Unix-I/O« auf Seite 40 illustriert diesen Punkt auf negative Art und Weise. Das Puffern der I/O ist so gebräuchlich, dass niemand jemals danach fragen müssen oder sich seiner Existenz überhaupt bewusst sein sollte – die I/O-Klassen sollten das Richtige tun und es automatisch mit anbieten. Die besten Features sind diejenigen, die Sie erhalten, ohne überhaupt davon zu wissen.

Warnzeichen: Überexposition

Wenn die API für eine häufig verwendete Funktion die Anwenderinnen und Anwender dazu zwingt, sich mit anderen Funktionen vertraut zu machen, die selten verwendet werden, erhöht das die kognitive Last für alle, die die wenig verwendeten Features nicht benötigen.

Information Hiding in einer Klasse

Die Beispiele in diesem Kapitel haben sich auf das Information Hiding in Bezug auf die extern sichtbaren APIs für Klassen konzentriert, aber Sie können es auch auf anderen Ebenen im System anwenden, wie zum Beispiel innerhalb von Klassen. Versuchen Sie, die privaten Methoden innerhalb einer Klasse so zu entwerfen, dass jede Methode eine Information oder Fähigkeit kapselt und sie vor dem Rest der Klasse verbirgt. Probieren Sie zusätzlich, die Anzahl an Stellen zu minimieren, an denen jede Instanzvariable genutzt wird. Manche Variablen müssen an vielen Stellen in der Klasse eingesetzt werden, andere aber vielleicht nur an wenigen Orten – können Sie die Anzahl an Stellen verringern, an denen eine Variable verwendet wird, eliminieren Sie Abhängigkeiten innerhalb der Klasse und reduzieren so deren Komplexität.

Wann Sie zu weit gehen

Information Hiding ist nur dann sinnvoll, wenn die verborgenen Informationen nicht außerhalb des Moduls benötigt werden. Braucht man sie außerhalb, dürfen sie nicht verborgen werden. Stellen Sie sich vor, dass die Performance eines Moduls durch bestimmte Konfigurationsparameter beeinflusst wird und dass bei unterschiedlichen Anwendungsfällen für das Modul auch unterschiedliche Parametereinstellungen erforderlich sind. In diesem Fall ist es wichtig, dass die Parameter über die Schnittstelle des Moduls bereitgestellt werden, sodass sie entsprechend angepasst werden können. Beim Softwaredesign sollte es Ihr Ziel sein, die Menge an Informationen zu minimieren, die außerhalb eines Moduls benötigt werden – kann ein Modul beispielsweise seine Konfiguration automatisch anpassen, ist das besser als der externe Zugriff auf die Parameter. Aber es ist wichtig, zu erkennen, welche Informationen außerhalb eines Moduls gebraucht werden, und sicherzustellen, dass sie bereitstehen.

Zusammenfassung

Information Hiding und tiefe Module sind eng miteinander verknüpft. Verbirgt ein Modul viele Informationen, steigt damit meist auch die Menge an Funktionalität, die das Modul anbietet, während dessen Schnittstelle gleichzeitig schlanker wird. Das sorgt für mehr Tiefe im Modul. Enthält es umgekehrt nicht viele Informationen, besitzt es entweder nicht viel Funktionalität, oder es hat eine komplexe Schnittstelle – so oder so ist das Modul dann flach.

Versuchen Sie beim Aufteilen eines Systems in Module nicht, sich von der Reihenfolge beeinflussen zu lassen, in der die Operationen zur Laufzeit ausgeführt werden – das führt Sie auf den Weg der zeitlichen Dekomposition, was für Informationslecks und flache Module sorgt. Denken Sie stattdessen über die verschiedenen Wissensbausteine nach, die erforderlich sind, um die Aufgaben Ihrer Anwendung zu erledigen, und designen Sie jedes Modul so, dass einer oder ein paar dieser Wissensbausteine gekapselt sind. Das sorgt für ein sauberes und einfaches Design mit tiefen Modulen.

KAPITEL 6

Vielseitige Module sind tiefer

Dadurch, dass ich Softwaredesign unterrichte und in meinen Kursen immer wieder versuche, die Ursachen für die Komplexität im Code von Studierenden zu finden, hat sich mein Denken über Softwaredesign auf die unterschiedlichste Art und Weise verändert. Das Wichtigste hat dabei mit Generalisierung und Spezialisierung zu tun. Ich habe wieder und wieder festgestellt, dass Spezialisierung zu Komplexität führt – mittlerweile denke ich, dass eine Überspezialisierung eine der großen Ursachen für Komplexität in Software ist. Umgekehrt ist Code, der vielseitig nutzbar ist, einfacher, sauberer und besser verständlich.

Dieses Prinzip gilt auf vielen Ebenen des Softwaredesigns. Entwirft man Module, wie zum Beispiel Klassen oder Methoden, besteht einer der besten Wege zum Entwickeln einer tiefen API darin, sie vielseitig nutzbar zu machen (vielseitig nutzbare APIs führen zu mehr Information Hiding). Schreiben Sie detaillierten Code, vereinfachen Sie den Code am effektivsten durch das Ausmerzen von Sonderfällen, sodass der vielseitig nutzbare Code auch die Randfälle behandelt. Das Eleminieren von Sonderfällen kann auch dazu führen, dass der Code effizienter wird, wie wir in Kapitel 20 sehen werden.

Dieses Kapitel dreht sich um die durch Spezialisierung verursachten Probleme und die Vorteile der Generalisierung. Spezialisierung lässt sich nicht völlig vermeiden, daher stelle ich hier auch Richtlinien zu der Frage vor, wie Sie den speziellen Code vom vielseitig nutzbaren Code trennen können.

Gestalten Sie Klassen halbwegs vielseitig

Eine der Entscheidungen, mit denen Sie beim Entwurf einer neuen Klasse am häufigsten konfrontiert werden, ist die Frage, ob Sie es vielseitiger einsetzbar oder eher spezialisiert ausrichten sollten. Manche mögen argumentieren, dass Sie besser den vielseitigen Ansatz verfolgen, indem Sie einen Mechanismus implementieren, der für einen umfassenderen Bereich von Problemen eingesetzt werden kann statt nur für die, die aktuell wichtig sind. Dann finden sich für den neuen Mechanismus eventuell zukünftige Einsatzmöglichkeiten, an die heute noch gar nicht gedacht wurde, und Sie sparen Zeit. Dieser Ansatz scheint auch zur Investitionsmentalität aus Kapitel 3 zu passen, bei der Sie zunächst etwas mehr Zeit einsetzen, um sie später zu sparen.

Wir wissen aber andererseits, dass es sehr schwer ist, zukünftige Anforderungen eines Softwaresystems vorherzusagen, daher werden bei einer vielseitigen Lösung eventuell Fähigkeiten mit aufgenommen, die später nie benötigt werden. Und wenn Sie zu allgemein implementieren, lösen Sie damit vielleicht das aktuelle Problem nicht besonders gut. Daher sind manche der Meinung, dass es besser sei, sich auf die aktuellen Bedürfnisse zu konzentrieren, nur das zu bauen, von dem Sie wissen, dass Sie es brauchen werden, und es so zu spezifizieren, dass Sie es heute gut verwenden können. Verfolgen Sie diesen spezialisierten Ansatz und entstehen später weitere Anforderungen, können Sie das Modul immer noch so refaktorieren, dass es vielseitiger verwendbar wird. Dieser Ansatz scheint eher zu einem inkrementellen Vorgehen bei der Softwareentwicklung zu passen.

Als ich das erste Mal meinen Kurs zum Thema Softwaredesign hielt, war mir der zweite Ansatz näher (mich zunächst an den spezielleren Notwendigkeiten zu orientieren), aber nachdem ich den Kurs einige Male gehalten hatte, änderte ich meine Meinung. Beim Begutachten der Projekte von Studierenden stellte ich fest, dass vielseitig nutzbare Klassen so gut wie immer besser waren als ihre Alternativen mit spezielleren Zielsetzungen. Besonders hat mich überrascht, dass vielseitig nutzbare Schnittstellen einfacher und tiefer sind als solche mit einem spezielleren Zweck. Es zeigt sich, dass es sogar dann weniger Aufwand ist, eine Klasse vielseitig nutzbar zu bauen, wenn Sie sie für einen Spezialfall einsetzen. Und mit diesem Ansatz können Sie in Zukunft noch mehr Zeit sparen, wenn Sie die Klasse für andere Zwecke wiederverwenden. Aber eine vielseitigere Verwendbarkeit ist selbst dann besser, wenn Sie die Klasse niemals wiederverwenden.

Meiner Erfahrung nach ist es am besten, neue Module halbwegs vielseitig zu implementieren. »Halbwegs vielseitig« meint hier, dass die Funktionalität des Moduls Ihre aktuellen Anforderungen widerspiegeln soll, dessen Schnittstelle aber nicht. Stattdessen sollte die Schnittstelle allgemein genug sein, um mehrere Anwendungsfälle zu unterstützen. Sie sollte sich für die aktuellen Bedürfnisse leicht verwenden lassen, aber nicht zu eng mit ihnen verknüpft sein. Das Wort »halbwegs« ist wichtig: Lassen Sie sich nicht mitreißen und bauen Sie nicht etwas so Vielseitiges, dass es sich für den aktuellen Bedarf nur schwer nutzen lässt.

Beispiel: Text für einen Editor speichern

Schauen wir uns ein Beispiel aus einem Kurs zum Softwaredesign an, in dem die Studierenden aufgefordert wurden, einfache GUI-Texteditoren zu bauen. Die Editoren mussten eine Datei anzeigen und es Benutzern ermöglichen, darin herumzuklicken und die Datei zu bearbeiten. Sie mussten gleichzeitig mehrere Sichten auf dieselbe Datei in verschiedenen Fenstern ermöglichen und ein mehrfaches Undo und Redo für Änderungen an der Datei anbieten.

In jedem der studentischen Projekte gab es eine Klasse, die sich um den Text der Datei kümmerte. Die Textklassen stellten meist Methoden zum Laden einer Datei in den Speicher, das Lesen und Modifizieren des Texts und das Schreiben des veränderten Texts zurück in eine Datei bereit.

Viele der Teams implementierten spezielle APIs für die Textklasse. Sie wussten, dass die Klasse in einem interaktiven Editor verwendet werden würde, daher dachten sie an die Features, die der Editor anbieten musste, und entwarfen die API der Textklasse entlang dieser spezifischen Features. Wurde beispielsweise im Editor die Rücktaste gedrückt, löschte der Editor das Zeichen direkt links vom Cursor – beim Druck auf die Entf-Taste wurde das Zeichen direkt rechts vom Cursor entfernt. Mit diesem Wissen erstellten einige der Teams jeweils eine Methode in der Textklasse für diese beiden spezifischen Features:

```
void backspace(Cursor cursor);
void delete(Cursor cursor);
```

Jede dieser Methoden übernahm die Cursorposition als Argument – ein spezieller Typ `Cursor` repräsentierte diese Position. Darüber hinaus musste der Editor eine Auswahl ermöglichen, die dann kopiert oder gelöscht werden konnte. Das erreichten die studentischen Teams, indem sie eine Klasse `Selection` definierten und ein Objekt dieser Klasse beim Löschen an die Textklasse übergaben:

```
void deleteSelection(Selection selection);
```

Die Studierenden dachten vermutlich, dass es einfacher sein würde, die Benutzeroberfläche zu implementieren, wenn die Methoden der Textklasse mit den für den Anwender sichtbaren Features korrespondierten. In der Realität hat diese Spezialisierung aber nur wenige Vorteile für den UI-Code gebracht und zu einer hohen kognitiven Last beim Entwickeln sowohl der Benutzeroberfläche wie auch der Textklasse geführt. Die Textklasse enthielt so eine große Zahl flacher Methoden, die jeweils nur für eine UI-Operation nutzbar waren. Viele der Methoden, wie zum Beispiel `delete`, wurden lediglich an einer Stelle aufgerufen. Im Endergebnis musste man beim Entwickeln der Benutzeroberfläche viele Methoden der Textklasse kennen.

Dieser Ansatz hat zu Informationslecks zwischen den Klassen für die Benutzeroberfläche und für den Text geführt. Abstraktionen der Benutzeroberfläche, wie zum Beispiel die Auswahl oder die Rücktaste, spiegelten sich in der Textklasse wider – das erhöhte die kognitive Last aller, die an der Textklasse arbeiteten. Jede neue UI-Operation erforderte eine neue Methode in der Textklasse – war man also an der Benutzeroberfläche tätig, musste man letztendlich meist auch an der Textklasse arbeiten. Eines der Ziele beim Design von Klassen ist, jede Klasse möglichst unabhängig entwickeln zu können, aber der spezialisierte Ansatz hat Benutzeroberfläche und Textklasse miteinander verbunden.

Eine vielseitigere API

Ein besserer Ansatz ist, die Textklasse generischer zu gestalten. Ihre API sollte nur anhand grundlegender Textfeatures entworfen werden, ohne die Operationen auf höherem Niveau widerzuspiegeln, die damit implementiert werden. So werden zum Beispiel zum Verändern von Text nur zwei Methoden benötigt:

```
void insert(Position position, String newText);
void delete(Position start, Position end);
```

Die erste Methode fügt einen beliebigen String an einer beliebigen Position im Text ein, die zweite löscht alle Zeichen an Positionen größer gleich `start`, aber kleiner als `end`. Diese API nutzt zudem statt `Cursor` den generischeren Typ `Position`, wodurch keine spezifische Benutzeroberfläche verbunden ist. Die Textklasse sollte darüber hinaus vielseitige Fähigkeiten zum Beeinflussen von Positionen im Text bereitstellen, wie zum Beispiel:

```
Position changePosition(Position position, int numChars);
```

Diese Methode gibt eine neue Position zurück, die eine bestimmte Anzahl von Zeichen von einer definierten Position entfernt ist. Ist das Argument `numChars` positiv, befindet sich die neue Position in der Datei hinter `position`, ist sie negativ, liegt sie davor. Die Methode springt bei Bedarf automatisch zur nächsten oder vorigen Zeile. Mit diesen Methoden kann die *Entf-Taste* mit folgendem Code implementiert werden (unter der Annahme, dass die Variable `cursor` die aktuelle Cursorposition enthält):

```
text.delete(cursor, text.changePosition(cursor, 1));
```

Analog kann die Rücktaste so implementiert werden:

```
text.delete(text.changePosition(cursor, -1), cursor);
```

Mit der vielseitigen Text-API ist der Code zum Implementieren von UI-Funktionen wie für die Entf- und Rücktasten ein bisschen länger als beim ersten Ansatz mit einer spezialisierteren Text-API. Aber der neue Code ist offensichtlicher als der alte. Beim Entwickeln an der Benutzeroberfläche kümmert man sich vielleicht mehr darum, welche Zeichen von der Rücktaste gelöscht werden. Mit dem neuen Code ist das offensichtlich. Beim alten Code musste man sich die Textklasse anschauen und die Dokumentation und/oder den Code der Methode `backspace` lesen, um das Verhalten zu überprüfen. Zudem gibt es im vielseitigeren Ansatz insgesamt weniger Code als beim spezialisierten Ansatz, da eine große Zahl von speziellen Methoden in der Textklasse durch eine kleinere Menge von vielseitigen Methoden ersetzt wird.

Eine mit der vielseitigen Schnittstelle implementierte Textklasse kann potenziell auch für andere Zwecke als nur einen interaktiven Editor eingesetzt werden. Stellen Sie sich als Beispiel vor, Sie würden eine Anwendung bauen, die eine bestimmte Datei verändert, indem alle Vorkommen eines spezifischen Strings durch einen anderen ersetzt würden. Methoden aus der spezialisierten Textklasse – wie `backspace` und `delete` – helfen hier nicht viel. Aber die vielseitige Textklasse würde schon einen Großteil der Funktionalität anbieten, die für die neue Applikation erforderlich ist. Es fehlt nur noch eine Methode, um nach dem nächsten Vorkommen eines gegebenen Strings zu suchen, wie zum Beispiel:

```
Position findNext(Position start, String string);
```

Ein interaktiver Texteditor wird sehr wahrscheinlich wohl bereits einen Mechanismus zum Suchen und Ersetzen enthalten – dann würde sich in der Textklasse auch diese Methode schon finden.

Vielseitigkeit führt zu besserem Information Hiding

Der vielseitige Ansatz sorgt für eine sauberere Trennung zwischen den Text- und UI-Klassen, was zu einem besseren Information Hiding führt. Die Textklasse muss sich der Spezifika der Benutzeroberfläche nicht bewusst sein, wie zum Beispiel des Umgangs mit der Rücktaste – diese Details sind nun in der UI-Klasse gekapselt. Neue UI-Features können hinzugefügt werden, ohne entsprechende zusätzliche Funktionen in der Textklasse ergänzen zu müssen. Die vielseitige Schnittstelle reduziert auch die kognitive Last: Entwickler, die an der Benutzeroberfläche arbeiten, müssen ein paar einfache Methoden erlernen, die dann für eine Vielzahl von Aufgaben eingesetzt werden können.

Die `backspace`-Methode in der ersten Version der Textklasse war eine fehlerhafte Abstraktion. Sie verbarg die Information, welche Zeichen gelöscht werden, aber das UI-Modul muss das wissen – UI-Entwickler und -Entwicklerinnen werden dann vorsichtshalber den Code der `backspace`-Methode lesen, um das genaue Verhalten zu kennen. Befindet sich diese Methode in der Textklasse, wird es bei der UI-Entwicklung nur schwerer, die benötigten Informationen zu erhalten. Einer der wichtigsten Punkte im Softwaredesign ist, sich genau zu vergegenwärtigen, wer was wann wissen muss. Sind die Details wichtig, ist es besser, sie so explizit und offensichtlich wie möglich zu machen – wie bei der überarbeiteten Implementierung der Rückschritt-Operation. Verbergen wir diese Information hinter einer Schnittstelle, sorgen wir nur für Unklarheit.

Fragen, die Sie sich stellen sollten

Es ist einfacher, ein sauberes, vielseitiges Klassendesign zu erkennen, als es zu erstellen. Hier ein paar Fragen, die Sie sich stellen können und die Ihnen dabei helfen, die richtige Balance zwischen Vielseitigkeit und Spezialisierung bei einer Schnittstelle zu finden.

Wie sieht die einfachste Schnittstelle aus, die all meine aktuellen Bedürfnisse abdecken wird? Reduzieren Sie die Anzahl der Methoden in einer API, ohne ihre Gesamtleistungsfähigkeit zu verringern, schaffen Sie wahrscheinlich vielseitigere Methoden. Die spezialisierte Text-API besaß mindestens drei Methoden zum Löschen von Text: `backspace`, `delete` und `deleteSelection`. Die vielseitigere API besaß nur eine Methode zum Löschen von Text und deckte alle drei Anforderungen ab. Die Anzahl an Methoden zu verringern, ist aber nur so lange sinnvoll, wie die API für jede einzelne Methode einfach bleibt – müssen Sie viele zusätzliche Argumente einführen, um die Anzahl an Methoden zu reduzieren, vereinfachen Sie die Sache vielleicht nicht wirklich.

In wie vielen Situationen wird diese Methode eingesetzt werden? Ist eine Methode für einen spezifischen Anwendungsfall entworfen, wie das bei der `backspace`-Methode der Fall ist, ist das ein Warnzeichen dafür, dass sie zu speziell ist. Schauen Sie, ob Sie mehrere spezifische Methoden durch eine vielseitige Methode ersetzen können.

Lässt sich diese API für meine aktuellen Anforderungen einfach verwenden? Diese Frage kann Ihnen dabei helfen, zu erkennen, ob Sie zu weit gegangen sind, als Sie die API vereinfacht und vielseitiger gestaltet haben. Müssen Sie viel zusätzlichen Code schreiben, um eine Klasse für Ihre aktuellen Anforderungen verwenden zu können, ist das ein Warnzeichen dafür, dass die Schnittstelle nicht die richtige Funktionalität bereitstellt. Ein Ansatz für die Textklasse wäre beispielsweise, sie rund um Ein-Zeichen-Operationen zu designen: `insert` fügt ein einzelnes Zeichen ein, `delete` löscht ein einzelnes Zeichen. Diese API ist sowohl einfach wie auch vielseitig. Aber für einen Texteditor ließe sie sich nicht sehr bequem einsetzen: Im übergeordneten Code müssten viele Schleifen genutzt werden, um Zeichenbereiche einzufügen oder zu löschen. Der Ein-Zeichen-Ansatz wäre auch für große Operationen sehr ineffizient. Daher ist es für die Textklasse besser, Unterstützung für Operationen auf Zeichenbereichen anzubieten.

Spezialisierung nach oben (und unten!) schieben

Es ist nicht zu vermeiden, dass die meisten Softwaresysteme Code enthalten, der spezialisiert ist. So bieten Anwendungen beispielsweise spezifische Features für ihre Nutzerinnen und Nutzer an – diese Features sind oft sehr spezialisiert. Daher ist es normalerweise nicht möglich, Spezialisierung vollständig auszumerzen. Aber spezialisierter Code sollte sauber vom vielseitig nutzbaren Code getrennt sein. Das kann man erreichen, indem man den spezialisierten Code im Software-Stack entweder nach oben oder nach unten schiebt.

Der eine Weg führt also nach oben. Die obersten Klassen einer Anwendung, die spezifische Features anbieten, werden für diese Features notwendigerweise spezialisiert sein müssen. Aber die Spezialisierung muss nicht in die unteren Klassen einsickern, die zum Implementieren der Features verwendet werden. Wir haben das weiter oben in diesem Kapitel im Editorbeispiel gesehen. Bei der ursprünglichen Implementierung durch die Studierenden leckten spezialisierte Details der Benutzeroberfläche, wie zum Beispiel das Verhalten der Rücktaste, in die Implementierung der Textklasse. Die verbesserte Text-API hat all diese Spezialisierung nach oben in den UI-Code geschoben und in der Textklasse nur vielseitig verwendbaren Code übrig gelassen.

Manchmal besteht der beste Ansatz darin, die Spezialisierung nach unten zu schieben. Ein Beispiel dafür sind Gerätetreiber. Ein Betriebssystem muss typischerweise Hunderte oder Tausende verschiedener Gerätetypen unterstützen, wie zum Beispiel unterschiedliche Arten von Storage Devices. Jeder dieser Gerätetypen besitzt seinen eigenen, spezialisierten Befehlssatz. Um zu verhindern, dass die speziellen Geräteeigenschaften in den zentralen Code des Betriebssystems einsickern, definieren Betriebssysteme eine Schnittstelle mit vielseitig nutzbaren Operationen, die jedes Storage Device implementieren muss, wie zum Beispiel »einen Block lesen« und »einen Block schreiben«. Für jedes unterschiedliche Gerät implementiert ein Gerätetreibermodul die vielseitig nutzbare Schnittstelle mithilfe der spezialisierten Features dieses spezifischen Geräts. Es verschiebt die Spezialisierung nach unten in die Gerätetreiber, sodass der Kern des Betriebssystems geschrieben werden kann, ohne etwas über die spezifischen Geräteeigenschaften wissen zu müssen. Dieser Ansatz ermöglicht auch neue Devices: Besitzt ein Gerät genug Features, um die Gerätetreiberschnittstelle zu implementieren, kann diese zum System hinzugefügt werden, ohne den Kern des Betriebssystems ändern zu müssen.

Beispiel: Undo-Mechanismus für den Editor

Beim GUI-Editor-Projekt gab es unter anderem die Anforderung, ein mehrstufiges Undo/Redo zu unterstützen – nicht nur für Änderungen am Text selbst, sondern auch für Änderungen an der Auswahl, dem Einfügecursor oder der Ansicht. Wählte man beim Benutzen beispielsweise Text aus, löschte ihn, scrollte zu einer anderen Stelle in der Datei und rief dann Undo auf, musste der Editor seinen Status bis vor den Löschvorgang zurücksetzen. Dazu gehörte das Wiederherstellen des gelöschten Texts, seine erneute Auswahl und das Darstellen des ausgewählten Texts im Fenster.

Manche der Projektteams implementierten den gesamten Undo-Mechanismus als Teil der Textklasse. Sie verwaltete eine Liste mit allen Änderungen, die rückgängig gemacht werden können. Es wurden automatisch Einträge hinzugefügt, wenn der Text geändert wurde. Für Veränderungen der Auswahl, des Einfügecursors oder der Ansicht rief der UI-Code zusätzliche Methoden in der Textklasse auf, die dann Einträge für diese Änderungen in die Undo-Liste aufnahmen. Wurde vom Benutzer Undo oder Redo angefordert, rief der UI-Code eine Methode in der Textklasse auf, die dann die Einträge in der Undo-Liste verarbeitete. Für Texteinträge wurde der interne Status der Textklasse angepasst – für andere Einträge, wie zum Beispiel die Auswahl, rief die Textklasse zurück in den UI-Code, um Undo oder Redo auszuführen.

Das führte zu einigen unpassenden Features in der Textklasse. Der Kern von Undo/Redo besteht aus einem allgemein nutzbaren Mechanismus zum Managen einer Liste mit Aktionen, die ausgeführt wurden und die man während der Undo- und Redo-Operationen durchläuft. Er befand sich zusammen mit den speziellen Handlern in der Textklasse, mit der Undo und Redo für spezifische Aspekte wie Text oder Auswahl implementiert wurden. Die spezifischen Undo-Handler für die Auswahl und den Cursor hatten nichts mit anderen Dingen in der Textklasse zu tun – sie führten zu Informationslecks zwischen der Textklasse und der Benutzeroberfläche und zu zusätzlichen Methoden in jedem Modul, um Informationen hin und her zu transportieren. Wenn das System in Zukunft um eine neue zurücksetzbare Entität erweitert worden wäre, würde dafür die Textklasse angepasst werden müssen – unter anderem durch neue Methoden für genau diese Entität. Zudem hatte der allgemein einsetzbare Undo-Kern wenig mit den allgemein nutzbaren Textfähigkeiten in der Klasse zu tun.

Diese Probleme lassen sich lösen, indem der allgemein nutzbare Kern des Undo/Redo-Mechanismus extrahiert und in eine eigene Klasse überführt wird:

```
public class History {
    public interface Action {
        public void redo();
        public void undo();
    }

    History() {...}

    void addAction(Action action) {...}
    void addFence() {...}

    void undo() {...}
    void redo() {...}
}
```

In diesem Design verwaltet die `History`-Klasse eine Sammlung von Objekten, die die Schnittstelle `History.Action` implementieren. Jede `History.Action` beschreibt eine einzelne Operation, wie zum Beispiel das Einfügen von Text oder das Bewegen des Cursors, und stellt Methoden bereit, mit denen diese Operation rückgängig gemacht oder wiederhergestellt werden kann. Die `History`-Klasse weiß nichts über die Informationen, die in den `Action`-Objekten gespeichert sind oder wie sie ihre `undo`- und `redo`-Methoden implementieren. `History` verwaltet eine Liste, die all die während der Laufzeit einer Anwendung ausgeführten Aktionen beschreibt, sie stellt `undo`- und `redo`-Methoden bereit, die als Reaktion auf vom Benutzer angeforderte Undos und Redos vorwärts und rückwärts durch die Liste gehen und ruft die `undo`- und `redo`-Methoden in der `History.Actions` auf.

`History.Action`-Objekte haben einen spezifischen Zweck: Jedes versteht eine bestimmte Art von Operationen, die rückgängig gemacht werden können. Sie sind außerhalb der `History`-Klasse in Modulen implementiert, die bestimmte Arten von rückgängig machbaren Aktionen verstehen. Die Textklasse könnte `UndoableInsert`- und `UndoableDelete`-Objekte implementieren, um das Einfügen und Löschen von Text zu beschreiben. Bei jedem Einfügen von Text erzeugt die Textklasse ein neues `UndoableInsert`-Objekt, mit dem das Einfügen beschrieben wird, und ruft `History.addAction` auf, um es in die History-Liste aufnehmen zu lassen. Der UI-Code des

Editors erstellt möglicherweise `UndoableSelection`- und `UndoableCursor`-Objekte, die Änderungen an der Auswahl und dem Einfügecursor beschreiben.

Die `History`-Klasse erlaubt zudem, Aktionen zu gruppieren, sodass beispielsweise eine einzelne Undo-Aufforderung durch einen Anwender gelöschten Text wiederherstellen, den gelöschten Text erneut selektieren und den Einfügecursor neu positionieren kann. Um das Gruppieren zu implementieren, nutzt die `History`-Klassse *Fences*, bei denen es sich um Marker in der History-Liste handelt, mit denen die Gruppen zusammenhängender Aktionen getrennt werden können. Jeder Aufruf von `History.redo` geht rückwärts durch die History-Liste und macht Aktionen rückgängig, bis es den nächsten Fence erreicht. Das Platzieren von Fences wird durch Code auf einer höheren Ebene mithilfe von `History.addFence` vorgenommen.

Dieser Ansatz unterteilt die Funktionalität für das Undo in drei Kategorien, die jeweils an einer anderen Stelle implementiert sind:

- Ein allgemeiner Mechanismus zum Verwalten und Gruppieren von Aktionen sowie das Aufrufen von Undo/Redo-Operationen (implementiert durch die `History`-Klasse).
- Die Spezifika bestimmter Aktionen (implementiert durch eine Reihe von Klassen, von denen jede eine kleine Anzahl von Aktionstypen versteht).
- Die Regeln für das Gruppieren von Aktionen (implementiert durch UI-Code auf einer höheren Ebene, um das gewünschte Anwendungsverhalten bereitzustellen).

Jede dieser Kategorien kann implementiert werden, ohne dass man die anderen Kategorien verstehen muss. Die `History`-Klasse weiß nicht, was für Aktionen rückgängig gemacht werden – sie könnte in einer Vielzahl von Anwendungen zum Einsatz kommen. Jede Aktionsklasse versteht nur eine einzelne Art von Aktion, und weder die `History`-Klasse noch die Aktionsklassen müssen die Regeln für das Gruppieren von Aktionen kennen.

Die zentrale Designentscheidung bestand darin, den allgemein einsetzbaren Teil des Undo-Mechanismus von den spezifischen Teilen zu trennen, den allgemeinen Teil in eine eigene Klasse zu stecken und die spezifischen Teile in Unterklassen von `History.Action` unterzubringen. Nachdem das getan war, ergab sich der Rest des Designs von allein.

Anmerkung: Der Vorschlag, allgemein nutzbaren Code von spezifischem Code zu trennen, bezieht sich auf Code, der mit einem bestimmten Mechanismus verbunden ist. So sollte beispielsweise spezifischer Undo-Code (wie Code, der das Einfügen von Text rückgängig macht) von allgemeinem Undo-Code (wie dem Code zum Verwalten der History-Liste) getrennt werden. Aber es kann sinnvoll sein, spezifischen Code für einen Mechanismus mit allgemeinem Code für einen anderen Mechanismus zu kombinieren. Die Textklasse ist ein Beispiel dafür: Sie implementiert einen allgemein nutzbaren Mechanismus zum Verwalten von Text, enthält aber spezifischen Code für das Undoing. Der Undo-Code ist spezifisch, weil er sich nur um Undo-Operationen für Textänderungen kümmert. Es ist nicht sinnvoll, diesen Code mit dem allgemein nutzbaren Undo-Infrastrukturcode in der `History`-Klasse zu kombinieren, aber es ist sinnvoll, ihn in die Textklasse zu stecken, da er eng mit anderen Textfunktionen verbunden ist.

Spezialfälle wegdesignen

Bisher habe ich Spezialisierung nur im Kontext des Klassen- und Methodendesigns behandelt. Eine andere Form von Spezialisierung tritt aber in Form von Spezialfällen im Rumpf von Methoden auf. Denn diese können zu Code führen, der mit `if`-Anweisungen gespickt ist, wodurch er schwerer verständlich wird und eher Fehler enthält. Daher sollten Spezialfälle wann immer möglich eliminiert werden. Am besten gelingt das, indem Sie den Normalfall so designen, dass er automatisch die Randfälle mit abdeckt, ohne zusätzlichen Code zu benötigen.

Im Texteditor-Projekt mussten die Teams einen Mechanismus zum Auswählen von Text und für das anschließende Kopieren oder Löschen der Auswahl implementieren. Meist wurde eine Statusvariable genutzt, mit der angezeigt wurde, ob es gerade eine Auswahl gibt oder nicht. Dieser Ansatz wurde vermutlich gewählt, weil es Situationen gibt, in denen keine Auswahl auf dem Bildschirm sichtbar ist, daher schien es ganz natürlich zu sein, dieses Konzept so in der Implementierung zu repräsentieren. Aber das führte zu unzähligen Prüfungen, um die »Keine Auswahl«-Bedingung zu erkennen und speziell zu behandeln.

Der Code zum Umgang mit der Auswahl kann vereinfacht werden, indem man den Spezialfall »Keine Auswahl« eliminiert, sodass die Auswahl immer vorhanden ist. Ist keine auf dem Bildschirm sichtbar, kann sie intern durch eine leere Auswahl repräsentiert werden, deren Start- und Endposition identisch sind. So kann der Code zum Auswahl-Handling ohne Prüfung auf »Keine Auswahl« geschrieben werden. Ist die Auswahl beim Kopieren leer, werden an der neuen Position 0 Bytes eingefügt – korrekt implementiert, muss auch nicht auf 0 Bytes als Spezialfall geprüft werden. Genauso sollte es möglich sein, den Code zum Löschen der Auswahl so zu entwerfen, dass eine leere Auswahl auch ohne Prüfungen auf Spezialfälle gehandhabt wird. Denken Sie an eine Auswahl, die sich innerhalb einer Zeile befindet. Zum Löschen der Auswahl wird der Teil der Zeile mit der Auswahl entfernt und der Rest hinter der Auswahl wieder angehängt. Ist die Auswahl leer, wird so die ursprüngliche Zeile wiederhergestellt.

In Kapitel 10 geht es um Exceptions, die für viele weitere Spezialfälle sorgen, und wie Sie die Menge an Orten verringern, an denen diese verarbeitet werden müssen.

Zusammenfassung

Unnötige Spezialisierung – sei es in Form von Klassen und Methoden für Spezialfälle oder als Spezialfälle im Code – tragen signifikant zur Komplexität von Software bei. Spezialisierung lässt sich nicht vollständig eliminieren, aber mit einem guten Design sollten Sie dazu in der Lage sein, sie deutlich zu reduzieren und den Spezialcode vom vielseitig einsetzbaren Code zu trennen. Das führt zu tieferen Klassen, besserem Information Hiding und einfacherem und offensichtlicherem Code.

KAPITEL 7

Verschiedene Schichten, verschiedene Abstraktionen

Softwaresysteme werden aus Schichten zusammengestellt – die oberen Schichten nutzen dabei die Möglichkeiten, die von den unteren Schichten bereitgestellt werden. In einem gut designten System bietet jede Schicht eine andere Abstraktion als die Schicht darüber oder darunter – folgen Sie einer einzelnen Operation auf dem Weg durch die Methoden der verschiedenen Schichten, ändert sich die Abstraktion mit jedem Methodenaufruf, zum Beispiel:

- In einem Dateisystem implementiert die oberste Schicht eine Dateiabstraktion. Eine Datei besteht aus einem Bytearray variabler Länge, das durch das Lesen und Schreiben von Bytebereichen variabler Größe verändert werden kann. Die darunterliegende Schicht implementiert einen Cache im Speicher aus Festplattenblöcken fester Größe – der aufrufende Code kann davon ausgehen, dass häufig genutzte Blöcke im Speicher verbleiben, wo man schnell auf sie zugreifen kann. Die unterste Schicht besteht aus Gerätetreibern, die die Blöcke zwischen den Secondary-Storage-Devices und dem Speicher hin- und herbewegen.
- In einem Netzwerktransportprotokoll wie TCP handelt es sich bei der Abstraktion der obersten Schicht um einen Stream aus Bytes, die zuverlässig von einer Maschine auf die andere übermittelt werden. Diese Schicht baut auf einer tieferen Schicht auf, die Pakete mit definierter Größe zwischen Maschinen auf Best-Effort-Basis transportiert: Die meisten Pakete werden erfolgreich zugestellt, aber manche Pakete gehen eventuell verloren oder kommen erst später an.

Enthält ein System aufeinanderfolgende Schichten mit ähnlichen Abstraktionen, ist das ein Warnzeichen für Probleme bei der Dekomposition der Klassen. Dieses Kapitel behandelt Situationen, in denen das geschieht, die daraus entstehenden Probleme und Refaktorierungsmöglichkeiten, um sie zu beheben.

Pass-Through-Methoden

Haben aufeinanderfolgende Schichten ähnliche Abstraktionen, manifestiert sich das Problem oft in Form von *Pass-Through-Methoden*. Dabei handelt es sich um Methoden, die nicht viel mehr tun, als eine andere Methode aufzurufen, deren Signatur der aufrufenden Methode entspricht oder zumindest ähnelt. So enthielt beispielsweise ein studentisches Projekt, das einen GUI-Texteditor implementierte, eine Klasse, die fast vollständig aus Pass-Through-Methoden bestand. Hier ein Auszug dieser Klasse:

```
public class TextDocument ... {
    private TextArea textArea;
    private TextDocumentListener listener;
    ...
    public Character getLastTypedCharacter() {
        return textArea.getLastTypedCharacter();
    }
    public int getCursorOffset() {
        return textArea.getCursorOffset();
    }
    public void insertString(String textToInsert,
            int offset) {
        textArea.insertString(textToInsert, offset);
    }
    public void willInsertString(String stringToInsert,
            int offset) {
        if (listener != null) {
            listener.willInsertString(this, stringToInsert, offset);
        }
    }
    ...
}
```

Warnzeichen: Pass-Through-Methode

Eine Pass-Through-Methode ist eine, die nicht mehr tut, als ihre Argumente an eine andere Methode weiterzureichen – oft mit der gleichen API. Dies zeigt typischerweise auf, dass es keine klare Aufteilung der Verantwortlichkeiten zwischen den Klassen gibt.

13 der 15 Methoden in dieser Klasse waren Pass-Through-Methoden.

Solche Methoden machen Klassen flacher: Sie vergrößern die Komplexität der Schnittstelle, womit die Gesamtkomplexität steigt, verbessern dabei aber nicht die gesamte Funktionalität des Systems. Von den vier oben aufgeführten Methoden besitzt nur die letzte eigene Funktionalität, und selbst die ist trivial: Sie prüft die Gültigkeit einer Variablen. Pass-Through-Methoden sorgen zudem für Abhängigkeiten zwischen Klassen: Ändert sich die Signatur für die Methode `insertString` in `TextArea`, muss sich auch die `insertString`-Methode in `TextDocument` ändern.

Pass-Through-Methoden sind ein Indiz dafür, dass es keine klare Aufteilung der Verantwortlichkeiten zwischen Klassen gibt. Im obigen Beispiel bietet die Klasse `TextDocument` eine Methode `insertString` an, aber die Funktionalität für das Einfügen von Text wird vollständig in `TextArea` implementiert. Das ist meist keine gute Idee: Die Schnittstelle für eine Funktionalität sollte sich in der Klasse befinden, die auch die Funktionalität implementiert. Wenn Sie Pass-Through-Methoden von einer Klasse zur anderen bemerken, betrachten Sie die beiden Klassen und fragen sich: »Für welche Features und Abstraktionen ist jede der beiden Klassen verantwortlich?« Sie werden vermutlich erkennen, dass es bei der Verantwortung zwischen den beiden Klassen Überlappungen gibt.

Die Lösung liegt darin, die Klassen so zu refaktorieren, dass jede einen abgegrenzten und zusammenhängenden Satz an Verantwortlichkeiten besitzt. In Abbildung 7-1 sehen Sie mehrere Wege dorthin. Der Ansatz aus Abbildung 7-1 (b) stellt die Klasse aus der unteren Schicht direkt dem aufrufenden Code der Klasse aus der oberen Schicht bereit und entfernt jegliche Verantwortung für das Feature aus der oberen Klasse. Es ist auch möglich, die Funktionalität unter den Klassen neu zu verteilen (siehe Abbildung 7-1 (c)). Und wenn sich die Klassen nicht entwirren lassen, kann es am besten sein, sie wie in Abbildung 7-1 (d) zu verschmelzen.

Im obigen Beispiel gab es drei Klassen mit Verantwortlichkeiten, die miteinander verbunden waren: `TextDocument`, `TextArea` und `TextDocumentListener`. Die Studierenden entfernten die Pass-Through-Methoden, indem sie die Methoden zwischen den Klassen verschoben und die drei zu zwei Klassen zusammenführten, bei denen die Verantwortlichkeiten klarer zu unterscheiden waren.

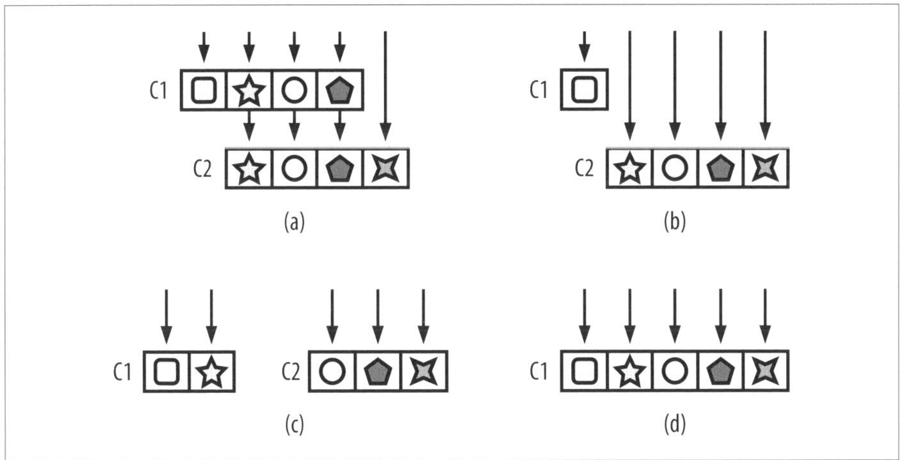

Abbildung 7-1: Pass-Through-Methoden. In (a) enthält Klasse C1 drei Pass-Through-Methoden, die nichts anderes tun, als Methoden mit der gleichen Signatur in C2 aufzurufen (jedes Symbol steht für eine bestimmte Methodensignatur). Die Pass-Through-Methoden lassen sich vermeiden, indem man den aufrufenden Code von C1 direkt C2 aufrufen lässt (siehe (b)), die Funktionalität zwischen C1 und C2 neu verteilt, um Aufrufe zwischen den Klassen zu vermeiden (siehe (c)), oder die Klassen wie in (d) kombiniert.

Wann ist es in Ordnung, Schnittstellen doppelt zu haben?

Es ist nicht immer verkehrt, Methoden mit der gleichen Signatur zu haben. Wichtig ist, dass jede neue Methode signifikant Funktionalität ergänzen sollte. Pass-Through-Methoden sind schlecht, weil sie keine neue Funktionalität einbringen.

Ein Beispiel, bei dem es sinnvoll ist, dass eine Methode eine andere mit der gleichen Signatur aufruft, ist ein *Dispatcher*. Dabei handelt es sich um eine Methode, die ihre Argumente nutzt, um eine von mehreren anderen Methoden aufzurufen – dann übergibt sie die meisten oder alle ihre Argumente an die gewählte Methode. Die Signatur für den Dispatcher entspricht oft der Signatur der von ihm aufgerufenen Methoden. Aber hier liefert der Dispatcher eben eigene Funktionalität mit: Er wählt aus, welche der diversen Methoden eine Aufgabe erledigen soll.

Empfängt beispielsweise ein Webserver einen eintreffenden HTTP-Request von einem Webbrowser, ruft er einen Dispatcher auf, der die URL des eingehenden Requests auswertet und eine bestimmte Methode auswählt, die sich um den Request kümmert. Manche URLs können durch das Zurückgeben des Inhalts einer Datei auf der Festplatte beantwortet werden, bei anderen ist vielleicht eine Prozedur in einer Sprache wie PHP oder JavaScript aufzurufen. Der Dispatching-Prozess kann ziemlich komplex sein und wird normalerweise von einem Satz Regeln gesteuert, die dann mit der eintreffenden URL abgestimmt werden.

Es ist in Ordnung, dass eine Reihe von Methoden die gleiche Signatur besitzt, solange jede von ihnen eine nützliche und unterschiedliche Funktionalität hat. Die von einem Dispatcher aufgerufenen Methoden besitzen diese Eigenschaft. Ein weiteres Beispiel sind Schnittstellen mit mehreren Implementierungen, wie zum Beispiel Festplattentreiber in einem Betriebssystem. Jeder Treiber bietet Unterstützung für eine andere Art von Festplatte an, aber alle haben dieselbe Schnittstelle. Liefern mehrere Methoden unterschiedliche Implementierungen derselben Schnittstelle, verringert das die kognitive Last. Haben Sie erst einmal mit einer der Methoden gearbeitet, ist es einfacher, auch mit den anderen zu arbeiten, da Sie keine neue Schnittstelle erlernen müssen. Solche Methoden befinden sich meist in der gleichen Schicht und rufen sich auch nicht gegenseitig auf.

Das Decorator-Design-Pattern

Das Decorator Design Pattern (auch als »Wrapper« bekannt) ist eines, das ein Vervielfältigen von APIs über Schichten hinweg fördert. Ein Decorator-Objekt nimmt ein bestehendes Objekt und erweitert seine Funktionalität – es stellt eine API zur Verfügung, die der des zugrunde liegenden Objekts ähnelt oder sogar mit ihr identisch ist, und seine Methoden rufen die Methoden des zugrunde liegenden Objekts auf. Im Java-I/O-Beispiel aus Kapitel 4 ist die `BufferedInputStream`-Klasse ein Decorator: Mit einem `InputStream`-Objekt stellt sie die gleiche API bereit, ermöglicht aber ein Puffern. Wird beispielsweise deren `read`-Methode aufgerufen, um ein einzelnes Zeichen zu lesen, wird `read` vom darunterliegenden `InputStream` aufgerufen, um einen viel größeren Block einzulesen, und die zusätzlichen Zeichen werden gespeichert, um die zukünftigen `read`-Aufrufe zu erfüllen. Ein weiteres Beispiel gibt es bei Systemen zum Fenster-Handling: Eine `Window`-Klasse implementiert eine einfache Form eines nicht scrollbaren Fensters, und eine `ScrollableWindow`-Klasse dekoriert die `Window`-Klasse so, dass horizontale und vertikale Scrollbalken hinzukommen.

Die Motivation hinter Decorators ist, Erweiterungen zu einer Klasse mit einem speziellen Zweck von der generischen Funktionalität zu trennen. Decorator-Klassen tendieren jedoch dazu, flach zu sein: Sie bringen viel Standardcode mit, liefern aber nur wenig neue Funktionalität. Auch enthalten sie meist viele Pass-Through-Methoden. Das Decorator-Pattern wird schnell überstrapaziert, indem eine neue Klasse für jedes kleine, neue Feature angelegt wird. Das führt zu einer Explosion flacher Klassen – wie eben im Java-I/O-Beispiel.

Bevor Sie eine Decorator-Klasse erstellen, überlegen Sie sich Alternativen:

- Könnte die neue Funktionalität statt in eine Decorator-Klasse direkt in die zugrunde liegende Klasse eingebaut werden? Das ist sinnvoll, wenn die neue Funktionalität recht allgemein ist, sich logisch mit der zugrunde liegenden Klasse verbinden lässt oder ein Großteil der Anwendungsfälle der zugrunde liegenden Klasse auch die neue Funktionalität verwenden wird. So erzeugt zum Beispiel so gut wie jeder, der einen `InputStream` in Java anlegt, auch einen `BufferedInputStream`, und das Puffern ist ein natürlicher Teil der I/O, daher sollten diese Klassen miteinander kombiniert werden.
- Wenn die neue Funktionalität speziell für einen bestimmten Anwendungsfall gebraucht wird, wäre es dann nicht sinnvoll, sie mit dem Anwendungsfall zu verbinden, statt eine eigene Klasse zu erzeugen?
- Könnten Sie die neue Funktionalität mit einem bestehenden Decorator zusammenführen, statt einen neuen Decorator zu erzeugen? Das würde zu einer einzelnen, tieferen Decorator-Klasse führen und vermeiden, mehrere flache Klassen zu haben.
- Und stellen Sie sich schließlich die Frage, ob die neue Funktionalität wirklich die bestehende Funktionalität umhüllen muss: Könnten Sie sie auch als eigenständige Klasse implementieren, die unabhängig von der Basisklasse ist? Im Beispiel mit dem Fenster-Handling könnten die Scrollbalken möglicherweise getrennt vom Hauptfenster implementiert werden, ohne all seine bestehende Funktionalität neu zu verpacken.

Es gibt gelegentlich Situationen, in denen Wrapper sinnvoll sind. Ein Beispiel dafür ist ein System, das eine externe Klasse nutzt, deren Schnittstelle nicht verändert werden kann, die aber mit einer anderen Schnittstelle in der Anwendung übereinstimmen muss, in der sie zum Einsatz kommt. In diesem Fall kann eine Wrapper-

Klasse verwendet werden, um zwischen den Schnittstellen zu übersetzen. Aber solche Situationen sind selten – es gibt meist eine bessere Alternative als eine Wrapper-Klasse.

Schnittstelle versus Implementierung

Eine weitere Anwendung der Regel »Verschiedene Schichten, verschiedene Abstraktionen« ist, dass sich die Schnittstelle einer Klasse normalerweise von ihrer Implementierung unterscheiden sollte: Die intern genutzten Repräsentationen sollten anders als die Abstraktionen aussehen, die in der Schnittstelle zu sehen sind. Haben beide ähnliche Abstraktionen, ist die Klasse vermutlich nicht sehr tief. So haben beispielsweise im in Kapitel 6 vorgestellten Texteditor-Projekt die meisten Teams das Textmodul anhand von Textzeilen implementiert, wobei jede Textzeile einzeln gespeichert wurde. Manche der Teams haben auch die APIs der Textklasse anhand dieser Zeilen entworfen und Methoden wie `getLine` und `putLine` angelegt. Aber dadurch wurde die Textklasse flach und ließ sich schlechter verwenden. Im UI-Code weiter oben in den Schichten ist es üblich, Text mitten in einer Zeile einzufügen (zum Beispiel beim Tippen) oder einen ganzen Textbereich zu löschen, der mehrere Zeilen umfasst. Mit einer zeilenorientierten API für die Textklasse musste man aber beim Aufrufen die Zeilen aufteilen und/oder zusammenführen, um die UI-Operationen zu implementieren. Dieser Code war nicht trivial, er wurde in der Implementierung der Benutzeroberfläche dupliziert und auf mehrere Stellen verteilt.

Die Textklassen ließen sich viel einfacher verwenden, wenn sie eine zeichenorientierte Schnittstelle anboten, wie zum Beispiel eine `insert`-Methode zum Einfügen eines beliebigen Textstrings (der auch Zeilenumbrüche enthalten konnte) an einer beliebigen Position im Text und eine `delete`-Methode zum Löschen von Text zwischen zwei beliebigen Positionen. Intern wurde der Text weiterhin in Zeilen verwaltet. Eine zeichenorientierte Schnittstelle kapselte die Komplexität beim Aufteilen und Verbinden von Zeilen in der Textklasse, wodurch sie tiefer wurde und Code in höheren Schichten vereinfachte, der die Klasse einsetzte. Mit diesem Ansatz unterschied sich die Text-API deutlich vom zeilenorientierten Speichermechanismus; hieraus ergibt sich wertvolle Funktionalität, die die Klasse anbietet.

Pass-Through-Variablen

Eine andere Form der API-Vervielfältigung über Schichten hinweg ist eine *Pass-Through-Variable*, bei der es sich um eine Variable handelt, die über eine lange Folge von Methoden hinweg weitergegeben wird. In Abbildung 7-2 (a) sehen Sie ein Beispiel aus einem Datacenter-Service. Ein Befehlszeilenargument gibt Zertifikate an, die für die sichere Kommunikation zum Einsatz kommen. Diese Information wird nur von einer Methode `m3` auf recht niedriger Ebene benötigt, weil sie eine Bibliotheksmethode zum Öffnen eines Sockets aufruft, aber sie wird über alle Methoden zwischen `main` und `m3` hinweg weitergegeben. Die `cert`-Variable taucht in der Signatur jeder der dazwischenliegenden Methoden auf.

Pass-Through-Variablen sorgen für zusätzliche Komplexität, weil sie alle dazwischenliegenden Methoden dazu zwingen, sich der Existenz der Variablen bewusst zu sein, auch wenn sie selbst keine Verwendung für sie haben. Und sobald eine neue Variable dazukommt (zum Beispiel wenn ein System zunächst ohne Zertifikatsunterstützung gebaut wurde, aber Sie sich später dazu entscheiden, das mit anzubieten), müssen Sie eventuell viele Schnittstellen und Methoden überarbeiten, um die Variable über den ganzen Weg hinweg mit zu übergeben.

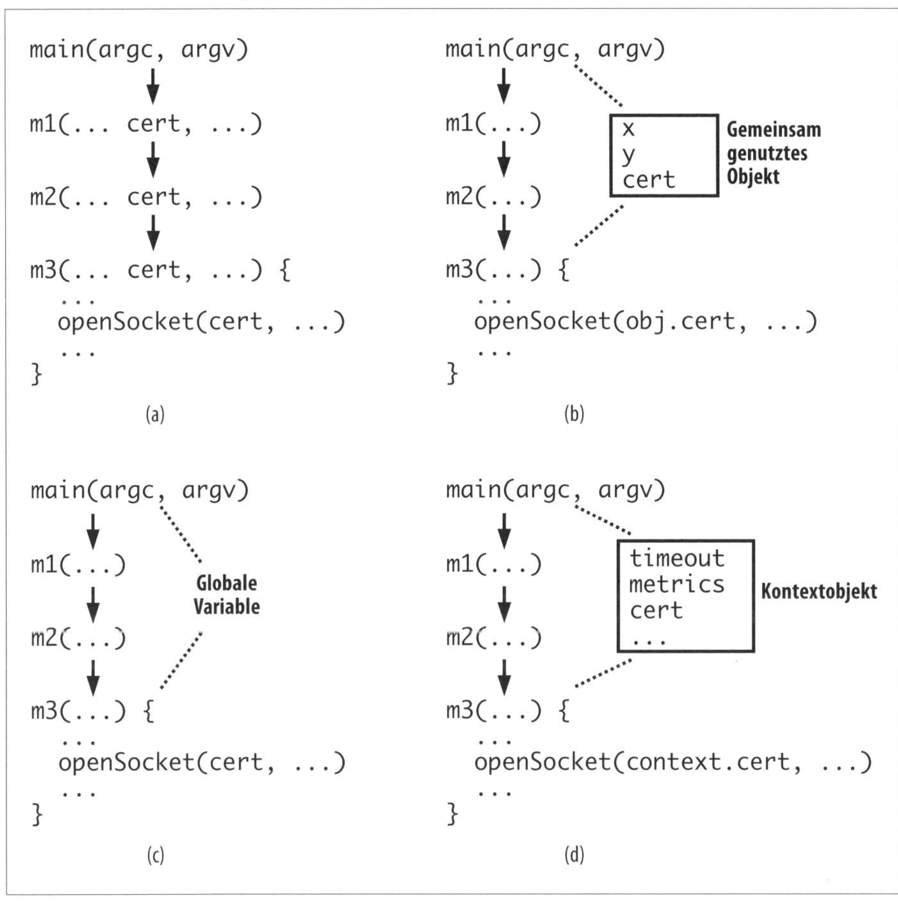

Abbildung 7-2: Mögliche Techniken für den Umgang mit einer Pass-Through-Variablen. In (a) wird `cert` durch die Methoden `m1` und `m2` hindurchgereicht, obwohl sie sie gar nicht nutzen. In (b) haben `main` und `m3` gemeinsam Zugriff auf ein Objekt, daher kann die Variable dort gespeichert werden, statt sie durch `m1` und `m2` durchzureichen. In (c) wird `cert` als globale Variable gespeichert, und in (d) wird `cert` zusammen mit anderen systemweiten Informationen wie einer Timeout-Variablen oder Performancezählern in einem Kontextobjekt abgelegt – eine Referenz auf den Kontext findet sich in allen Objekten, deren Methoden darauf Zugriff benötigen.

Es kann schwierig sein, Pass-Through-Variablen loszuwerden. Ein Ansatz ist, zu prüfen, ob es schon ein Objekt gibt, das zwischen der obersten und der untersten Methode ausgetauscht wird. Im Beispiel mit dem Datacenter-Service aus Abbildung 7-2 gibt es vielleicht ein Objekt mit anderen Informationen zur Netzwerkkommunikation, das schon sowohl in `main` als auch in `m3` vorhanden ist. In dem Fall kann `main` die Zertifikatsinformationen in diesem Objekt speichern, und sie müssen nicht durch alle Zwischenmethoden hindurchgereicht werden (siehe Abbildung 7-2 (b)). Aber wenn es solch ein Objekt gibt, ist es vielleicht selbst schon eine Pass-Through-Variable (wie sollte `m3` sonst darauf Zugriff erhalten?).

Ein anderer Ansatz ist das Speichern der Informationen in einer globalen Variablen, wie in Abbildung 7-2 (c) zu sehen ist. Damit vermeiden Sie es, die Informationen von Methode zu Methode reichen zu müssen, allerdings sorgen globale Variablen so gut wie immer für andere Probleme. So machen sie es beispielsweise unmöglich, zwei unabhängige Instanzen im gleichen System und im gleichen Prozess zu erzeugen, da der Zugriff auf die globalen Variablen Konflikte schafft. Es mag unwahrscheinlich sein, dass Sie mehrere Instanzen im Produktivumfeld benötigen, aber beim Testen sind sie häufig nützlich.

Die von mir am häufigsten genutzte Lösung ist das Einführen eines *Kontextobjekts* wie in Abbildung 7-2 (d). Der Kontext speichert den globalen Status der Anwendung (alles, was ansonsten eine Pass-Through-Variable oder eine globale Variable wäre). Die meisten Anwendungen haben mehrere Variablen in ihrem globalen Status mit Konfigurationsoptionen, gemeinsam genutzten Subsystemen oder Performancezählern. Es gibt ein Kontextobjekt pro Instanz. Der Kontext erlaubt mehrere parallele Instanzen des Systems in einem einzelnen Prozess, die jeweils ihren eigenen Kontext besitzen.

Leider wird der Kontext vermutlich an vielen Stellen benötigt werden, daher kann er potenziell zu einer Pass-Through-Variablen werden. Um die Menge an Methoden zu verringern, denen der Kontext übergeben werden muss, kann eine Referenz auf ihn in den Hauptobjekten des Systems abgelegt werden. Im Beispiel aus Abbildung 7-2 (d) besitzt die Klasse mit `m3` eine Referenz auf den Kontext als Instanzvariable in ihren Objekten. Wird ein neues Objekt erzeugt, erhält die anlegende Methode die Kontextreferenz aus ihrem Objekt und übergibt sie an den Konstruktor für das neue Objekt. Bei diesem Vorgehen ist der Kontext überall verfügbar, erscheint aber nur in Konstruktoren als explizites Argument.

Das Kontextobjekt vereinheitlicht den Umgang mit allen systemglobalen Informationen und beseitigt den Bedarf an Pass-Through-Variablen. Muss man eine neue Variable hinzufügen, kann sie in das Kontextobjekt aufgenommen werden – es wird abgesehen vom Konstruktor und vom Destruktor für den Kontext kein bestehender Code beeinflusst. Der Kontext erleichtert es, den globalen Status des Systems einsehen und managen zu können, da sich alles an einem Ort befindet. Außerdem ist er zum Testen praktisch: Testcode kann die globale Konfiguration der Anwendung verändern, indem er die Felder im Kontext anpasst. Es wäre viel schwieriger, solche

Änderungen zu implementieren, wenn das System Pass-Through-Variablen einsetzen würde.

Kontexte sind weit von einer idealen Lösung entfernt. Die in einem Kontext gespeicherten Variablen haben viele der Nachteile globaler Variablen – so ist es beispielsweise nicht offensichtlich, warum eine bestimmte Variable vorhanden ist oder wo sie zum Einsatz kommt. Ohne ausreichende Disziplin kann sich ein Kontext in einen großen Datenhaufen verwandeln, der nicht offensichtliche Abhängigkeiten im System schafft. Außerdem schaffen Kontexte Probleme bei der Thread-Sicherheit – am besten vermeiden Sie Probleme, indem die Variablen in einem Kontext immutable sind. Leider habe ich bisher keine bessere Lösung gefunden.

Zusammenfassung

Jedes Stück Designinfrastruktur, das zu einem System hinzugefügt wird – sei es eine Schnittstelle, ein Argument, eine Funktion, eine Klasse oder eine Definition –, erzeugt weitere Komplexität, da man dieses Element beim Entwickeln kennen muss. Damit ein Element trotzdem Vorteile schafft, muss es Komplexität aus dem System ziehen, die ohne das Element sonst vorhanden wäre. Ansonsten ist es besser, das System ohne dieses spezifische Element zu implementieren. So kann beispielsweise eine Klasse die Komplexität reduzieren, indem sie Funktionalität so kapselt, dass man sich ihrer beim Anwenden nicht bewusst sein muss.

Die Regel »Verschiedene Schichten, verschiedene Abstraktionen« ist nur ein Umsetzen dieser Idee: Wenn unterschiedliche Schichten die gleiche Abstraktion besitzen, wie zum Beispiel Pass-Through-Methoden oder Decorators, ist die Wahrscheinlichkeit hoch, dass sie nicht genug Vorteile mitbringen, um die durch sie zusätzlich geschaffene Infrastruktur auszugleichen. Genauso erfordern es Pass-Through-Argumente, dass jede der diversen Methoden von ihnen weiß (was mehr Komplexität schafft), ohne dass sie zusätzliche Funktionalität bieten.

KAPITEL 8

Komplexität nach unten ziehen

Dieses Kapitel präsentiert eine andere Sichtweise auf das Erstellen tieferer Klassen. Stellen Sie sich vor, Sie entwickeln ein neues Modul und stoßen auf unvermeidbare Komplexität. Was ist besser: Sollten die Benutzer des Moduls mit der Komplexität umgehen müssen, oder sollten Sie die Komplexität intern innerhalb des Moduls managen? Wenn die Komplexität mit der Funktionalität verbunden ist, die vom Modul angeboten wird, ist die zweite Antwort im Allgemeinen die richtige. Die meisten Module werden von mehr Personen eingesetzt als entwickelt, daher ist es besser, wenn sich die Entwicklerinnen und Entwickler mit den Problemen herumschlagen als ihre Kolleginnen und Kollegen. Beim Entwickeln eines Moduls sollten Sie versuchen, die Anwendung des Moduls so einfach wie möglich zu machen, auch wenn das für Sie zusätzliche Arbeit bedeutet. Eine andere Möglichkeit, diese Idee auszudrücken, ist: **Eine einfache Schnittstelle ist für ein Modul wichtiger als eine einfache Implementierung.**

Beim Entwickeln ist es verlockend, sich gerade umgekehrt zu verhalten: Man löst die einfachen Probleme und überlässt die schwierigen anderen. Tritt eine Bedingung ein, bei der Sie nicht sicher sind, wie Sie mit ihr umgehen sollen, ist es am einfachsten, eine Exception zu werfen und den aufrufenden Code damit umgehen zu lassen. Wissen Sie nicht, welche Richtlinie zu implementieren ist, können Sie ein paar Konfigurationsparameter definieren, um die Richtlinie zu steuern, und es der Systemadministration überlassen, die besten Werte dafür herauszufinden.

Solche Ansätze werden Ihnen kurzfristig das Leben leichter machen, aber sie verstärken die Komplexität, sodass sich viele Menschen mit einem Problem befassen müssen und nicht nur eine Person. Wirft beispielsweise eine Klasse eine Exception, muss sich jeder Code, der diese Klasse aufruft, damit herumschlagen. Exportiert eine Klasse Konfigurationsparameter, müssen alle in der Systemadministration lernen, wie sie für die jeweilige Installation gesetzt werden müssen.

Beispiel: Texteditor-Klasse

Denken Sie noch mal an die Klasse aus Kapitel 6 und Kapitel 7, die sich um den Text für einen GUI-Texteditor kümmert. Sie bietet Methoden zum Lesen einer Datei von der Festplatte in den Speicher, das Abfragen und Bearbeiten der Speicherkopie und das Schreiben der veränderten Version zurück auf die Festplatte. Als die Studierenden diese Klasse implementieren sollten, entschieden sich viele von ihnen für eine zeilenorientierte Schnittstelle mit Methoden zum Lesen, Einfügen und Löschen ganzer Zeilen. Das führte zu einer einfacheren Implementierung der Klasse, sorgte aber für Komplexität in höheren Schichten der Software. Auf Ebene der Benutzeroberfläche geht es bei Operationen nur selten um ganze Zeilen. So führen beispielsweise Tastatureingaben dazu, dass einzelne Zeichen innerhalb einer bestehenden Zeile eingefügt werden, und das Kopieren oder Löschen der Auswahl kann Teile mehrerer Zeilen betreffen. Mit der zeilenorientierten Textschnittstelle musste die Software auf höherer Ebene Zeilen aufteilen und zusammenführen, um die Benutzeroberfläche implementieren zu können.

Eine zeichenorientierte Schnittstelle (wie im Abschnitt »Eine vielseitigere API« auf Seite 56 beschrieben) zieht die Komplexität nach unten. Die UI-Software kann nun beliebige Textbereiche einfügen und löschen, ohne Zeilen aufteilen oder verbinden zu müssen, wodurch das Design der Software einfacher wird. Die Implementierung der Textklasse wird vermutlich komplexer: Stellt sie den Text intern als Sammlung von Zeilen dar, wird sie selbst die Zeilen aufteilen und zusammenführen müssen, um die zeichenorientierten Operationen zu implementieren. Dieser Ansatz ist besser, weil er die Komplexität des Aufteilens und Verbindens in der Textklasse kapselt, was die Gesamtkomplexität des Systems verringert.

Beispiel: Konfigurationsparameter

Konfigurationsparameter sind ein Beispiel dafür, wie man Komplexität nach oben schiebt, statt sie nach unten zu ziehen. Statt ein bestimmtes Verhalten intern festzulegen, kann eine Klasse ein paar Parameter exportieren, die ihr Verhalten steuern, wie zum Beispiel die Größe des Caches oder die Anzahl der Versuche, einen Request erneut abzuschicken, bevor sie aufgibt. Beim Anwenden der Klasse müssen dann passende Werte für die Parameter festgelegt werden. Konfigurationsparameter sind heutzutage in Systemen sehr beliebt geworden – manche Systeme haben Hunderte von ihnen.

Befürworter argumentieren damit, dass Konfigurationsparameter gut sind, weil sie es erlauben, das System auf die eigenen Anforderungen und die Auslastung anzupassen. In manchen Situationen ist es für Infrastrukturcode auf niedriger Ebene schwer, die am besten anzuwendenden Regeln zu kennen, während die Anwender mit ihrer Domäne viel vertrauter sein werden. So weiß man beim Anwenden eventuell, dass bestimmte Requests zeitkritischer sind als andere, weswegen es sinnvoll ist, für diese Requests eine höhere Priorität festzulegen. In solchen Situationen können Konfigurationsparameter zu einer besseren Performance über eine größere Anzahl von Domänen hinweg führen.

Aber Konfigurationsparameter sind auch eine einfache Ausrede, um sich vor wichtigen Themen zu drücken und sie anderen zuzuschieben. In vielen Fällen ist es für die Anwender oder Kolleginnen und Kollegen in der Administration schwierig bis unmöglich, die richtigen Werte für die Parameter festzulegen. In anderen Fällen könnten die richtigen Werte mit ein wenig Aufwand automatisch in der Systemimplementierung bestimmt werden. Denken Sie an ein Netzwerkprotokoll, das mit verlorenen Paketen umgehen können muss. Schickt es einen Request, empfängt jedoch innerhalb einer bestimmten Zeit keine Response, sendet es den Request erneut. Das Wiederholungsintervall kann man über einen Konfigurationsparameter festlegen. Aber das Transportprotokoll könnte auch selbst einen sinnvollen Wert ermitteln, indem es die Response-Zeit für erfolgreiche Requests misst und dann ein Vielfaches davon als Wiederholungsintervall verwendet. Dieser Ansatz zieht die Komplexität nach unten und erspart es Anwendern, das richtige Wiederholungsintervall kennen zu müssen. Zudem hat er den Vorteil, dass das Intervall dynamisch ermittelt wird, sodass es sich automatisch anpasst, wenn sich die Bedingungen ändern. Im Gegensatz dazu können Konfigurationsparameter leicht veralten.

Sie sollten Konfigurationsparameter daher so weit wie möglich vermeiden. Bevor Sie einen solchen Parameter exportieren, sollten Sie sich fragen: »Werden Anwender (oder werden Module auf höherer Ebene) dazu in der Lage sein, einen besseren Wert zu ermitteln, als wir das hier können?« Wenn Sie dennoch Konfigurationsparameter erstellen, versuchen Sie, sinnvolle Standardwerte bereitzustellen, damit diejenigen, die mit den Parametern weiterarbeiten, nur in Ausnahmefällen Werte angeben müssen. Idealerweise sollte jedes Modul ein Problem vollständig lösen – Konfigurationsparameter führen zu einer unvollständigen Lösung, was wieder Komplexität zum System hinzufügt.

Wann Sie zu weit gehen

Gehen Sie umsichtig vor, wenn Sie Komplexität nach unten ziehen – man geht dabei schnell zu weit. Ein extremer Ansatz wäre, die gesamte Funktionalität der kompletten Anwendung in eine einzelne Klasse zu ziehen, was ganz klar nicht sinnvoll ist. Es ist am sinnvollsten, wenn (a) die heruntergezogene Komplexität eng mit der bestehenden Funktionalität der Klasse verbunden ist, (b) das Herunterziehen der Komplexität zu Vereinfachungen an anderen Stellen in der Anwendung führt und (c) dadurch die Schnittstelle der Klasse einfacher wird. Denken Sie daran, dass das Ziel ein Minimieren der Komplexität des Gesamtsystems ist.

In Kapitel 6 ist beschrieben, wie einige studentische Teams Methoden in der Textklasse definiert haben, die die Benutzeroberfläche widerspiegelten, wie zum Beispiel eine Methode zum Implementieren der Funktionalität der *Rücktaste*. Es mag so aussehen, als sei das gut, da die Komplexität nach unten gezogen wird. Aber zusätzliches Wissen über die Benutzeroberfläche in der Textklasse vereinfacht den Code in höheren Schichten nicht sehr stark, und das UI-Wissen hat nichts mit den zentralen Funktionen der Textklasse zu tun. In diesem Fall hat das Herunterziehen der Komplexität nur zu Informationslecks geführt.

Zusammenfassung

Halten Sie beim Entwickeln eines Moduls Ausschau nach Gelegenheiten, selbst etwas mehr Aufwand zu betreiben, um den Anwendern Ihres Moduls zusätzlichen Aufwand zu ersparen.

KAPITEL 9
Zusammen oder getrennt?

Eine der elementarsten Fragen beim Softwaredesign ist: Sollten zwei gewünschte Funktionselemente zusammen an der gleichen Stelle oder getrennt voneinander implementiert werden? Diese Frage stellt sich auf allen Ebenen eines Systems, wie zum Beispiel bei Funktionen, Methoden, Klassen und Services. Sollte beispielsweise das Puffern mit in die Klasse aufgenommen werden, die Stream-orientierte Datei-I/O bereitstellt, oder sollte es in einer eigenen Klasse untergebracht sein? Sollte das Parsen eines HTTP-Requests vollständig in einer Methode umgesetzt oder auf mehrere Methoden (oder gar mehrere Klassen) verteilt werden? Dieses Kapitel bespricht die Faktoren, die Sie beim Treffen dieser Entscheidungen berücksichtigen sollten. Manche der Faktoren wurden schon zuvor angesprochen, aber wir werden sie hier aus Gründen der Vollständigkeit nochmals aufführen.

Bei der Entscheidung, ob Dinge zusammen oder getrennt angelegt sein sollten, ist das Ziel, die Komplexität des Systems als Ganzes zu reduzieren und seine Modularität zu verbessern. Es mag so aussehen, als würde sich dieses Ziel am besten erreichen lassen, indem man das System in viele kleine Komponenten unterteilt: Je kleiner die Komponenten, desto einfacher wird sehr wahrscheinlich jede von ihnen sein. Aber dieses Unterteilen erzeugt wieder zusätzliche Komplexität, die es zuvor nicht gab:

- Manche Komplexität entsteht schon aufgrund der Anzahl der Komponenten: Je mehr Komponenten, desto schwieriger ist es, sie alle im Blick zu behalten und die gewünschte Komponente in der großen Menge ausfindig zu machen. Ein Unterteilen führt meist zu mehr Schnittstellen, und jede neue Schnittstelle sorgt für zusätzliche Komplexität.
- Das Unterteilen kann zu zusätzlichem Code führen, um die Komponenten zu managen. So muss vielleicht ein Stück Code, das zuvor nur ein einzelnes Objekt genutzt hat, nun mit mehreren Objekten agieren.
- Aufteilen sorgt für Abstand: Die aufgeteilten Komponenten sind jetzt weiter »auseinander« als zuvor. So befinden sich zum Beispiel Methoden, die zuvor in einer einzelnen Klasse lagen, nun vielleicht in unterschiedlichen Klassen und eventuell sogar in unterschiedlichen Dateien. Dieses Aufteilen macht es Ent-

wicklerinnen und Entwicklern schwerer, die Komponenten gleichzeitig anschauen zu können oder sich überhaupt ihrer Existenz bewusst zu sein. Wenn die Komponenten wirklich unabhängig voneinander sind, ist ein Aufteilen gut: Es ermöglicht, sich beim Entwickeln auf eine Komponente zurzeit zu fokussieren, ohne von den anderen Komponenten abgelenkt zu werden. Gibt es aber andererseits Abhängigkeiten zwischen den Komponenten, ist ein Aufteilen schlecht: Entwickler springen dann immer zwischen den Komponenten hin und her. Oder noch schlimmer: Sie sind sich der Abhängigkeiten gar nicht bewusst, was zu Fehlern führen kann.

- Ein Aufteilen kann zu doppeltem Code führen. Code, der zuvor in einer einzelnen Instanz existierte, muss nun eventuell in jeder der aufgeteilten Komponenten vorhanden sein.

Am hilfreichsten ist es, Code zusammenzubringen, wenn er in einem engen Zusammenhang steht. Haben die Codeelemente nichts miteinander zu tun, hält man sie besser auch getrennt. Hier ein paar Anhaltspunkte dafür, dass zwei Codeelemente miteinander in Verbindung stehen:

- Sie nutzen gemeinsam die gleichen Informationen; vielleicht hängen beide Codeelemente beispielsweise von der Syntax eines bestimmten Dokumententyps ab.
- Sie werden zusammen eingesetzt: Alle, die das eine Codeelement verwenden, nutzen sehr wahrscheinlich auch das andere. Diese Art von Beziehung ist aber nur dann zwingend, wenn sie bidirektional ist. Als Gegenbeispiel mag ein Disk Block Cache dienen, der so gut wie immer eine Hashtabelle nutzt, während Hashtabellen in vielen Situationen zum Einsatz kommen können, bei denen keine Block Caches im Spiel sind – diese Module sollten also getrennt bleiben.
- Sie überlappen sich konzeptionell – es gibt eine einfache, höhere Kategorie, zu der beide Codeelemente gehören. Das Suchen nach einem Substring und das Umwandeln zwischen Groß- und Kleinschreibung fallen beispielsweise beide in die Kategorie der String-Bearbeitung – Ablaufsteuerung und zuverlässiges Ausliefern gehören beide zur Kategorie der Netzwerkkommunikation.
- Es ist schwer, das eine Codeelement zu verstehen, ohne sich auch das andere anzuschauen.

Im Rest des Kapitels werde ich spezifischere Regeln und Beispiele vorstellen, um zu zeigen, wann es sinnvoll ist, Codeelemente zusammenzubringen, und wann man sie besser getrennt hält.

Zusammenbringen bei gemeinsamen Informationen

Im Abschnitt »Beispiel: HTTP-Server« auf Seite 46 wurde dieses Prinzip im Kontext eines Projekts vorgestellt, das einen HTTP-Server implementiert hat. In der ersten Implementierung wurden zwei verschiedene Methoden in unterschiedlichen

Klassen genutzt, um HTTP-Requests zu lesen und zu parsen. Die erste Methode las den Text eines eintreffenden Requests von einem Netzwerk-Socket und steckte ihn in ein String-Objekt. Die zweite Methode parste dann den String, um die verschiedenen Komponenten des Requests auszulesen. Bei dieser Dekomposition brauchten beide Methoden einiges an Wissen über das Format von HTTP-Requests: Die erste Methode hat nur versucht, den Request ohne Parsen zu lesen, aber sie konnte sein Ende nicht erkennen, ohne ihn zu parsen (zum Beispiel musste sie die Headerzeilen parsen, um herauszufinden, wie lang der Request insgesamt ist). Aufgrund dieser gemeinsam genutzten Information ist es besser, das Lesen und Parsen des Requests an einem Ort durchzuführen – dadurch, dass beide Klassen in einer zusammengeführt wurden, wurde der Code kürzer und einfacher.

Zusammenbringen, um die Schnittstelle zu vereinfachen

Werden zwei oder mehr Module in einem einzelnen zusammengefasst, kann es eventuell möglich sein, eine Schnittstelle für das neue Modul zu definieren, die einfacher oder leichter anwendbar ist als die ursprünglichen Schnittstellen. Das geschieht oft dann, wenn die alten Module jeweils einen Teil der Lösung eines Problems implementiert haben. Im Beispiel mit dem HTTP-Server aus dem vorherigen Abschnitt erforderten die ursprünglichen Methoden eine Schnittstelle, die den HTTP-Request-String aus der ersten Methode zurückgab, um sie dann der zweiten weitergeben zu können. Als die Methoden kombiniert wurden, waren diese Schnittstellen überflüssig.

Und wenn die Funktionalität von zwei oder mehr Klassen kombiniert wird, kann es eventuell möglich sein, manche Funktionen automatisch ausführen zu lassen, sodass man sich ihrer Existenz beim Anwenden oft gar nicht bewusst sein muss. Die Java-I/O-Bibliothek ist ein Beispiel für diese Möglichkeit. Würden die Klassen `FileInputStream` und `BufferedInputStream` kombiniert werden und das Puffern standardmäßig aktiviert sein, müsste ein Großteil der Entwicklerinnen und Entwickler gar nichts vom Puffern wissen. Eine kombinierte Klasse `FileInputStream` könnte Methoden zum Deaktivieren oder Ersetzen des Standard-Puffermechanismus anbieten, die aber so gut wie niemand kennen müsste.

Zusammenbringen, um doppelten Code zu vermeiden

Finden Sie immer wieder die gleichen Codemuster, prüfen Sie, ob Sie den Code so reorganisieren können, dass diese Wiederholungen nicht mehr vorkommen. Ein Ansatz wäre, den doppelten Code in eine eigene Methode auszufaktorieren und die wiederholten Codeabschnitte durch Aufrufe dieser Methode zu ersetzen. Das ist dann am effektivsten, wenn die sich wiederholenden Codeabschnitte lang sind und die ersetzende Methode eine einfache Signatur besitzt. Ist der Abschnitt nur eine oder zwei Zeilen lang, kann es sein, dass sich der Vorteil in Grenzen hält. Interagieren die Abschnitte auf komplexe Art und Weise mit ihrer Umgebung (wie zum Beispiel durch den Zugriff auf viele lokale Variablen), kann es sein, dass die ersetzende Methode eine komplexe Signatur benötigt (beispielsweise viele Pass-by-Reference-Argumente), was ihren Wert mindern würde.

Warnzeichen: Wiederholung

Erscheint der gleiche (oder nahezu gleiche) Code wieder und wieder, ist das ein Warnzeichen dafür, dass Sie noch nicht die richtigen Abstraktionen gefunden haben.

Eine andere Möglichkeit, doppelten Code zu eliminieren, ist ein Refaktorieren, sodass der fragliche Abschnitt nur an einem Ort ausgeführt werden muss. Stellen Sie sich vor, Sie schrieben eine Methode, die Fehler an vielen verschiedenen Punkten zurückgeben muss, und es müssen zuvor überall die gleichen Aufräumaktivitäten durchgeführt werden (siehe Beispiel 9-1). Unterstützt die Programmiersprache ein goto, können Sie den aufräumenden Code ganz an das Ende der Methode verschieben und dann per goto dorthin springen, falls ein Fehlerrücksprung erforderlich ist (siehe Beispiel 9-2). goto-Anweisungen werden im Allgemeinen als schlechter Programmierstil angesehen und können zu unentwirrbarem Code führen, wenn sie wahllos eingesetzt werden, aber in Situationen, in denen man aus verschachteltem Code herausspringen muss, können sie nützlich sein.

Beispiel 9-1: Dieser Code verarbeitet eintreffende Netzwerkpakete unterschiedlichen Typs – für jeden Typ wird eine Meldung protokolliert, wenn das Paket für diesen Typ zu kurz ist. In dieser Version des Codes taucht die `LOG`*-Anweisung für viele verschiedene Pakettypen auf.*

```
switch (common->opcode) {
    case DATA: {
        DataHeader* header = received->getStart<DataHeader>();
        if (header == NULL) {
            LOG(WARNING, "%s packet from %s too short (%u bytes)",
                    opcodeSymbol(common->opcode),
                    received->sender->toString(),
                    received->len);
            return;
        }
        ...
    case GRANT: {
        GrantHeader* header = received->getStart<GrantHeader>();
        if (header == NULL) {
            LOG(WARNING, "%s packet from %s too short (%u bytes)",
                    opcodeSymbol(common->opcode),
                    received->sender->toString(),
                    received->len);
            return;
        }
        ...
```

```
    case RESEND: {
        ResendHeader* header = received->getStart<ResendHeader>();
        if (header == NULL) {
            LOG(WARNING, "%s packet from %s too short (%u bytes)",
                    opcodeSymbol(common->opcode),
                    received->sender->toString(),
                    received->len);
            return;
        }
        ...
}
```

Beispiel 9-2: Der Code aus Beispiel 9-1 wird umorganisiert, sodass es nur ein Auftreten der `LOG`-Anweisung gibt.

```
switch (common->opcode) {
    case DATA: {
        DataHeader* header = received->getStart<DataHeader>();
        if (header == NULL)
            goto packetTooShort;
        ...
    case GRANT: {
        GrantHeader* header = received->getStart<GrantHeader>();
        if (header == NULL)
            goto packetTooShort;
        ...
    case RESEND: {
        ResendHeader* header = received->getStart<ResendHeader>();
        if (header == NULL)
            goto packetTooShort;
        ...
}
...
packetTooShort:
LOG(WARNING, "%s packet from %s too short (%u bytes)",
        opcodeSymbol(common->opcode),
        received->sender->toString(),
        received->len);
return;
```

Trennen von allgemeinem und speziellem Code

Enthält ein Modul einen Mechanismus, der zu vielen verschiedenen Zwecken eingesetzt werden kann, sollte es nur genau diesen allgemeinen Mechanismus bereitstellen. Es sollte keinen Code besitzen, der den Mechanismus für einen bestimmten Anwendungsfall spezialisiert, und auch keine anderen allgemeinen Mechanismen enthalten. Spezifischer Code, der mit einem allgemeinen Mechanismus verbunden ist, sollte normalerweise in ein anderes Modul wandern (gern eines, das mit dem spezifischen Zweck verbunden ist). Die Diskussion um den GUI-Editor in Kapitel 6 hat dieses Prinzip aufgezeigt: Das beste Design war eines, bei dem die Textklasse vielseitig einsetzbare Textoperationen angeboten hat, während Operationen, die für die Benutzeroberfläche spezifisch waren (wie das Löschen der Auswahl), im UI-

Modul implementiert wurden. Dieses Vorgehen hat Informationslecks und zusätzliche Schnittstellen beseitigt, die in früheren Designs vorhanden waren, bei denen die speziellen UI-Operationen in der Textklasse implementiert worden waren.

Warnzeichen: Mischung aus speziellem und allgemeinem Code
Dieses Warnzeichen begegnet Ihnen, wenn ein vielseitig nutzbarer Mechanismus auch Code enthält, der speziell für einen bestimmten Anwendungsfall dieses Mechanismus gedacht ist. Damit wird der Mechanismus komplizierter, und es entstehen Informationslecks zwischen ihm und dem spezifischen Anwendungsfall: Zukünftige Modifikationen am Anwendungsfall erfordern sehr wahrscheinlich auch Änderungen am zugrunde liegenden Mechanismus.

Beispiel: Einfügecursor und Auswahl

In den folgenden Abschnitten geht es um zwei Beispiele, die die oben vorgestellten Prinzipien illustrieren. Das erste Beispiel demonstriert, dass der beste Ansatz darin besteht, die relevanten Codeabschnitte zu separieren, im zweiten Beispiel ist es besser, sie zusammenzubringen.

Das erste Beispiel dreht sich um den Einfügecursor und die Auswahl im GUI-Editor-Projekt aus Kapitel 6. Der Editor zeigte einen blinkenden vertikalen Balken an, durch den man weiß, wo der eingegebene Text im Dokument auftauchen wird. Zudem zeigte er einen hervorgehobenen Zeichenbereich namens *Auswahl* an, der zum Kopieren und Löschen von Text dient. Der Einfügecursor war immer sichtbar, aber es konnte Situationen geben, in denen kein Text ausgewählt war. Gab es die Auswahl, wurde der Einfügecursor immer an einem Ende des hervorgehobenen Einfügebereichs positioniert.

Die Auswahl und der Einfügecursor hängen miteinander zusammen. So wird der Cursor beispielsweise immer an einem Ende der Auswahl positioniert, und Cursor und Auswahl tendieren dazu, gemeinsam verändert zu werden: Durch Klicken und Ziehen der Maus werden beide gesetzt, und ein Einfügen von Text löscht zuerst den ausgewählten Text (falls es welchen gibt) und fügt dann neuen Text an der Cursorposition ein. Daher erscheint es logisch, ein einzelnes Objekt zum Managen beider Elemente zu nutzen – und ein Team hatte auch diesen Ansatz verfolgt. Das Objekt speicherte zwei Positionen in der Datei und dazu Boolean-Werte, mit denen festgelegt wurde, an welchem Ende sich der Cursor befand und ob die Auswahl existierte.

Aber das kombinierte Objekt war unhandlich. Es bot keinen Vorteil für den Code auf höherer Ebene, da dieser die Auswahl und den Cursor weiterhin getrennt behandeln musste (zum Beispiel wurde beim Einfügen von Text zuerst eine Methode des kombinierten Objekts aufgerufen, um den ausgewählten Text zu löschen, dann wurde eine andere Methode genutzt, um die Cursorposition für das Einfügen neuen Texts zu bestimmen).

Das kombinierte Objekt war tatsächlich komplexer zu implementieren als zwei eigenständige Objekte. Es vermied zwar, die Cursorposition als eigene Entität speichern zu müssen, musste dafür aber einen booleschen Wert vorhalten, der angab, an welchem Ende der Auswahl sich der Cursor befand. Um die Cursorposition zu ermitteln, musste das kombinierte Objekt zuerst den booleschen Wert prüfen und dann das passende Ende der Auswahl nutzen.

In diesem Fall waren die Auswahl und der Cursor nicht eng genug miteinander verbunden, um sie kombinieren zu können. Als der Code überarbeitet wurde, um Auswahl und Cursor zu trennen, wurden sowohl Anwendung wie auch Implementierung einfacher. Getrennte Objekte boten eine einfachere Schnittstelle als ein kombiniertes Objekt, aus dem Auswahl und Cursor erst wieder extrahiert werden mussten. Die Cursorimplementierung wurde auch einfacher, da die Cursorposition direkt und nicht indirekt durch eine Auswahl und einen booleschen Wert dargestellt wurde. Tatsächlich wurden in der überarbeiteten Version keine speziellen Klassen für die Auswahl oder den Cursor genutzt. Stattdessen kam eine neue Klasse `Position` zum Einsatz, um eine Position in der Datei repräsentieren zu können (eine Zeilennummer und die Zeichenposition in der Zeile). Die Auswahl wurde durch zwei `Positions` und der Cursor durch eine dargestellt. `Positions` fanden dann auch noch andere Verwendung im Projekt. Dieses Beispiel hat die Vorteile einer Schnittstelle demonstriert, die weiter unten in den Schichten liegt, dafür aber vielseitiger ist, was wir auch in Kapitel 6 angesprochen haben.

Beispiel: Getrennte Klasse zum Loggen

Im zweiten Beispiel geht es um das Fehlerlogging in einem studentischen Projekt. Eine Klasse enthielt viele Codesequenzen wie diese:

```
try {
    rpcConn = connectionPool.getConnection(dest);
} catch (IOException e) {
    NetworkErrorLogger.logRpcOpenError(req, dest, e);
    return null;
}
```

Statt den Fehler an dem Punkt zu protokollieren, an dem er entdeckt wurde, rief man eine eigene Methode in einer speziellen Fehlerlogging-Klasse auf. Diese wurde am Ende der gleichen Quelldatei definiert:

```
private static class NetworkErrorLogger {
    /**
     * Informationen zu einem Fehler ausgeben, der
     * auftritt, wenn versucht wird, eine Verbindung
     * zum Senden eines RPC zu öffnen.
     *
     * @param req
     *      Der RPC-Request, der über die Verbindung
     *      geschickt worden wäre.
     * @param dest
```

```
     *      Das Ziel des RPC.
     * @param e
     *      Der gefangene Fehler.
     */
    public static void logRpcOpenError(RpcRequest req,
            AddrPortTuple dest, Exception e) {
        logger.log(Level.WARNING, "Cannot send message: " + req +
                ". \n" + "Unable to find or open connection to " +
                dest + " :" + e);
    }
...
}
```

Die Klasse `NetworkErrorLogging` enthielt eine Reihe von Methoden wie `logRpcSendError` und `logRpcReceiveError`, die jeweils eine andere Art von Fehler protokollierten.

Durch dieses Aufteilen entstand zusätzliche Komplexität ohne zusätzliche Vorteile. Die Logging-Methoden waren flach: Meistens bestanden sie nur aus einer Zeile Code, sie erforderten aber eine Menge Dokumentation. Jede Methode wurde nur an einer Stelle aufgerufen. Die Logging-Methoden waren stark von ihren Aufrufen abhängig – las man den Aufruf, würde man vermutlich kurz zur Logging-Methode springen, um sicher zu sein, dass die richtigen Informationen protokolliert würden; und beim Lesen der Logging-Methode würde man wahrscheinlich zum aufrufenden Code springen, um den Zweck der Methode zu verstehen.

In diesem Beispiel wäre es besser gewesen, die Logging-Methoden zu entfernen und die Logging-Anweisungen dort unterzubringen, wo die Fehler erkannt wurden. Dadurch würde sich der Code besser lesen lassen, und die Schnittstellen für die Logging-Methoden wären überflüssig.

Methoden aufteilen und zusammenführen

Die Frage, wann man aufteilen sollte, stellt sich nicht nur bei Klassen, sondern auch bei Methoden: Gibt es Situationen, in denen es besser ist, eine bestehende Methode in mehrere kleinere Methoden zu unterteilen? Oder sollten zwei kleinere Methoden in einer größeren zusammengeführt werden? Lange Methoden tendieren dazu, schwerer verständlich zu sein, daher wird oft dafür plädiert, dass nur die Länge ein ausreichender Grund ist, eine Methode aufzuteilen. In Universitätskursen hört man häufig rigide Vorgaben wie: »Teilen Sie jede Methode auf, die länger als 20 Zeilen ist!«

Aber die Länge allein ist selten ein guter Grund dafür, eine Methode aufzuteilen. Im Allgemeinen tendiert man in der Entwicklung dazu, Methoden zu oft aufzuteilen. Dabei entstehen zusätzliche Schnittstellen, die für mehr Komplexität sorgen. Auch werden die Elemente der ursprünglichen Methode voneinander getrennt, wodurch sich der Code schlechter lesen lässt, wenn die Elemente tatsächlich miteinander in Beziehung stehen. Sie sollten eine Methode nicht aufteilen, sofern dadurch nicht das Gesamtsystem einfacher wird – ich werde noch darauf eingehen, wie das passieren kann.

Lange Methoden sind nicht immer schlecht. Stellen Sie sich beispielsweise eine Methode mit fünf 20-zeiligen Codeblöcken vor, die nacheinander ausgeführt werden. Sind die Blöcke untereinander recht unabhängig voneinander, kann man die Methode nacheinander Block für Block lesen und verstehen – es hat keinen großen Vorteil, jeden der Blöcke in eine eigene Methode auszulagern. Gibt es zwischen den Blöcken komplexe Interaktionen, ist es sogar noch wichtiger, sie zusammenzuhalten, sodass man beim Lesen den gesamten Code auf einmal sehen kann – befindet sich jeder Block in einer eigenen Methode, muss man beim Lesen zwischen diesen Methoden hin und her springen, um zu verstehen, wie sie zusammenarbeiten. Methoden mit Hunderten Zeilen Code sind in Ordnung, wenn sie eine einfache Signatur besitzen und leicht lesbar sind. Diese Methoden sind tief (viel Funktionalität, einfache Schnittstelle), was gut ist.

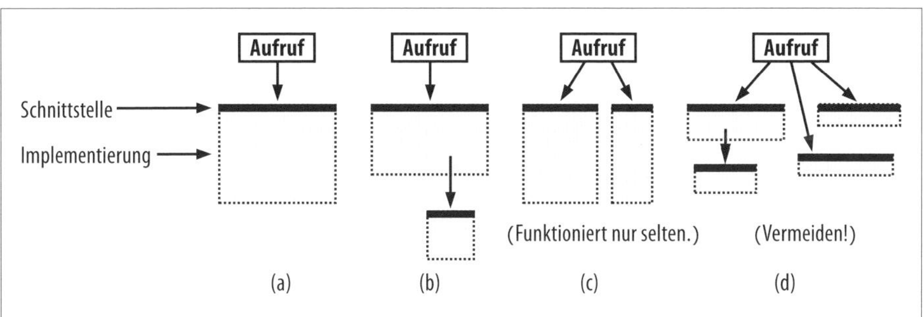

Abbildung 9-1: Eine Methode (a) kann aufgeteilt werden, indem man entweder eine Unteraufgabe herausnimmt (b) oder ihre Funktionalität in zwei getrennte Methoden unterteilt (c). Eine Methode sollte nicht aufgeteilt werden, wenn das zu flachen Methoden führt, siehe (d).

Beim Designen von Methoden besteht das wichtigste Ziel darin, saubere Abstraktionen bereitzustellen. **Jede Methode sollte eine Sache tun, diese aber vollständig.** Die Methode sollte eine einfache Schnittstelle besitzen, sodass man beim Anwenden nicht viele Informationen im Hinterkopf haben muss, um sie richtig einzusetzen. Die Methode sollte tief sein: Ihre Schnittstelle sollte viel einfacher als ihre Implementierung sein. Besitzt eine Methode alle diese Eigenschaften, ist es vermutlich egal, ob sie lang ist oder nicht.

Ein Aufteilen einer Methode ist nur dann sinnvoll, wenn dies insgesamt zu saubereren Abstraktionen führt. Es gibt zwei Wege dorthin, die in Abbildung 9-1 gezeigt werden. Der beste Weg ist das Ausfaktorieren einer Unteraufgabe in eine eigene Methode (siehe Abbildung 9-1 (b)). Das führt zu einer Untermethode mit der Unteraufgabe und einer übergeordneten Methode mit dem Rest der ursprünglichen Methode – die übergeordnete Methode ruft dann die untergeordnete Methode auf. Die Schnittstelle der neuen übergeordneten Methode ist die gleiche wie die der ursprünglichen Methode. Diese Art des Aufteilens ist dann sinnvoll, wenn es eine Unteraufgabe gibt, die sich sauber vom Rest der ursprünglichen Methode abtrennen lässt, was erstens heißt, dass man beim Lesen der Untermethode nichts über die übergeordnete Methode wissen muss, und zweitens, dass man beim Lesen der übergeordneten Methode die Implementierung der Untermethode nicht verstehen muss. Das bedeutet meist, dass die untergeordnete Methode recht allgemein einsetzbar ist: Sie könnte möglicherweise auch von anderen Methoden aufgerufen werden. Führen Sie solch eine Aufteilung durch, stellen dann aber fest, dass Sie immer wieder zwischen über- und untergeordneter Methode hin- und herspringen, um zu verstehen, wie sie zusammenarbeiten, ist das ein Warnzeichen (siehe auch das Warnzeichen »Verbundene Methoden« weiter unten) dafür, dass das Aufteilen vermutlich doch keine so gute Idee war.

Die zweite Möglichkeit beim Aufteilen einer Methode ist, sie in zwei getrennte Methoden zu unterteilen, die beide für aufrufenden Code der ursprünglichen Methode sichtbar sind (siehe Abbildung 9-1 (c)). Das ist sinnvoll, wenn die ursprüngliche Methode eine zu komplexe Schnittstelle besaß, weil sie versuchte, mehrere Aufgaben zu erledigen, die in keiner engen Beziehung zueinander standen. Wenn das der Fall ist, ist es möglicherweise machbar, die Funktionalität der Methode in zwei oder mehr kleinere Methoden zu unterteilen, die jeweils nur einen Teil der Funktionalität der ursprünglichen Methode übernehmen. Gehen Sie diesen Weg, sollte die Schnittstelle für jede der neuen Methoden einfacher als die der ursprünglichen Methode sein. Idealerweise sollte der meiste aufrufende Code nur eine der zwei neuen Methoden aufrufen – wenn beide neuen Methoden aufgerufen werden müssen, sorgt das für zusätzliche Komplexität, wodurch es unwahrscheinlicher wird, dass das Aufteilen sinnvoll war. Die neuen Methoden konzentrieren sich mehr auf ihre Aufgabe. Es ist ein gutes Zeichen, wenn die neuen Methoden vielseitiger einsetzbar sind als die ursprüngliche Methode (beispielsweise könnten Sie darüber nachdenken, sie unabhängig voneinander in anderen Situationen einzusetzen).

Ein Aufteilen wie in Abbildung 9-1 (c) ist nicht sehr häufig sinnvoll, weil das dazu führt, dass sich der aufrufende Code statt mit einer nun mit mehreren Methoden herumschlagen muss. Folgen Sie diesem Weg, riskieren Sie, am Ende mit einer Reihe flacher Methoden dazustehen (siehe Abbildung 9-1 (d)). Muss der aufrufende Code jede der separaten Methoden aufrufen und den Status an sie weitergeben, ist das Aufteilen keine gute Idee. Denken Sie über ein Aufteilen wie in Abbildung 9-1 (c) nach, sollten Sie prüfen, ob es damit für den aufrufenden Code einfacher wird.

Es gibt auch Situationen, in denen ein System einfacher gemacht werden kann, indem Methoden zusammengeführt werden. So können zum Beispiel durch das Verbinden von Methoden zwei flache Methoden zu einer tieferen Methode werden, doppelter Code kann überflüssig werden, es können Abhängigkeiten oder Übergabedatenstrukturen zwischen den ursprünglichen Methoden verschwinden, die Kapselung kann besser werden, sodass das Wissen, das sich zuvor an mehreren Orten befand, nun an einem Ort zusammengefasst ist, oder die Schnittstelle wird einfacher (siehe Abschnitt »Zusammenbringen, um die Schnittstelle zu vereinfachen« auf Seite 81).

Warnzeichen: Verbundene Methoden

Es sollte möglich sein, jede Methode für sich und unabhängig voneinander zu verstehen. Können Sie die Implementierung der einen Methode nicht begreifen, ohne auch die Implementierung einer anderen Methode zu verstehen, ist das ein Warnzeichen. Das kann auch in anderen Kontexten geschehen: Wenn zwei Codeabschnitte physisch getrennt sind, aber jeder nur durch einen Blick auf den jeweils anderen Code zu verstehen ist, handelt es sich ebenfalls um ein Warnzeichen.

Eine andere Meinung: Clean Code

Im Buch *Clean Code* von Robert C. Martin (Pearson Education, Boston 2009) argumentiert Robert Martin, dass Funktionen allein anhand ihrer Größe aufgeteilt werden sollten. Er sagt, dass Funktionen außerordentlich kurz sein müssten und dass selbst zehn Zeilen zu lang wären:

> »Die erste Regel für Funktionen ist, dass sie klein sein sollten. Die zweite Regel für Funktionen ist, *dass sie kleiner als das sein sollten* … Blöcke in *if*-Anweisungen, *else*-Anweisungen, *while*-Anweisungen und so weiter sollten eine Zeile lang sein. Bei dieser Zeile sollte es sich vermutlich um einen Funktionsaufruf handeln ... Das impliziert auch, dass Funktionen nicht groß genug sein sollten, um verschachtelte Strukturen zu beinhalten. Daher sollte die Einrücktiefe einer Funktion nicht größer als eins oder zwei sein. Das macht die Funktionen natürlich besser lesbar und verständlicher.«

Ich stimme zu, dass kürzere Funktionen im Allgemeinen besser verständlich sind als längere. Aber ist eine Funktion erst einmal auf ein paar Dutzend Zeilen eingedampft worden, ist es recht unwahrscheinlich, dass eine weitere Reduktion einen großen Einfluss auf die Lesbarkeit haben wird. Wichtiger ist die Frage, ob das Aufteilen einer Funktion die Gesamtkomplexität des Systems verringert. Mit anderen Worten: Ist es leichter, viele kurze Funktionen zu lesen und zu verstehen, wie sie zusammenarbeiten, als eine längere Funktion? Mehr Funktionen sorgen für mehr Schnittstellen, die dokumentiert und erlernt werden müssen. Werden Funktionen zu klein, verlieren sie ihre Unabhängigkeit, was zu miteinander verbundenen Funktionen führt, die auch gemeinsam gelesen und verstanden werden müssen. Geschieht das, ist es besser, die größere Funktion beizubehalten, sodass sich der gesamte zusammengehörige Code an einem Ort befindet. Tiefe ist wichtiger als Länge: Machen Sie die Funktion zuerst tief, und dann versuchen Sie, sie so kurz zu machen, dass sie sich leicht lesen lässt. Opfern Sie die Tiefe nicht für die Länge.

Zusammenfassung

Die Entscheidung zum Aufteilen oder Verbinden von Modulen sollte von der Komplexität abhängig gemacht werden. Wählen Sie die Struktur, die dazu führt, dass das Information Hiding am besten funktioniert, dass es die wenigsten Abhängigkeiten gibt und dass die Schnittstellen möglichst tief sind.

KAPITEL 10

Definieren Sie die Existenz von Fehlern weg

Das Exception Handling gehört zu den übelsten Komplexitätsquellen in Softwaresystemen. Code, der sich um spezielle Bedingungen kümmert, ist inhärent schwerer zu schreiben als Code, der mit den normalen Situationen zu tun hat, und Entwicklerinnen und Entwickler werden Exceptions oft definieren, ohne sich zu überlegen, wie mit ihnen umgegangen werden soll. Dieses Kapitel bespricht, warum Exceptions überproportional zur Komplexität beitragen, und zeigt auf, wie man das Exception Handling vereinfachen kann. Die zentrale Lehre aus diesem Kapitel ist, die Anzahl an Orten zu reduzieren, an denen Exceptions verarbeitet werden müssen – in manchen Fällen kann die Semantik von Operationen so angepasst werden, dass das normale Verhalten alle Situationen umfasst und es keine Ausnahmebedingungen gibt, die zu berichten sind (daher der Titel dieses Kapitels).

Warum Exceptions zur Komplexität beitragen

Ich nutze den Begriff *Exception*, um mich auf jede ungewöhnliche Situation zu beziehen, die den normalen Ablauf in einem Programm verändert. Viele Programmiersprachen besitzen einen formalen Exception-Mechanismus, der es ermöglicht, Exceptions in Code auf niedrigerer Ebene zu werfen und sie im aufrufenden Code zu fangen. Aber Exceptions können auch ohne einen formalen Mechanismus zum Exception Reporting auftreten, etwa wenn eine Methode einen spezifischen Wert zurückgibt, der besagt, dass sie ihren normalen Ablauf nicht beenden konnte. Alle diese Formen von Exceptions tragen zur Komplexität bei.

Ein bestimmter Codeabschnitt kann auf unterschiedliche Weise mit Exceptions zu tun haben:

- Der aufrufende Code liefert ungültige Argumente oder Konfigurationsinformationen mit.
- Eine aufgerufene Methode kann eine angeforderte Operation nicht vollenden. So kann beispielsweise eine I/O-Operation fehlschlagen, oder eine notwendige Ressource ist nicht vorhanden.

- In einem verteilten System können Netzwerkpakete verloren gehen oder verzögert ankommen, Server reagieren nicht rechtzeitig, oder das Gegenüber kommuniziert auf unerwartete Art und Weise.
- Im Code werden Fehler, interne Inkonsistenzen oder Situationen entdeckt, auf die er nicht vorbereitet ist.

Große Systeme müssen mit vielen Exception-Situationen umgehen, insbesondere wenn sie verteilt sind oder fehlertolerant sein sollen. Exception Handling kann einen signifikanten Teil des Codes in einem System ausmachen.

Der Code zum Exception Handling ist inhärent schwieriger zu schreiben als der Code für den normalen Ablauf. Eine Exception unterbricht den normalen Ablauf im Code – meist bedeutet dies, dass irgendetwas nicht wie gewünscht funktioniert hat und eine Operation nicht wie geplant beendet werden kann. Tritt eine Exception auf, kann man damit beim Programmieren auf zwei Arten umgehen, die beide kompliziert sein können. Der erste Ansatz ist, weiterzumachen und die aktuelle Aufgabe trotz der Exception abzuschließen. Wenn beispielsweise ein Netzwerkpaket verloren gegangen ist, kann es erneut verschickt werden; sind Daten korrupt, können sie vielleicht aus einer redundanten Kopie wiederhergestellt werden. Beim zweiten Ansatz wird die aktuelle Operation abgebrochen und die Exception nach oben gemeldet. Aber das Abbrechen kann kompliziert sein, weil die Exception zu einem Zeitpunkt aufgetreten sein kann, zu dem der Systemstatus inkonsistent ist (beispielsweise wurde eine Datenstruktur nur teilweise initialisiert). Der Exception-Code muss die Konsistenz wiederherstellen, zum Beispiel durch ein Zurücksetzen aller Änderungen, die bis zur Exception vorgenommen wurden.

Zudem schafft der Code zum Exception Handling Gelegenheit für weitere Exceptions. Denken Sie an das erneute Verschicken eines verlorenen Netzwerkpakets. Vielleicht ist das Paket gar nicht wirklich verloren gegangen, sondern wurde nur verzögert. In diesem Fall wird das erneute Verschicken des Pakets zu einem doppelten Paket beim Empfänger führen, was zu einer neuen Exception-Situation führt, die das Gegenüber verarbeiten muss. Oder beim Wiederherstellen verlorener Daten aus einer Kopie: Was passiert, wenn die redundante Kopie ebenfalls nicht verfügbar ist? Sekundäre Exceptions, die während eines Wiederherstellens auftreten, sind oft subtiler und komplexer als die primären Exceptions. Wird eine Exception dadurch behandelt, dass die aktuelle Operation abgebrochen wird, muss dies an den aufrufenden Code als andere Exception gemeldet werden. Um eine unendliche Kaskade von Exceptions zu vermeiden, muss man beim Entwickeln schließlich einen Weg finden, mit Exceptions umzugehen, ohne für neue Exceptions zu sorgen.

Die Exception-Unterstützung in den Sprachen ist meist wortreich und klobig, wodurch sich entsprechender Code nur schwer lesen lässt. Schauen Sie sich beispielsweise folgenden Code an, der eine Collection mit Tweets aus einer Datei einliest und dabei die Möglichkeiten von Java zum Serialisieren und Deserialisieren nutzt:

```
try (
    FileInputStream fileStream =
            new FileInputStream(fileName);
    BufferedInputStream bufferedStream =
            new BufferedInputStream(fileStream);
    ObjectInputStream objectStream =
            new ObjectInputStream(bufferedStream);
) {
    for (int i = 0; i < tweetsPerFile; i++) {
        tweets.add((Tweet) objectStream.readObject());
    }
}
catch (FileNotFoundException e) {
    ...
}
catch (ClassNotFoundException e) {
    ...
}
catch (EOFException e) {
    // Kein Problem: Nicht alle Tweet-Dateien haben
    // einen vollständigen Satz Tweets.
}
catch (IOException e) {
    ...
}
catch (ClassCastException e) {
    ...
}
```

Schon der grundlegende `try-catch`-Standardcode sorgt für mehr Codezeilen als der Code für die normale Operation – ohne überhaupt den Code zu betrachten, der die Exceptions tatsächlich verarbeitet. Es ist schwierig, den Code für das Exception Handling mit dem für den normalen Ablauf zu verbinden: So ist beispielsweise nicht offensichtlich, wo jede Exception erzeugt wird. Ein alternativer Ansatz wäre, den Code in viele verschiedene `try`-Blöcke aufzuteilen – im Extremfall könnte es ein `try` für jede Codezeile geben, in der eine Exception ausgelöst werden kann. Das würde zwar klarmachen, wo die Exceptions auftreten, aber die `try`-Blöcke selbst brechen den Codefluss auf und machen ihn schwer lesbar, und zudem kann es passieren, dass Teile des Codes zum Exception Handling in mehreren `try`-Blöcken auftauchen müssten.

Es ist schwierig, sicherzustellen, dass der Code zum Exception Handling wirklich funktioniert. Manche Exceptions, wie zum Beispiel I/O-Fehler, können in einer Testumgebung nicht leicht erzeugt werden, daher ist es schwer, den zugehörigen Code zu testen. Exceptions treten in laufenden Systemen nicht sehr oft auf, daher wird der entsprechende Code nur selten ausgeführt. Fehler können eine lange Zeit unerkannt bleiben, und wenn der Code zum Exception Handling schließlich gebraucht wird, ist es durchaus möglich, dass er gar nicht funktioniert. (Eine meiner liebsten Weisheiten ist: »Code, der nicht ausgeführt wurde, funktioniert nicht.«) Eine Studie stellte fest, dass mehr als 90 % der katastrophalen Fehler in verteilten, datenintensiven Systemen durch ein falsches Fehler-Handling verursacht wurden.[1] Schlägt der Code zum Exception Handling fehl, ist es schwer, das Problem zu debuggen, da es so selten auftritt.

Zu viele Exceptions

Programmiererinnen und Programmierer verschlimmern die Probleme mit dem Exception Handling noch, indem sie unnötige Exceptions definieren. Meist wird ihnen beigebracht, dass es wichtig ist, Fehler zu erkennen und zu melden – oft wird dies interpretiert als »je mehr Fehler erkannt werden, desto besser«. Das führt zu einem zu defensiven Stil, bei dem alles, was ein bisschen suspekt aussieht, mit einer Exception zurückgewiesen wird – und das wiederum führt zu einem Wildwuchs an unnötigen Exceptions, die die Komplexität des Systems zunehmen lassen.

Ich habe diesen Fehler selbst gemacht, als ich die Skriptsprache Tcl entwarf. Tcl enthält einen Befehl `unset`, der genutzt werden kann, um eine Variable zu entfernen. Dabei habe ich `unset` so definiert, dass er einen Fehler wirft, wenn die Variable nicht existiert. Damals dachte ich, dass es ein Fehler sein muss, wenn jemand versucht, eine Variable zu löschen, die es nicht gibt, daher sollte Tcl davon berichten. Aber einer der Haupteinsatzzwecke von `unset` ist das Aufräumen eines temporären Status, der von einer vorherigen Operation angelegt wurde. Oft ist es schwierig, genau vorherzusagen, welcher Status erstellt wurde, insbesondere wenn die Operation auf halber Strecke abgebrochen wurde. Daher ist es am einfachsten, alle Variablen zu löschen, die eventuell hätten erstellt werden können. Die Definition von `unset` macht das aber unerfreulich: Beim Entwickeln muss man nun alle Aufrufe von `unset` in `catch`-Anweisungen verpacken, um die von `unset` geworfenen Fehler abzufangen und zu verwerfen. Rückblickend ist die Definition von `unset` einer der größten Fehler, die ich beim Design von Tcl gemacht habe.

Es ist verlockend, Exceptions einzusetzen, um sich nicht mit schwierigen Situationen auseinandersetzen zu müssen: Statt sich einen sauberen Weg für den Umgang zu überlegen, werfen Sie einfach eine Exception und überlassen das Problem dem aufrufenden Code. Man mag argumentieren, dass das den übergeordneten Code stärkt, da so jeder Aufruf anders mit der Exception umgehen kann. Aber wenn Sie ein Problem damit haben, herauszufinden, was Sie in der bestimmten Situation tun sollten, stehen die Chancen gut, dass auch der aufrufende Code das nicht wissen wird. Das Erzeugen einer Exception in solch einer Situation reicht das Problem nur an jemand anderen weiter und erhöht die Komplexität des Systems.

Die von einer Klasse geworfenen Exceptions sind Teil ihrer Schnittstelle – **Klassen mit vielen Exceptions haben komplexe Schnittstellen und sind flacher als Klassen mit weniger Exceptions**.

---

1 Ding Yuan et. al., »Simple Testing Can Prevent Most Critical Failures: An Analysis of Production Failures in Distributed Data-Intensive Systems«, 2014 USENIX Conference on Operating System Design and Implementation.

Eine Exception ist ein besonders komplexes Element einer Schnittstelle. Sie kann eine ganze Reihe von Stack-Ebenen hochwandern, bevor sie gefangen wird, daher betrifft sie nicht nur den aufrufenden Code der Methode, sondern potenziell auch allen weiter oben liegenden Code (und dessen Schnittstellen).

Das Werfen von Exceptions ist einfach – schwierig ist der Umgang mit ihnen. Die Komplexität von Exceptions entsteht durch den Code für das Exception Handling.

Am besten verringern Sie den durch Exceptions verursachten Schaden, indem Sie die Menge an Orten reduzieren, an denen Exceptions verarbeitet werden müssen.

Im Rest dieses Kapitels werde ich vier Techniken vorstellen, mit denen die Anzahl an Exception Handlern verringert werden kann.

Die Existenz von Fehlern wegdefinieren

Am besten ist es, die Komplexität durch das Exception Handling verschwinden zu lassen, indem Sie Ihre APIs so definieren, dass es keine Exceptions gibt, um die man sich kümmern muss: **Definieren Sie die Existenz von Fehlern weg.** Das mag frevelhaft wirken, ist aber in der Praxis sehr effektiv. Denken Sie an den weiter oben vorgestellten `unset`-Befehl von Tcl. Statt einen Fehler zu werfen, wenn `unset` aufgefordert wird, eine unbekannte Variable zu löschen, sollte der Befehl einfach zurückspringen, ohne etwas zu tun. Ich hätte die Definition von `unset` ein wenig anpassen sollen: Statt eine Variable zu löschen, sollte `unset` sicherstellen, dass eine Variable nicht mehr länger existiert. Mit der ersten Definition kann `unset` seine Arbeit nicht erledigen, wenn die Variable nicht vorhanden ist, daher ist das Erstellen einer Exception sinnvoll. Bei der zweiten Definition ist es ganz selbstverständlich, `unset` mit dem Namen einer Variablen aufzurufen, die nicht existiert. In diesem Fall ist die Arbeit schon getan, daher kann der Befehl einfach zurückspringen, und es muss kein Fehler gemeldet werden.

Beispiel: Datei löschen in Windows

Das Löschen von Dateien ist ein weiteres Beispiel dafür, wie Fehler wegdefiniert werden können. Das Betriebssystem Windows erlaubt es nicht, eine Datei zu löschen, wenn diese in einem Prozess geöffnet ist. Das ist beim Entwickeln und in der Anwendung ein steter Quell der Frustration. Um eine Datei zu löschen, die gerade im Einsatz ist, muss man im System nach dem Prozess suchen, der die Datei geöffnet hält, und diesen Prozess abschießen. Manchmal geben Menschen lieber auf und booten ihr System neu, nur um eine Datei löschen zu können.

Das Betriebssystem Unix definiert das Löschen von Dateien eleganter. Ist unter Unix eine Datei offen, wenn sie gelöscht wird, löscht das Betriebssystem die Datei nicht sofort. Stattdessen merkt es sie zum Löschen vor, und die Löschoperation kehrt erfolgreich zurück. Der Dateiname wurde aus seinem Verzeichnis entfernt, daher kann kein anderer Prozess die alte Datei öffnen, und eine neue Datei mit dem gleichen Namen kann angelegt werden, aber die Daten der alten Datei bleiben erhalten. Prozesse, die die Datei schon geöffnet haben, können weiter ganz normal aus ihr lesen und in sie schreiben. Wurde die Datei dann von allen auf sie zugreifenden Prozessen geschlossen, werden die Daten freigegeben.

Bei Unix werden zwei verschiedene Arten von Fehlern wegdefiniert. Zum einen gibt die Löschoperation keinen Fehler mehr zurück, wenn die Datei gerade genutzt wird – die Operation ist erfolgreich, und die Datei wird später gelöscht. Zum anderen sorgt das Löschen einer gerade verwendeten Datei für keine Exceptions in Prozessen, die gerade mit der Datei arbeiten. Ein möglicher Ansatz wäre gewesen, die Datei sofort zu löschen und alle geöffneten Handles für die Datei so zu markieren, dass ein weiterer lesender oder schreibender Zugriff auf sie zu einem Fehler geführt hätte. Dies hätte aber neue Fehler für die Prozesse erzeugt, mit denen sie umgehen müssten. Stattdessen erlaubt Unix ihnen, ganz normal auf die Datei zuzugreifen – das Verzögern des Löschens der Datei definiert Fehler weg.

Es mag seltsam sein, dass es Unix einem Prozess erlaubt, weiterhin eine zum Abschuss freigegebene Datei ganz normal anzusprechen, aber mir ist noch nie eine Situation begegnet, in der das zu ernsthaften Problemen geführt hat. Mit der Unix-Definition zum Löschen einer Datei kann man viel einfacher arbeiten als mit der Windows-Definition – sowohl beim Entwickeln als auch später beim Anwenden.

Beispiel: substring-Methode in Java

Als letztes Beispiel schauen wir uns die `String`-Klasse in Java und deren Methode `substring` an. Gibt man zwei Indizes für einen String an, liefert `substring` den Substring vom ersten Index bis vor den zweiten Index. Befindet sich einer der Indizes außerhalb des String-Bereichs, wirft `substring` eine `IndexOutOfBoundsException`. Diese Exception ist unnötig und verkompliziert den Einsatz dieser Methode. Ich finde mich oft in einer Situation wieder, in der einer oder beide der Indizes außerhalb des String-Bereichs liegen könnten, und ich würde gern alle Zeichen aus dem String auslesen, die mit dem angegebenen Bereich überlappen. Leider muss ich dafür beide Indizes prüfen und sie auf null aufrunden oder auf das Ende des Strings abrunden – ein Einzeiler wird damit zu fünf bis zehn Zeilen Code.

Die Java-Methode `substring` ließe sich einfacher verwenden, wenn sie diese Anpassungen automatisch vornähme und die folgende API implementierte: »Gib die Zeichen des Strings zurück (sofern vorhanden), deren Index größer oder gleich `beginIndex` und kleiner als `endIndex` ist.« Das ist eine einfache und natürliche API, die `IndexOutOfBoundExceptions` wegdefiniert. Das Verhalten der Methode ist nun auch dann wohldefiniert, wenn einer oder beide Indizes negativ sind oder wenn `beginIndex` größer als `endIndex` ist. Die API wird vereinfacht, gleichzeitig steigt ihre Funktionalität, sodass die Methode tiefer wird. Viele andere Sprachen sind dem fehlerlosen Ansatz gefolgt – Python beispielsweise gibt ein leeres Ergebnis zurück, wenn der gewählte Bereich außerhalb des Strings liegt.

Wenn ich mich dafür ausspreche, die Existenz von Fehlern wegzudefinieren, entgegnet man mir manchmal, dass durch das Werfen von Fehlern Bugs gefangen werden – wurden die Fehler wegdefiniert, würde das doch zu fehlerhafterer Software führen. Das ist vielleicht der Grund dafür, dass man sich bei der Java-Entwicklung dazu entschieden hat, dass `substring` Exceptions werfen soll. Durch den Exception-Ansatz findet man vielleicht ein paar Fehler, aber auch die Komplexität steigt, was wiederum zu anderen Fehlern führt. Beim Entwickeln muss man zusätzlichen Code schreiben, um die Fehler zu vermeiden oder zu ignorieren, was die Wahrscheinlichkeit für Bugs ansteigen lässt. Oder man vergisst, den zusätzlichen Code zu schreiben, was wiederum zu unerwarteten Fehlern zur Laufzeit führen kann. Im Gegensatz dazu vereinfacht das Wegdefinieren von Fehlern die APIs und verringert die Menge an zu schreibendem Code.

Insgesamt gesehen, reduziert man die Anzahl an Fehlern am besten dadurch, dass man die Software einfacher macht.

Exceptions maskieren

Die zweite Technik, um die Anzahl der Orte zu reduzieren, an denen Exceptions verarbeitet werden müssen, ist das *Maskieren von Exceptions*. Dabei wird eine außergewöhnliche Situation auf einer niedrigen Ebene im System erkannt und behandelt, sodass höhere Softwareebenen nichts mehr davon wissen müssen. Das Maskieren von Exceptions ist besonders in verteilten Systemen gebräuchlich. So können beispielsweise in einem Netzwerktransportprotokoll wie TCP Pakete aus verschiedensten Gründen verloren gehen – etwa durch Defekte oder Verzögerungen. TCP maskiert den Paketverlust, indem es verlorene Pakete innerhalb seiner Implementierung neu verschickt, sodass schließlich alle Daten ihr Ziel erreichen und die Clients nichts von verlorenen Paketen mitbekommen.

Ein kontroverseres Beispiel für das Maskieren gibt es im *Network File System* (NFS). Stürzt ein NFS-Dateiserver ab oder reagiert er aus irgendwelchen Gründen nicht mehr, schicken die Clients ihre Requests so lange an den Server, bis das Problem schließlich behoben wurde. Der Dateisystemcode der Clients auf unterer Ebene meldet keine Exceptions an die aufrufende Anwendung. Die aktuelle Operation (und damit die Anwendung) bleibt einfach stehen, bis die Operation erfolgreich abgeschlossen werden konnte. Dauert der Aussetzer länger als eine kurze Zeitspanne, gibt der NFS-Client Nachrichten in der Konsole aus, wie zum Beispiel: »NFS server xyzzy not responding still trying.«

Beim Einsatz von NFS gibt es oft Beschwerden darüber, dass die Anwendung hängt, während sie darauf wartet, dass ein NFS-Server wieder normal funktioniert. Häufig wurde vorgeschlagen, NFS möge Operationen mit einer Exception abbrechen, anstatt zu warten. Aber das Melden einer Exception würde das Ganze nur schlimmer machen. Denn eine Anwendung kann nicht viel tun, wenn sie den Zugriff auf ihre Dateien verliert. Eine Möglichkeit wäre, die Dateioperation erneut durchzuführen, aber damit würde sie wieder hängen, und es ist einfacher, dies an einer Stelle in der NFS-Schicht umzusetzen, statt bei jedem Dateisystemaufruf in jeder Anwendung (ein Compiler sollte sich nicht darum kümmern müssen!). Die Alternative wäre, dass Anwendungen abbrechen und Fehlermeldungen zurückgeben. Es ist unwahrscheinlich, dass der aufrufende Code wissen würde, was zu tun ist, daher würde er ebenfalls abbrechen, was zu einem Abbruch der Anwendungsumgebung führt. Die Benutzer könnten, während der Dateiserver ausgefallen ist, immer noch nicht arbeiten, und sie müssten alle ihre Anwendungen neu starten, sobald der Server wieder läuft.

Daher ist es für das NFS die beste Alternative, die Fehler zu maskieren und die Anwendungen warten zu lassen. Mit diesem Vorgehen brauchen die Applikationen keinerlei Code, um mit Serverproblemen umzugehen, und sie können nahtlos fortfahren, wenn der Server wieder läuft. Verliert man beim Warten die Geduld, kann man die Anwendung immer noch manuell abbrechen.

Das Maskieren von Exceptions funktioniert nicht in allen Situationen, aber es ist ein mächtiges Tool, wenn es nutzbar ist. Es führt zu tieferen Klassen, da die Schnittstellen kleiner werden (weniger Exceptions, die der aufrufende Code kennen muss) und Funktionalität in Form von Code hinzukommt, der sich um das Maskieren kümmert. Das Maskieren ist ein Bespiel dafür, Komplexität nach unten zu ziehen.

Aggregieren von Exceptions

Die dritte Technik zum Verringern der Komplexität rund um Exceptions ist deren *Aggregation*. Die Idee dahinter: viele Exceptions mit einem einzigen Codeabschnitt verarbeiten. Statt einzelne Handler für viele individuelle Exceptions zu schreiben, kümmern wir uns um alle zusammen an einer Stelle.

Überlegen Sie sich, wie Sie fehlende Parameter in einem Webserver handhaben. Der Webserver implementiert eine Reihe von URLs. Empfängt der Server eine eintreffende URL, verteilt er sie an eine URL-spezifische Servicemethode, um sie zu verarbeiten und eine Response zu erstellen. Die URL enthält eine Reihe von Parametern, die zum Generieren der Response genutzt werden. Jede Servicemethode ruft eine Methode aus einer niedrigeren Schicht auf (nennen wir sie `getParameter`), um die benötigten Parameter aus der URL zu holen. Enthält die URL nicht den gewünschten Parameter, wirft `getParameter` eine Exception.

Als die Studierenden in einem Kurs für Softwaredesign solch einen Server implementierten, verpackten viele von ihnen jeden einzelnen Aufruf von `getParameter` in einem eigenen Exception Handler, um `NoSuchParameter`-Exceptions abzufangen (siehe Abbildung 10-1). Das führte zu einer großen Zahl von Handlern, die alle mehr oder weniger das Gleiche taten (eine Fehler-Response erzeugen).

Besser ist es, die Exceptions zu aggregieren. Statt sie in den einzelnen Servicemethoden zu fangen, lassen wir sie zur Dispatch-Methode für den Webserver hochsteigen (siehe Abbildung 10-2). Ein einzelner Handler kann dann in dieser Methode alle Exceptions abfangen und eine passende Fehler-Response für die fehlenden Parameter erzeugen.

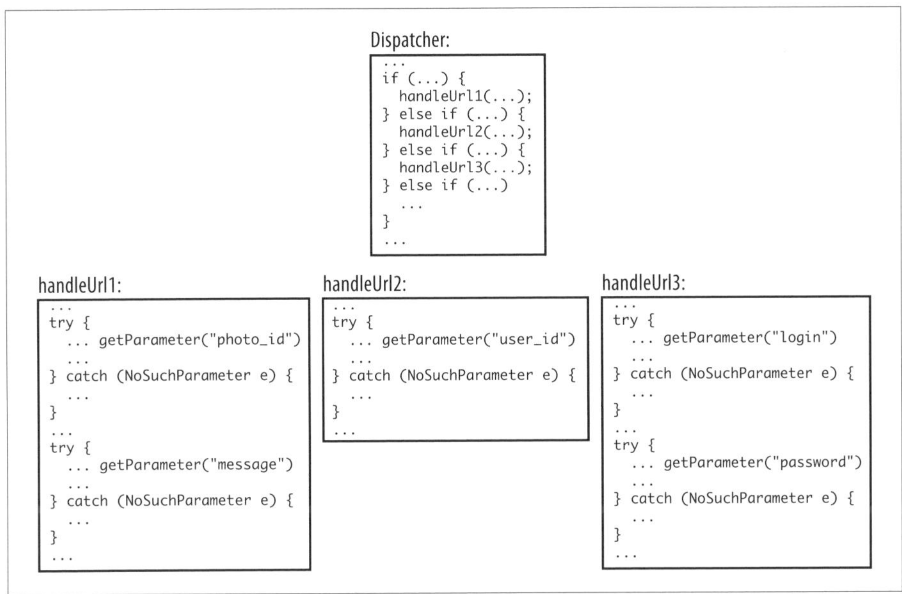

Abbildung 10-1: Der Code oben dispatcht an eine von mehreren Methoden in einem Webserver, die sich jeweils um eine bestimmte URL kümmern. Jede dieser Methoden (unten) nutzt Parameter aus dem eintreffenden HTTP-Request. In dieser Abbildung gibt es einen eigenen Exception Handler für jeden Aufruf von `getParameter` – das führt zu doppeltem Code.

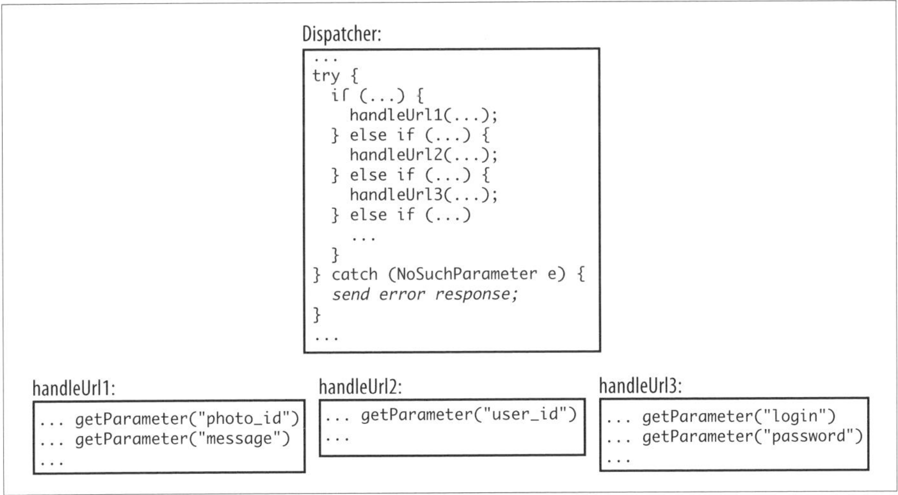

Abbildung 10-2: Dieser Code ist funktional äquivalent zu dem in Abbildung 10-1, aber das Exception Handling wurde aggregiert: Ein einzelner Handler im Dispatcher fängt alle `NoSuchParameter`-Exceptions von allen URL-spezifischen Methoden.

Der aggregierende Ansatz kann im Beispiel mit dem Webserver noch weitergetrieben werden. Es gibt neben fehlenden Parametern noch viele andere Fehler, die beim Verarbeiten einer Webseite auftreten können – ein Parameter hat beispielsweise nicht die richtige Syntax (die Servicemethode erwartet eine Zahl, der Wert ist aber »xyz«), oder es fehlt die Berechtigung für die angeforderte Operation. Immer soll daraus eine Fehler-Response entstehen – die Fehler unterscheiden sich nur in der in die Response aufzunehmenden Fehlermeldung (»Parameter ›quantity‹ fehlt in URL« oder »Falscher Wert ›xyz‹ für Parameter ›quantity‹, muss eine positive Ganzzahl sein«). So können alle Situationen, die zu einer Fehler-Response führen, in einem einzelnen Exception Handler auf oberster Ebene verarbeitet werden. Die Fehlermeldung kann beim Werfen der Exception erzeugt und als Variable in die Exception-Daten aufgenommen werden – so würde `getParameter` beispielsweise die Meldung »Parameter ›quantity‹ fehlt in URL« erzeugen. Der Top-Level-Handler extrahiert die Nachricht aus der Exception und nimmt sie mit in die Fehler-Response auf.

Die im vorherigen Absatz beschriebene Aggregation ist aus Sicht der Kapselung und des Information Hiding sinnvoll. Der Exception Handler auf oberster Ebene kapselt das Wissen über das Erzeugen von Fehler-Responses, weiß aber nichts über spezifische Fehler – er nutzt nur die in der Exception mitgelieferte Fehlermeldung. Die Methode `getParameter` kapselt das Wissen über das Extrahieren eines Parameters aus einer URL und weiß auch, wie sie Fehler beim Extrahieren in einer für Menschen lesbaren Form beschreibt. Diese zwei Informationen hängen eng zusammen, daher ist es sinnvoll, dass sich beide an einem Ort befinden. Aber `getParameter` weiß nichts über die Syntax einer HTTP-Fehler-Response. Erhält der Webserver neue Funktionalität, werden vielleicht neue Methoden wie `getParameter` mit ihren eigenen Fehlern erzeugt. Werfen die neuen Methoden Exceptions auf die gleiche Art und Weise wie `getParameter` (durch das Erzeugen von Exceptions, die aus der gleichen Superklasse erben und in jeder Exception eine Fehlermeldung enthalten), können sie sich in das bestehende System ohne weitere Änderungen einfügen – der Top-Level-Handler wird für sie automatisch Fehler-Responses erzeugen.

Dieses Beispiel zeigt ein allgemein einsetzbares Design Pattern zum Exception Handling. Verarbeitet ein System eine Reihe von Requests, ist es sinnvoll, eine Exception zu definieren, die den aktuellen Request abbricht, den Status des Systems aufräumt und mit dem nächsten Request fortfährt. Die Exception wird an einer einzelnen Stelle weit oben in der Schleife zum Verarbeiten der Requests abgefangen. Sie kann während der Abarbeitung des Requests an beliebiger Stelle geworfen werden, um den weiteren Verlauf zu stoppen – unterschiedliche Unterklassen der Exception können für unterschiedliche Situationen definiert werden. Exceptions dieses Typs sollten klar von Exceptions getrennt werden, die für das gesamte System fatal sind.

Das Aggregieren von Exceptions funktioniert am besten, wenn eine Exception mehrere Schichten nach oben steigt, bevor sie verarbeitet wird – so können mehr Exceptions aus mehr Methoden am gleichen Ort verarbeitet werden. Das ist der

Gegenentwurf zum Maskieren von Exceptions: Das Maskieren funktioniert im Allgemeinen am besten, wenn eine Exception weit unten in den Schichten verarbeitet wird. Das findet meist in einer Bibliotheksmethode statt, die von vielen anderen Methoden verwendet wird – würde die Exception weiter nach oben wandern können, müsste sie an vielen Orten verarbeitet werden. Maskieren und Aggregieren ähneln sich darin, dass ein Exception Handler dort platziert wird, wo er die meisten Exceptions abfangen kann, und damit viele Handler überflüssig werden, die ansonsten angelegt werden müssten.

Ein weiteres Beispiel für das Aggregieren von Exceptions findet sich im RAMCloud-Storage-System für ein Crash Recovery. Ein RAMCloud-System besteht aus einer Reihe von Storage-Servern, die mehrfache Kopien jedes Objekts vorhalten, sodass es nach verschiedensten Fehlfunktionen wiederhergestellt werden kann. Crasht zum Beispiel ein Server und verliert alle seine Daten, rekonstruiert RAMCloud die verlorenen Daten mithilfe von Kopien, die auf anderen Servern liegen. Fehler können aber auch im kleineren Rahmen passieren – so kann beispielsweise ein Server feststellen, dass ein einzelnes Objekt kaputt ist.

RAMCloud besitzt keine spezifischen Wiederherstellungsmechanismen für jede Art von Fehler. Stattdessen führt RAMCloud viele kleinere Fehler zu größeren zusammen. Es könnte sich im Prinzip um ein defektes Objekt kümmern, indem es dieses eine Objekt aus einer Backup-Kopie holt. Aber das tut es nicht. Stattdessen lässt es den Server mit dem Objekt crashen. RAMCloud nutzt diesen Ansatz, weil das Crash Recovery ziemlich komplex ist und dieses Vorgehen die Menge an unterschiedlichen Wiederherstellungsmechanismen reduziert, die erstellt werden mussten. Es war unvermeidlich, einen Wiederherstellungsmechanismus für abgestürzte Server zu entwickeln, daher nutzt RAMCloud den gleichen Mechanismus auch für andere Arten der Wiederherstellung. Dadurch reduziert sich die Menge an zu schreibendem Code, und gleichzeitig wird das Crash Recovery häufiger aufgerufen, was dazu führt, dass Fehler im Wiederherstellungscode eher gefunden und behoben werden.

Ein Nachteil beim »Eskalieren« eines kaputten Objekts zu einem Servercrash ist, dass die Wiederherstellungskosten merklich steigen. Das ist kein Problem in RAMCloud, da defekte Objekte recht selten sind. Aber das Zusammenführen von Fehlern ist eventuell für Fehler, die häufiger vorkommen, nicht sinnvoll. So wäre es beispielsweise nicht praktikabel, einen Server jedes Mal abstürzen zu lassen, wenn eines seiner Netzwerkpakete verloren geht.

Sie können sich das Aggregieren von Exceptions auch so vorstellen, dass es eine Reihe spezifischer Mechanismen, die jeweils für eine bestimmte Situation zugeschnitten wurden, durch einen einzelnen allgemein nutzbaren Mechanismus ersetzt, der mit mehreren Situationen umgehen kann. Damit ist es ein weiteres Beispiel für die Vorteile vielseitig einsetzbarer Mechanismen.

Einfach abstürzen?

Die vierte Technik zum Reduzieren der Komplexität rund um das Exception Handling ist, die Anwendung abstürzen zu lassen. In den meisten Applikationen gibt es bestimmte Fehler, bei denen es sich nicht lohnt, sie zu behandeln. Meist ist ein Umgang mit ihnen zu schwierig oder gar unmöglich, und sie treten nicht oft auf. Am einfachsten ist es dann, Diagnoseinformationen auszugeben und die Anwendung zu stoppen.

Ein Beispiel dafür sind Out-of-Memory-Fehler, die beim Anfordern von Speicher auftreten. Denken Sie an die `malloc`-Funktion in C, die `NULL` zurückgibt, wenn sie den gewünschten Speicherblock nicht erhält. Das ist ein unglückliches Verhalten, weil es davon ausgeht, dass jeder einzelne Aufruf von `malloc` von einer Prüfung des Rückgabewerts und dem Einleiten entsprechender Maßnahmen begleitet wird. Anwendungen besitzen unzählige Aufrufe von `malloc`, daher würde ein Prüfen des Rückgabewerts nach jedem Aufruf die Komplexität deutlich steigern. Vergisst man beim Programmieren diese Prüfung (was nicht unwahrscheinlich ist), wird die Anwendung einen Null-Zeiger dereferenzieren, wenn der Speicher verbraucht ist, was zu einem Crash führt, der die eigentlichen Probleme überdecken kann.

Zudem gibt es nicht viel, was eine Anwendung tun kann, wenn sie feststellt, dass der Speicher ausgeschöpft ist. Im Prinzip könnte die Anwendung versuchen, nicht benötigten Speicher wieder freizugeben, aber das hätte sie schon tun und damit den Out-of-Memory-Fehler direkt vermeiden können. Aktuelle Systeme haben so viel Speicher, dass er fast nie komplett belegt ist – wenn das doch geschieht, ist es meist ein Zeichen für einen Fehler in der Anwendung. Daher ist es selten sinnvoll, Out-of-Memory-Fehler abfangen zu wollen – es sorgt nur für zu viel Komplexität bei zu wenigen Vorteilen.

Besser wäre es, eine neue Methode `ckalloc` zu definieren, die `malloc` aufruft, das Ergebnis prüft und die Anwendung mit einer Fehlermeldung beendet, wenn kein Speicher mehr vorhanden ist. Die Anwendung ruft `malloc` nie direkt auf, sondern greift immer auf `ckalloc` zurück.

In neueren Sprachen wie C++ oder Java wirft der `new`-Operator eine Exception, wenn kein Speicher mehr zur Verfügung steht. Es lohnt sich meist nicht, diese Exception zu fangen, da die Wahrscheinlichkeit hoch ist, dass der Handler ebenfalls versuchen wird, Speicher anzufordern, was dann auch fehlschlägt. Dynamisch angeforderter Speicher ist in jeder modernen Anwendung ein so zentrales Element, dass es nicht sehr sinnvoll ist, sie weiterlaufen zu lassen, wenn kein Speicher mehr da ist – es ist besser, sie dann abstürzen zu lassen, wenn der Fehler erkannt wird.

Es gibt viele andere Beispiele für Fehler, bei denen ein Absturz der Anwendung sinnvoll ist. Für die meisten Programme gilt: Tritt ein I/O-Fehler beim Lesen oder Schreiben einer offenen Datei auf (zum Beispiel ein Festplattenfehler) oder kann ein Netzwerk-Socket nicht geöffnet werden, gibt es nicht viel, was die Anwendung retten kann, und ein Abbruch mit einer klaren Fehlermeldung ist ein vernünftiges

Vorgehen. Diese Fehler sind selten, daher werden sie die Nutzbarkeit der Anwendung insgesamt eher nicht beeinträchtigen. Ein Abbruch mit einer Fehlermeldung ist auch dann in Betracht zu ziehen, wenn eine Anwendung einen internen Fehler (wie eine inkonsistente Datenstruktur) erkennt. Solche Situationen deuten wahrscheinlich auf Fehler im Programm hin.

Ob ein Absturz bei einem bestimmten Fehler akzeptabel ist, hängt von der Anwendung ab. Bei einem replizierten Storage-System ist es nicht sinnvoll, bei einem I/O-Fehler abzustürzen. Stattdessen muss das System replizierte Daten nutzen, um verlorene Informationen wiederherzustellen. Der entsprechende Mechanismus wird das Programm merklich komplexer machen, aber das Wiederherstellen ist ein essenzieller Teil des Werts, den das System anbietet.

Wann Sie zu weit gehen

Exceptions wegzudefinieren oder sie innerhalb eines Moduls zu maskieren, ist nur dann sinnvoll, wenn die Informationen zur Exception nicht außerhalb des Moduls gebraucht werden. Das galt für die Beispiele in diesem Kapitel wie den `unset`-Befehl in Tcl und die `substring`-Methode in Java – in den seltenen Situationen, in denen man beim Aufruf von diesen Spezialfällen wissen muss, gibt es andere Wege, an die Informationen zu gelangen.

Aber es ist möglich, diese Idee zu weit zu treiben. In einem Modul zur Netzwerkkommunikation hat ein studentisches Team alle Netzwerk-Exceptions maskiert: Trat ein Netzwerkfehler auf, hat das Modul ihn abgefangen, verworfen und so weitergemacht, als sei nichts passiert. Das bedeutete, dass die Anwendungen, die das Modul genutzt haben, keine Chance hatten, herauszufinden, ob Nachrichten verloren gegangen sind oder ob ein Remote-Server eine Fehlfunktion hatte – ohne diese Informationen war es unmöglich, robuste Anwendungen zu bauen. In diesem Fall ist es essenziell, dass das Modul die Exceptions nach außen gibt, auch wenn das für zusätzliche Komplexität in der Schnittstelle sorgt.

Bei Exceptions müssen Sie wie in vielen anderen Bereichen des Softwaredesigns festlegen, welche wichtig sind und welche nicht. Unwichtige Dinge sollten verborgen werden – je mehr von ihnen, desto besser. Aber wenn etwas wichtig ist, muss es weitergegeben werden.

Zusammenfassung

Spezialfälle jeder Form machen Code schwerer verständlich und erhöhen die Wahrscheinlichkeit für Fehler. Dieses Kapitel hat sich auf Exceptions konzentriert, die zu den signifikantesten Quellen für Spezialfallcode gehören, und gezeigt, wie man die Anzahl der Orte verringern kann, an denen Exceptions verarbeitet werden müssen. Am besten tun Sie das, indem Sie die Semantik so umdefinieren, dass Fehlersituationen verschwinden. Lassen sich Exceptions nicht wegdefinieren, sollten

Sie nach Möglichkeiten suchen, sie auf niedriger Ebene zu maskieren, um ihren Einfluss zu begrenzen, oder eine Reihe von Handlern für Spezialfälle in einem generischeren Handler aggregieren. Zusammen können diese Techniken eine substanzielle Auswirkung auf die Gesamtkomplexität des Systems haben.

KAPITEL 11

Designen Sie zweimal

Es ist schwierig, Software zu designen, daher ist es unwahrscheinlich, dass Ihre ersten Ideen zum Strukturieren eines Moduls oder Systems gleich das beste Design ergeben. Sie werden ein viel besseres Ergebnis erhalten, wenn Sie für jede große Designentscheidung mehrere Möglichkeiten berücksichtigen: **Designen Sie zweimal.**

Stellen Sie sich vor, Sie designen die Klasse, die den Text einer Datei für einen GUI-Texteditor verwaltet. Im ersten Schritt definieren Sie die Schnittstelle, die die Klasse dem Rest des Editors präsentiert – statt dem ersten Gedanken zu folgen, der Ihnen durch den Kopf schießt, überlegen Sie sich eine Reihe von Möglichkeiten. Eine Option ist eine zeilenorientierte Schnittstelle mit Operationen zum Einfügen, Verändern und Löschen ganzer Textzeilen. Eine andere ist eine Schnittstelle, die auf dem Einfügen und Löschen einzelner Zeichen aufbaut. Eine dritte Wahl wäre eine String-orientierte Schnittstelle, die auf beliebigen Zeichenbereichen arbeitet, die auch Zeilengrenzen überschreiten können. Sie müssen nicht jedes Feature für jede Alternative ausarbeiten, es reicht an dieser Stelle aus, ein paar der wichtigsten Methoden zu skizzieren.

Versuchen Sie, Ansätze zu finden, die sich deutlich voneinander unterscheiden – so werden Sie mehr lernen. Auch wenn Sie sicher sind, dass es nur ein vernünftiges Vorgehen gibt, überlegen Sie sich trotzdem ein zweites Design, egal wie schlecht das Ihrer Meinung nach sein wird. Es wird hilfreich sein, über die Schwächen dieses Designs nachzudenken und sie den Features anderer gegenüberzustellen.

Nachdem Sie die Entwürfe für die Alternativen erst einmal ins Unreine geschrieben haben, erstellen Sie für jede eine Liste mit Vor- und Nachteilen. Die wichtigste Überlegung für eine Schnittstelle ist, wie einfach sie für Software auf höherer Ebene verwendet werden kann. Im obigen Beispiel werden sowohl die zeilenorientierte wie auch die zeichenorientierte Schnittstelle zusätzliche Arbeit in der Software erfordern, die die Textklasse verwendet. Bei der zeilenorientierten Schnittstelle muss die Software Zeilen aufteilen, wenn sie Operationen ausführt, die nur Teile einer Zeile oder aber mehrere Zeilen umfassen (wie zum Beispiel das Ausschneiden und Einfügen einer Auswahl). Bei der zeichenorientierten Schnittstelle sind Schleifen notwendig, um Operationen zu implementieren, die mehr als ein einzelnes Zeichen verändern. Es lohnt sich auch, andere Faktoren zu berücksichtigen:

- Hat eine Alternative eine einfachere Schnittstelle als eine andere? Im Textbeispiel sind alle Textschnittstellen recht einfach.
- Ist eine Schnittstelle vielseitiger einsetzbar als andere?
- Ermöglicht eine Schnittstelle eine effizientere Implementierung als andere? Im Textbeispiel ist der zeichenorientierte Ansatz vermutlich signifikant langsamer als der andere, weil für jedes Zeichen ein eigener Aufruf in das Textmodul abgesetzt werden muss.

Haben Sie alternative Designs verglichen, können Sie zuverlässiger das optimale Design ermitteln. Die beste Wahl mag eine der Alternativen sein, oder aber Sie stellen fest, dass Sie Features aus mehreren Alternativen in einem neuen Design zusammenführen können, das besser ist als alle ursprünglichen Varianten.

Manchmal ist keine der Alternativen besonders attraktiv – wenn das passiert, müssen Sie versuchen, weitere Varianten zu finden. Nutzen Sie die Probleme, die Sie bei den ursprünglichen Alternativen gefunden haben, um die Richtung für neue Designs vorzugeben. Würden Sie die Textklasse designen und nur die zeilen- und zeichenorientierten Vorgehensweisen berücksichtigt haben, hätten Sie vielleicht bemerkt, dass beide Varianten unpraktisch sind, weil die Software auf höherer Ebene zusätzliche Textmanipulationen vornehmen muss. Das ist ein Warnzeichen: Wenn es eine Textklasse geben wird, sollte nur sie sich um die Textmanipulation kümmern müssen. Um die zusätzlichen Textanpassungen zu beseitigen, muss die Textschnittstelle besser zu den Operationen passen, die auf einer höheren Ebene ablaufen. Diese Operationen korrespondieren nicht immer mit einzelnen Zeichen oder einzelnen Zeilen. Das sollte Sie zu einer bereichsorientierten API für den Text führen, die die Probleme mit den früheren Designs beseitigt.

Das Prinzip des zweifachen Designs kann auf vielen Ebenen in einem System angewendet werden. Bei einem Modul können Sie dieses Vorgehen zuerst nutzen, um wie oben beschrieben die Schnittstelle zu entwerfen. Dann können Sie es erneut anwenden, wenn Sie die Implementierung designen: Bei der Textklasse könnten Sie Implementierungen wie eine verkettete Liste mit Zeilen, Textblöcke fester Größe oder einen »Gap-Puffer« in Betracht ziehen. Die Ziele für die Implementierung werden sich von denen für die Schnittstelle unterscheiden: Bei der Implementierung sind Einfachheit und Performance am wichtigsten. Es ist auch auf einer höheren Ebene im System nützlich, mehrere Designs zu betrachten, wie zum Beispiel bei der Auswahl von Features für eine Benutzeroberfläche oder beim Zerlegen eines Systems in die Hauptmodule. Auf jeden Fall ist es einfacher, das beste Vorgehen zu erkennen, wenn Sie ein paar Alternativen vergleichen können.

Ein doppeltes Designen muss nicht sehr viel mehr Zeit erfordern. Bei einem kleineren Modul wie einer Klasse brauchen Sie vielleicht nicht mehr als ein oder zwei Stunden für Alternativen. Das ist wenig Zeit verglichen mit den Tagen oder Wochen, die Sie für das Implementieren der Klasse aufwenden werden. Die vorgeschalteten Designexperimente werden vermutlich zu einem deutlich besseren Design führen, was sich mehr als auszahlen wird. Bei größeren Modulen werden Sie mehr Zeit mit der initialen Erforschung des Designs verbringen, aber die Implementierung wird ebenfalls länger dauern, und die Vorteile eines besseren Designs werden auch größer sein.

Ich habe festgestellt, dass das Prinzip des doppelten Designens für wirklich kluge Köpfe manchmal schwer zu verstehen ist. Wenn sie erwachsen werden, merken begabte Menschen, dass ihre erste schnelle Idee zu jedem Problem für eine gute Bewertung ausreicht – sie müssen sich keine Gedanken über eine zweite oder dritte Option machen. Das führt aber eher zu schlechten Gewohnheiten beim Arbeiten. Und wenn diese Menschen dann älter werden, befördert man sie in Umgebungen mit immer schwierigeren Problemen. Irgendwann erreicht jeder Mensch einen Punkt, an dem die ersten Ideen nicht mehr gut genug sind. Wollen Sie wirklich großartige Ergebnisse erzielen, müssen Sie eine zweite Möglichkeit bedenken oder vielleicht sogar eine dritte – egal wie schlau Sie sind. Das Designen großer Softwaresysteme fällt in diese Kategorie: Niemand ist so gut, dass gleich der erste Versuch der richtige ist.

Leider habe ich schon oft kluge Menschen erlebt, die darauf bestehen, die erste Idee zu implementieren, die ihnen in den Kopf kommt. Das sorgt dafür, dass sie eine schlechtere Leistung erbringen, als sie könnten (und es frustriert, mit ihnen zu arbeiten). Vielleicht glauben sie unterbewusst, dass es »kluge Köpfe gleich beim ersten Mal richtig machen«, und würden sie mehrere Designs ausprobieren, hieße das, sie wären gar nicht so klug. Das ist aber nicht der Fall. Diese Vorgehensweise bedeutet nicht, dass Sie nicht schlau sind – sie zeigt nur, dass es sich um wirklich schwierige Probleme handelt! Zudem ist das Ganze eine gute Sache: Es macht viel mehr Spaß, an einem schwierigen Problem zu arbeiten und darüber sorgfältig nachzudenken statt an einem einfachen Problem, das das Nachdenken gar nicht lohnt.

Der Ansatz des doppelten Designens verbessert nicht nur Ihre Designs, er verbessert auch Ihre Designfähigkeiten. Durch das Ausarbeiten und Vergleichen mehrerer Alternativen lernen Sie die Faktoren kennen, die Ihre Designs besser oder schlechter machen. Mit der Zeit wird es Ihnen damit leichter fallen, schlechte Designs zu verwerfen und die wirklich guten noch besser zu machen.

KAPITEL 12

Warum Kommentare schreiben? – Die vier Ausreden

Im Softwaredesign spielt Dokumentation im Code eine entscheidende Rolle. Kommentare sind sehr wichtig, damit Entwicklerinnen und Entwickler ein System verstehen und effizient arbeiten können – aber die Rolle von Kommentaren geht noch darüber hinaus: Dokumentation ist bei der Abstraktion wichtig, ohne Kommentare können Sie keine Komplexität verbergen. **Außerdem wird der Prozess des Schreibens von Kommentaren – sofern korrekt umgesetzt – das Design eines Systems tatsächlich verbessern.** Umgekehrt verliert ein gutes Softwaredesign viel von seinem Wert, wenn es schlecht dokumentiert wurde.

Leider wird diese Sichtweise nicht von allen geteilt. Ein signifikanter Anteil produktiven Codes enthält mehr oder weniger gar keine Kommentare. Manche denken beim Entwickeln, dass Kommentare Zeitverschwendung sind – oder sie erkennen zwar deren Wert, schaffen es aber irgendwie nie, sie zu schreiben. Zum Glück wissen viele Entwicklungsteams um den Wert der Dokumentation, und es scheint, als würde der Anteil dieser Teams stetig wachsen. Aber selbst in Teams, die Dokumentation fördern, werden Kommentare meist als dröge Arbeit angesehen, und es wird sich nicht darum gekümmert, wie man sie schreibt. Daher ist eine solche Dokumentation oft nur Mittelmaß. Inadäquate Dokumentation sorgt für einen großen und unnötigen Widerstand bei der Softwareentwicklung.

In diesem Kapitel werde ich mich mit den Ausreden befassen, die Entwicklerinnen und Entwickler vorbringen, um keine Kommentare schreiben zu müssen, und die Gründe, weshalb Kommentare wirklich wichtig sind. In Kapitel 13 geht es dann darum, wie man gute Kommentare schreibt, und die darauffolgenden Kapitel drehen sich um verwandte Themen, wie zum Beispiel um die Wahl der Variablennamen oder den Einsatz von Dokumentation zum Verbessern eines Systemdesigns. Ich hoffe, diese Kapitel werden Sie von drei Dingen überzeugen: Gute Kommentare können für die Qualität von Software einen großen Unterschied bedeuten, es ist nicht schwer, gute Kommentare zu schreiben, und das Schreiben von Kommentaren kann tatsächlich Spaß machen (gut, das mag schwer zu glauben sein).

Wenn in der Entwicklung keine Kommentare geschrieben werden, wird dieses Verhalten meist mit einer der folgenden Ausreden erklärt:

- »Guter Code dokumentiert sich selbst.«
- »Ich habe keine Zeit, um Kommentare zu schreiben.«
- »Kommentare veralten und sind dann irreführend.«
- »Die Kommentare, die ich gesehen habe, sind alle nutzlos – warum sollte ich mich dann damit abmühen?«

In den folgenden Abschnitten werde ich mich mit jeder dieser Ausreden befassen.

Guter Code dokumentiert sich selbst

Viele glauben, dass gut geschriebener Code so offensichtlich ist, dass Kommentare nicht notwendig sind. Das ist ein schöner Mythos – wie das Gerücht, dass Eiscreme gut für Ihre Gesundheit ist: Wir würden es wirklich gern glauben! Leider stimmt es einfach nicht. Sicherlich gibt es Dinge, die Sie beim Schreiben von Code tun können, um die Notwendigkeit von Kommentaren zu reduzieren, wie zum Beispiel das Verwenden guter Variablennamen (siehe Kapitel 14). Aber trotzdem lässt sich ein signifikanter Teil der Designinformationen nicht im Code darstellen. So kann beispielsweise nur ein kleiner Teil der Schnittstelle einer Klasse – zum Beispiel die Signaturen ihrer Methoden – formal im Code spezifiziert werden. Die informellen Aspekte einer Schnittstelle, wie beispielsweise ein Überblick dessen, was jede Methode tut oder was ihr Ergebnis bedeutet, können nur in Kommentaren beschrieben werden. Es gibt viele andere Beispiele für Dinge, die nicht in Code zu beschreiben sind, wie der Grund für eine bestimmte Designentscheidung oder die Bedingungen, unter denen es sinnvoll ist, eine bestimmte Methode aufzurufen.

Es wird auch argumentiert, dass man doch nur den Code der Methode lesen müsste, wenn man wissen will, was sie tut – das wäre exakter als jeder Kommentar. Es ist möglich, dass man sich beim Lesen des Codes die abstrakte Schnittstelle der Methode erschließen kann, aber das wäre zeitaufwendig und anstrengend. Und wenn Sie Code mit der Erwartung schreiben, dass man die Implementierung der Methode liest, wenn man sie einsetzen möchte, werden Sie versuchen, jede Methode so kurz wie möglich zu halten, damit sie sich leicht lesen lässt. Tut die Methode etwas nicht Triviales, werden Sie sie in viele kleinere Methoden aufteilen. Das führt zu einer großen Zahl flacher Methoden. Zudem wird der Code so nicht leichter lesbar sein: Um das Verhalten der obersten Methode zu verstehen, muss man wahrscheinlich auch das Verhalten der verschachtelten Methoden verstehen. Bei großen Systemen ist es einfach nicht praktikabel, den Code zu lesen, um das Verhalten zu erlernen.

Außerdem sind Kommentare für Abstraktionen wichtig. Denken Sie daran, dass ich in Kapitel 4 geschrieben habe, das Ziel von Abstraktionen sei es, Komplexität zu verbergen: Eine Abstraktion ist eine vereinfachte Darstellung einer Entität, die wichtige Informationen beibehält, Details aber weglässt, die sich gut ignorieren lassen. **Wenn man den Code einer Methode lesen muss, um sie zu verwenden, gibt es keine Abstraktion** – die gesamte Komplexität der Methode ist sichtbar. Ohne Kommentare ist die einzige Abstraktion einer Methode ihre Deklaration, die ihren

Namen und die Namen und Typen ihrer Argumente und des Rückgabewerts festlegt. Der Deklaration fehlen zu viele essenzielle Informationen, um selbst eine nützliche Abstraktion zu sein. So kann beispielsweise eine Methode zum Extrahieren eines Substrings zwei Argumente `start` und `end` haben, die den Bereich der zu kopierenden Zeichen angeben. Allein aus der Deklaration ist es nicht möglich, sagen zu können, ob der kopierte Substring das durch `end` angegebene Zeichen enthält oder was passiert, wenn `start > end` ist. Kommentare ermöglichen uns, die zusätzlichen Informationen zu erfassen, die man beim Aufrufen der Methode benötigt, und damit die vereinfachte Sichtweise zu vervollständigen, während gleichzeitig die Implementierungsdetails verborgen werden. Es ist auch wichtig, dass Kommentare in einer für Menschen lesbaren Sprache wie Englisch geschrieben werden – dadurch sind sie zwar weniger exakt als Code, bieten aber mehr Ausdrucksmöglichkeiten, sodass wir einfache und intuitive Beschreibungen erstellen können. Wollen Sie Abstraktionen verwenden, um Komplexität zu verbergen, sind Kommentare sehr wichtig.

Ich habe keine Zeit, Kommentare zu schreiben

Es ist verlockend, Kommentare geringer zu priorisieren als andere Entwicklungsaufgaben. Wenn man die Wahl zwischen einem neuen Feature und dem Dokumentieren eines bestehenden Features hat, scheint es logisch zu sein, sich für das neue Feature zu entscheiden. Aber Softwareprojekte stehen so gut wie immer unter Zeitdruck, und es wird immer Dinge geben, die wichtiger zu sein scheinen als das Schreiben von Kommentaren. Wenn Sie es also zulassen, Dokumentation als weniger wichtig anzusehen, werden Sie schließlich gar keine Dokumentation haben.

Das Gegenargument zu dieser Ausrede ist die Investitionsmentalität, die im Abschnitt »Strategische Programmierung« auf Seite 28 vorgestellt wurde. Wollen Sie eine klare Softwarestruktur haben, mit der Sie langfristig effizient arbeiten können, müssen Sie zu Beginn etwas mehr Zeit investieren, um diese Struktur zu schaffen. Gute Kommentare machen bei der Wartbarkeit von Software einen großen Unterschied aus, daher wird sich der dafür investierte Aufwand schnell bezahlt machen. Zudem brauchen Sie nicht viel Zeit, um gute Kommentare zu schreiben. Fragen Sie sich selbst, wie viel Ihrer Zeit Sie beim Entwickeln für das Schreiben von Code aufwenden (im Gegensatz zum Designen, Kompilieren, Testen und so weiter), wenn Sie davon ausgehen, keine Kommentare zu schreiben – vermutlich werden es nicht mehr als 10% sein. Nun stellen Sie sich vor, Sie würden genauso viel Zeit zum Schreiben von Kommentaren wie zum Schreiben von Code aufwenden – das wäre mit Sicherheit eher die Obergrenze. Gemäß diesen Annahmen wird das Schreiben guter Kommentare Ihre Entwicklungszeit um nicht mehr als 10% verlängern. Die Vorteile einer guten Dokumentation werden diese Kosten sehr schnell überwiegen.

Zudem sind viele der wichtigsten Kommentare solche, die mit Abstraktionen zusammenhängen, wie zum Beispiel eine Top-Level-Dokumentation für Klassen und

Methoden. In Kapitel 15 werde ich dafür plädieren, dass diese Kommentare als Teil des Designprozesses geschrieben werden sollten und dass das Schreiben der Dokumentation ein wichtiges Designwerkzeug ist, das das Gesamtdesign verbessert. Diese Kommentare zahlen sich sofort aus.

Kommentare veralten und sind dann irreführend

Kommentare können manchmal veralten, aber das muss in der Praxis kein großes Problem sein. Es ist kein riesiger Aufwand, die Dokumentation aktuell zu halten. Große Änderungen an der Dokumentation sind nur dann erforderlich, wenn es auch große Änderungen am Code gab, und die Codeänderungen werden mehr Zeit benötigen als Änderungen der Dokumentation. In Kapitel 16 geht es darum, wie man die Dokumentation so organisiert, dass sie nach Anpassungen am Code so einfach wie möglich aktuell gehalten werden kann (die zentralen Ideen sind, Dopplungen zu vermeiden und die Dokumentation nahe am entsprechenden Code zu halten). Code Reviews bieten einen großartigen Mechanismus, um veraltete Kommentare zu finden und anzupassen.

Die Kommentare, die ich gesehen habe, sind alle nutzlos

Von den vier Ausreden ist diese vermutlich die beliebteste mit dem größten Einfluss. Jeder in der Softwareentwicklung hat schon Kommentare gesehen, die keinerlei nützliche Informationen enthalten haben, und ein Großteil der bestehenden Dokumentation ist höchstens mittelmäßig. Zum Glück lässt sich das lösen – es ist nicht schwer, eine solide Dokumentation zu schreiben, wenn man einmal weiß, wie es geht. In den nächsten Kapiteln wird ein Grundgerüst für das Schreiben einer guten Dokumentation und deren zukünftige Pflege aufgebaut.

Die Vorteile gut geschriebener Kommentare

Nachdem ich nun die Argumente besprochen (und hoffentlich jene entlarvt) habe, die gegen das Schreiben von Kommentaren vorgebracht werden, wollen wir uns die Vorteile anschauen, die Sie aus guten Kommentaren ziehen können. **Die große Idee hinter Kommentaren ist, Informationen zu erfassen, die man beim Schreiben im Kopf hatte, die sich aber nicht im Code widerspiegeln konnten.** Diese Informationen reichen von Details auf unterer Ebene, wie zum Beispiel einer Hardwarebesonderheit, die ein besonders kniffliges Stückchen Code erfordert, bis zu High-Level-Konzepten wie zum Beispiel den Gründen für eine Klasse. Wollen später andere am Code Modifikationen vornehmen, werden die Kommentare ihnen erlauben, schneller und akkurater arbeiten zu können. Ohne Dokumentation muss bei zukünftiger Entwicklung das ursprüngliche Wissen neu abgeleitet oder geschätzt werden – das kostet zusätzliche Zeit und birgt die Gefahr von Fehlern, wenn man die Intentionen der ersten Entwicklung falsch versteht. Kommentare sind auch dann wertvoll, wenn man selbst Änderungen an seinem eigenen Code vornimmt – sind seit der letzten Beschäftigung damit mehr als ein paar Wochen vergangen, haben Sie vermutlich viele der Details des ursprünglichen Designs vergessen.

In Kapitel 2 wurden drei Wege vorgestellt, über die sich Komplexität in Softwaresystemen manifestiert:

- **Ausweiten von Änderungen:** Eine eigentlich einfache Änderung erfordert Codemodifikationen an vielen Stellen.
- **Kognitive Last:** Um eine Änderung vornehmen zu können, muss man beim Entwickeln viele Informationen zusammenführen.
- **Unbekannte Unbekannte (Unknown Unknowns):** Es ist unklar, welcher Code geändert werden muss oder welche Informationen zu berücksichtigen sind, um diese Modifikationen vornehmen zu können.

Gute Dokumentation hilft bei den letzten beiden Punkten. Dokumentation kann die kognitive Belastung reduzieren, indem sie Entwicklerinnen und Entwicklern die Informationen zur Verfügung stellt, die sie benötigen, um Änderungen durchzuführen, und indem sie es ihnen leicht macht, irrelevante Informationen zu ignorieren. Ohne adäquate Dokumentation muss man eventuell viel Code lesen, um rekonstruieren zu können, was sich diejenigen dachten, die das erste Design erstellt haben. Dokumentation kann auch die unbekannten Unbekannten minimieren, indem die Struktur des Systems klarer wird, sodass man deutlicher erkennt, welche Informationen und welcher Code für eine Änderung von Bedeutung sind.

In Kapitel 2 wurde beschrieben, dass die Hauptursachen für Komplexität Abhängigkeiten und Unklarheit sind. Gute Dokumentation kann Abhängigkeiten herausstellen und Lücken füllen, sodass Unklarheiten beseitigt werden.

In den nächsten Kapiteln werden Sie erfahren, wie Sie gute Dokumentation schreiben können. Außerdem wird es darum gehen, wie Sie das Schreiben einer Dokumentation in den Designprozess integrieren, sodass es das Design Ihrer Software verbessert.

Eine andere Meinung: Kommentare sind Fehler

In seinem Buch *Clean Code* sieht Robert Martin Kommentare negativer:

> »... Kommentare sind im besten Fall ein notwendiges Übel. Wären unsere Programmiersprachen ausdrucksstark genug oder hätten wir das Talent, diese Sprachen subtil so steuern zu können, dass sie unsere Absichten ausdrücken würden, bräuchten wir nicht viele Kommentare – vielleicht sogar gar keine.
>
> Kommentare sind ein Ersatz für unsere Unfähigkeit, uns in Code auszudrücken ... Kommentare sind immer Fehler. Wir brauchen sie, weil wir uns nicht immer vorstellen können, wie wir uns ohne sie ausdrücken können, aber ihr Einsatz ist kein Grund zum Feiern.«

Ich stimme zu, dass ein gutes Softwaredesign die Notwendigkeit von Kommentaren reduzieren kann (insbesondere die in Methodenrümpfen). Aber Kommentare sind keine Fehler. Die Informationen, die sie bereitstellen, unterscheiden sich deutlich von denen, die der Code bietet, und sie lassen sich heutzutage nicht in Code umsetzen. Code und Kommentare sind für das, was sie repräsentieren, jeweils gut geeignet, und beide haben wichtige Vorteile – selbst wenn sich die Informationen aus den Kommentaren irgendwie im Code wiederfinden lassen sollten, ist unklar, ob das eine Verbesserung wäre.

Einer der Zwecke von Kommentaren besteht darin, es unnötig zu machen, dass man den Code liest: Statt beispielsweise den gesamten Rumpf einer Methode zu lesen, kann man beim Entwickeln einen kurzen Schnittstellenkommentar lesen, um all die Informationen zu erhalten, die notwendig sind, um die Methode aufzurufen. Martin geht den entgegengesetzten Weg: Er schlägt vor, Kommentare durch Code zu ersetzen. Statt einen Kommentar zu schreiben, der erklärt, was in einem Codeblock in einer Methode geschieht, schlägt Martin vor, diesen Block in eine eigene Methode (ohne Kommentare) auszulagern und den Namen der Methode als Ersatz für den Kommentar zu verwenden. Das führt zu langen Namen wie `isLeastRelevantMultipleOfNextLargerPrimeFactor`. Auch mit all diesen Wörtern sind solche Namen eher kryptisch und bieten weniger Informationen als gut geschriebene Kommentare. Letztendlich werden Entwicklerinnen und Entwickler mit diesem Ansatz die Dokumentation für eine Methode jedes Mal neu tippen, wenn sie sie aufrufen!

Ich fürchte, dass Martins Philosophie beim Programmieren ein schlechtes Verhalten unterstützen wird, indem Kommentare vermieden werden, um keine »Fehler« zu machen. Das könnte sogar dazu führen, dass gute Designer oder Designerinnen falsche Kritik abbekommen: »Was ist an deinem Code falsch, dass er Kommentare benötigt?«

Gut geschriebene Kommentare sind keine Fehler. Sie verbessern den Wert des Codes und spielen eine wichtige Rolle beim Definieren von Abstraktionen und dem Managen der Komplexität des Systems.

KAPITEL 13

Kommentare sollten Dinge beschreiben, die im Code nicht offensichtlich sind

Der Grund für das Schreiben von Kommentaren ist, dass Anweisungen in einer Programmiersprache nicht alle wichtigen Informationen erfassen können, die man beim Entwickeln im Kopf hatte. Kommentare nehmen diese Informationen auf, sodass andere, die sich später mit dem Code befassen, diesen leichter verstehen und anpassen können. **Das leitende Prinzip ist dabei, dass Kommentare Dinge beschreiben sollten, die im Code nicht offensichtlich sind.**

Es gibt viele Aspekte, auf die das zutrifft. Manchmal sind es Details auf unterster Ebene, die nicht offensichtlich sind. Wenn zum Beispiel ein Bereich über ein Paar Indizes beschrieben wird, ist nicht direkt klar, ob sich die durch die Indizes beschriebenen Elemente innerhalb oder außerhalb des Bereichs befinden. Manchmal ist nicht klar, warum Code erforderlich ist oder warum er auf eine bestimmte Art und Weise implementiert wurde. Manchmal gibt es Regeln, denen man beim Entwickeln gefolgt ist, wie zum Beispiel: »Rufe immer `a` vor `b` auf.« Vielleicht können Sie eine Regel vermuten, wenn Sie sich den ganzen Code anschauen, aber das ist aufwendig und fehleranfällig – ein Kommentar kann die Regel explizit und deutlich machen.

Einer der wichtigsten Gründe für Kommentare sind Abstraktionen, die viele Informationen enthalten, die nicht offensichtlich aus dem Code ablesbar sind. Die Idee einer Abstraktion ist, einen einfachen Weg zu bieten, um über etwas nachzudenken, aber Code ist so detailliert, dass es schwer sein kann, die Abstraktion rein aus dem Code auslesen zu können. Kommentare können eine einfachere Sichtweise auf höherer Ebene liefern (»nach dem Aufruf dieser Methode wird der Netzwerkverkehr auf `maxBandwidth` Bytes pro Sekunde begrenzt«). Selbst wenn diese Information durch das Lesen des Codes erschlossen werden kann, wollen wir Entwicklerinnen und Entwickler, die das Modul benutzen, nicht dazu zwingen: Das Lesen von Code ist zeitaufwendig und erfordert, dass sie viele Informationen berücksichtigen, die für den Einsatz des Moduls gar nicht notwendig sind. **Beim Entwickeln sollte man die von einem Modul angebotenen Abstraktionen verstehen können, ohne Code lesen zu müssen, der über die extern sichtbaren Deklarationen hinausgeht.** Das funktioniert nur, indem man die Deklarationen durch Kommentare ergänzt.

In diesem Kapitel geht es darum, welche Informationen in Kommentaren beschrieben werden müssen und wie man gute Kommentare schreibt. Wie Sie sehen werden, erklären gute Kommentare meist Zusammenhänge in einer anderen Detailtiefe als der Code – manchmal detaillierter, manchmal weniger detailliert (also abstrakter).

Konventionen

Der erste Schritt beim Schreiben von Kommentaren ist die Entscheidung über die Konventionen beim Kommentieren, etwa wozu Sie Kommentare abgeben und welches Format Sie dazu nutzen werden. Programmieren Sie in einer Sprache, für die es ein Tool zum Kompilieren von Dokumentation gibt – wie zum Beispiel Javadoc für Java, Doxygen für C++ oder godoc für Go! –, halten Sie sich an die Konventionen dieser Tools. Keine davon ist perfekt, aber die Tools bieten so viele Vorteile, dass es das wert ist. Programmieren Sie in einer Umgebung, in der es keine bestehenden Konventionen gibt, denen man folgen sollte, versuchen Sie, die Konventionen aus einer anderen, ähnlichen Sprache oder einem anderen passenden Projekt zu übernehmen – das macht es anderen in der Entwicklung leichter, Ihre Konventionen zu verstehen und sie zu übernehmen.

Konventionen erfüllen zwei Zwecke. Erstens stellen sie Konsistenz sicher, wodurch sich Kommentare leichter lesen und verstehen lassen. Zweitens helfen sie dabei, sicherzustellen, dass Sie tatsächlich Kommentare schreiben. Haben Sie keine klare Vorstellung davon, was und wie Sie kommentieren sollen, ist es leicht, dann doch keine Kommentare zu schreiben.

Die meisten Kommentare fallen in eine der folgenden Kategorien:

- **Schnittstelle:** Ein Kommentarblock, der direkt vor der Deklaration eines Moduls (wie einer Klasse, einer Datenstruktur, einer Funktion oder einer Methode) steht. Der Kommentar beschreibt die Schnittstelle des Moduls. Bei einer Klasse beschreibt der Kommentar die gesamte Abstraktion, die von der Klasse bereitgestellt wird. Bei einer Methode oder Funktion erklärt der Kommentar ihr Verhalten, ihre Argumente und den Rückgabewert (sofern vorhanden), Nebeneffekte oder Exceptions, die eventuell geworfen werden, und andere Anforderungen, die beim Aufrufen erfüllt werden müssen, bevor auf die Methode zugegriffen werden kann.
- **Datenstruktur-Member:** Ein Kommentar neben der Deklaration eines Felds in einer Datenstruktur, wie zum Beispiel einer Instanzvariablen oder einer statischen Variablen für eine Klasse.
- **Implementierungskommentar:** Ein Kommentar im Code einer Methode oder Funktion, der beschreibt, wie der Code intern funktioniert.
- **Modulübergreifender Kommentar:** Ein Kommentar, der die Abhängigkeiten beschreibt, die Modulgrenzen überschreiten.

Die wichtigsten Kommentare sind die aus den ersten beiden Kategorien. Jede Klasse sollte einen Schnittstellenkommentar besitzen, jede Klassenvariable sollte kommentiert sein, und jede Methode sollte einen Schnittstellenkommentar haben. Gelegentlich ist die Deklaration für eine Variable oder Methode so offensichtlich, dass man in einem Kommentar nichts Sinnvolles unterbringen könnte (Getter und Setter fallen manchmal in diese Kategorie), aber das ist selten – es ist leichter, alles zu kommentieren, als sich jedes Mal zu überlegen, ob ein Kommentar erforderlich ist oder nicht. Implementierungskommentare sind oft unnötig (siehe Abschnitt »Implementierungskommentare: was und warum, nicht wie« auf Seite 129). Modulübergreifende Kommentare sind die seltensten von allen und schwierig zu schreiben, aber wenn sie notwendig sind, sind sie auch ziemlich wichtig – im Abschnitt »Modulübergreifende Designentscheidungen« auf Seite 131 gehe ich darauf detaillierter ein.

Wiederholen Sie nicht den Code

Leider sind viele Kommentare nicht sehr hilfreich. Der häufigste Grund dafür ist, dass die Kommentare den Code wiederholen: Alle Informationen aus dem Kommentar können leicht aus dem darauffolgenden Code erschlossen werden. Hier ein Beispiel, das kürzlich in einem Forschungsartikel zu finden war:

```
ptr_copy = get_copy(obj)          # Kopie von Zeiger holen
if is_unlocked(ptr_copy):         # Ist Objekt frei?
  return obj                      # aktuelles Objekt zurückgeben
if is_copy(ptr_copy):             # Ist es schon Kopie?
  return obj                      # Objekt zurückgeben
thread_id = get_thread_id(ptr_copy)
if thread_id == ctx.thread_id:  # von aktuellem Kontext gelockt
  return ptr_copy                 # Kopie zurückgeben
```

In keinem dieser Kommentare finden Sie nützliche Informationen – außer in »von aktuellem Kontext gelockt«, in dem etwas über den Thread steht, was so nicht offensichtlich dem Code zu entnehmen ist. Beachten Sie, dass diese Kommentare ungefähr den gleichen Detaillierungsgrad wie der Code haben: Es gibt einen Kommentar pro Codezeile, der diese Zeile beschreibt. Solche Kommentare sind nur selten nützlich.

Hier weitere Beispiele für Kommentare, die den Code wiederholen:

```
// Horizontalen Scrollbalken hinzufügen
hScrollBar = new JScrollBar(JScrollBar.HORIZONTAL);
add(hScrollBar, BorderLayout.SOUTH);

// Vertikalen Scrollbalken hinzufügen
vScrollBar = new JScrollBar(JScrollBar.VERTICAL);
add(vScrollBar, BorderLayout.EAST);

// Werte für Caret-Position initialisieren
caretX    = 0;
caretY    = 0;
caretMemX = null;
```

Keiner dieser Kommentare hat zusätzliche Informationen geliefert. Bei den ersten beiden ist der Code schon so klar, dass Kommentare nicht erforderlich sind, im dritten Fall mag ein Kommentar nützlich sein, aber der aktuelle liefert nicht genug Details, um weiterzuhelfen.

Nachdem Sie einen Kommentar geschrieben haben, stellen Sie sich selbst die folgende Frage: Könnte eine Person, die den Code noch nie gesehen hat, den Kommentar nur durch das Betrachten des Codes schreiben? Lautet die Antwort Ja – wie in den Beispielen oben –, sorgt der Kommentar nicht dafür, dass der Code verständlicher wird. Solche Kommentare sind der Grund dafür, dass es die verbreitete Meinung gibt, sie seien unnötig.

Warnzeichen: Kommentare wiederholen Code

Wenn die Informationen in einem Kommentar schon ganz klar aus dem zugehörigen Code herauszulesen sind, ist der Kommentar nicht hilfreich. Ein Beispiel dafür ist der Einsatz der gleichen Wörter im Kommentar, die schon in der zu beschreibenden Entität vorkommen.

Ein weiterer häufiger Fehler ist, im Kommentar die gleichen Wörter zu benutzen, die auch im Namen der zu dokumentierenden Entität vorkommen:

```
/*
 * Normalisierten Ressourcennamen aus REQ holen.
 */
private static String[] getNormalizedResourceNames(
        HTTPRequest req) ...

/*
 * PARAMETER nach TYPE downcasten.
 */
private static Object downCastParameter(String parameter,
        String type) ...

/*
 * Horizontales Padding jeder Zeile im Text.
 */
private static final int textHorizontalPadding = 4;
```

Diese Kommentare nehmen einfach die Begriffe aus dem Methoden- oder Variablennamen, fügen vielleicht ein paar Wörter aus Argumentnamen und Typen hinzu und formen sie zu einem Satz. So ist beispielsweise das einzige Wort im zweiten Kommentar, das sich nicht im Code findet, das Wort »nach«! Auch hier könnten die Kommentare schon geschrieben werden, indem man sich einfach die Deklarationen anschaut, ohne die Methoden oder Variablen zu verstehen – solche Kommentare haben keinen Wert.

Gleichzeitig fehlen wichtige Informationen in den Kommentaren: Was ist beispielsweise ein »normalisierter Ressourcenname«, und woraus bestehen die Elemente des Arrays, die von `getNormalizedResourceNames` zurückgeliefert werden?

Was bedeutet »downcasten«? In welcher Einheit funktioniert das Padding, und geschieht es an einem Ende jeder Zeile oder an beiden? Das wären die hilfreichen Informationen, die man in den Kommentaren beschreiben könnte.

Ein erster Schritt hin zum Schreiben guter Kommentare ist der **Einsatz von Wörtern im Kommentar, die sich von denen im Namen der beschriebenen Entität unterscheiden.** Wählen Sie Begriffe, die zusätzliche Informationen über die Bedeutung der Entität liefern, statt nur ihren Namen zu wiederholen. Dies ist beispielsweise ein besserer Kommentar für `textHorizontalPadding`:

```
/*
 * Die Menge an Leerraum, der am Anfang und Ende
 * jeder Textzeile in Pixeln belassen wird.
 */
private static final int textHorizontalPadding = 4;
```

Dieser Kommentar bietet zusätzliche Informationen, die nicht offensichtlich aus der Deklaration hervorgehen, wie zum Beispiel die Einheiten (Pixel) und die Tatsache, dass das Padding an beiden Enden jeder Zeile angewendet wird. Statt den Begriff »Padding« zu verwenden, erklärt der Kommentar, was Padding ist, falls man noch nicht damit vertraut ist.

Kommentare auf niedrigerer Ebene sorgen für Präzision

Nachdem Sie nun wissen, was nicht gut ist, wollen wir uns darüber unterhalten, was Sie in Kommentare schreiben sollten. **Kommentare ergänzen den Code um Informationen auf einer anderen Detailebene.** Manche Kommentare liefern Informationen auf einer niedrigeren, detaillierteren Ebene als der Code. Diese sorgen für zusätzliche *Präzision*, indem die genaue Bedeutung des Codes erklärt wird. Andere Kommentare sorgen für Informationen auf einer höheren, abstrakteren Ebene als der Code – diese Kommentare bieten *Intuition*, wie zum Beispiel die Gründe hinter dem Code oder einen einfacheren und abstrakteren Weg, über den Code nachzudenken. Kommentare auf der gleichen Ebene wie der Code werden ihn vermutlich nur wiederholen. Dieser Abschnitt geht auf den ersten Ansatz mit der niedrigeren Ebene ein, der nächste dreht sich dann um die höhere Ebene.

Präzision ist am nützlichsten beim Kommentieren von Variablendeklarationen wie bei Instanzvariablen in Klassen, Argumenten von Methoden und Rückgabewerten. Name und Typ einer Variablendeklaration sind im Allgemeinen nicht sehr präzise. Kommentare können hier die fehlenden Details liefern, wie zum Beispiel:

- Welche Einheit hat die Variable?
- Sind die Grenzen inklusive oder exklusive?
- Was bedeutet ein Null-Wert, falls er zulässig ist?

- Wenn sich eine Variable auf eine Ressource bezieht, die irgendwann freigegeben oder geschlossen werden muss – wer ist dafür zuständig?
- Gibt es bestimmte Eigenschaften, die für die Variable immer gelten (Invarianten), wie zum Beispiel: »Diese Liste enthält immer mindestens einen Eintrag.«?

Manche dieser Informationen kann man sich möglicherweise erschließen, indem man sich den ganzen Code anschaut, in dem die Variable verwendet wird. Aber das ist zeitaufwendig und fehleranfällig – der Kommentar zur Deklaration sollte klar und vollständig genug sein, um das unnötig zu machen. Wenn ich sage, dass der Kommentar zu einer Deklaration Dinge beschreiben sollte, die nicht offensichtlich im Code stehen, meine ich mit dem »Code« den, der beim Kommentar steht (die Deklaration), nicht »den ganzen Code der Anwendung«.

Das am häufigsten zu beobachtende Problem bei Kommentaren zu Variablen ist, dass sie zu vage sind. Hier zwei Beispiele mit Kommentaren, die nicht präzise genug sind:

```
// Aktueller Offset im Response-Buffer
   uint32_t offset;

// Enthält alle Zeilenlängen im Dokument und
// die Anzahl ihres Auftretens.
private TreeMap<Integer, Integer> lineWidths;
```

Im ersten Beispiel ist nicht klar, was »aktuell« meint. Das zweite Beispiel macht nicht deutlich, dass die Schlüssel in der `TreeMap` die Zeilenlängen und die Werte ihre Häufigkeit sind. Und werden die Längen in Pixeln oder in Zeichen gemessen? Die überarbeiteten Kommentare liefern mehr Details:

```
// Position im Buffer für das erste Objekt, das
// nicht zum Client zurückgegeben wurde.
uint32_t offset;

// Enthält Statistiken über Zeilenlängen in der Form
// <Länge, Anzahl>, wobei die Länge die Anzahl der
// Zeichen in einer Zeile (einschließlich Newline)
// und die Anzahl die Menge an Zeilen mit genau so viel
// Zeichen ist. Gibt es keine Zeilen mit einer
// bestimmten Länge, gibt es auch keinen Eintrag dazu.
private TreeMap<Integer, Integer> numLinesWithLength;
```

Die zweite Deklaration nutzt einen längeren Namen, der mehr Informationen übermittelt. Zudem wird »width« zu »length« geändert, weil bei diesem Begriff eher davon ausgegangen wird, dass die Einheiten Zeichen und nicht Pixel sind. Beachten Sie, dass der zweite Kommentar nicht nur die Details jedes Eintrags dokumentiert, sondern auch beschreibt, was es bedeutet, wenn ein Eintrag fehlt.

Denken Sie beim Dokumentieren einer Variablen in *Nomen*, nicht in *Verben*. Mit anderen Worten: Fokussieren Sie sich darauf, was die Variable repräsentiert, und nicht, wie sie verarbeitet wird. Schauen Sie sich den folgenden Kommentar an:

```
/* FOLLOWER-VARIABLE: Indikatorvariable, die es den
 * Receiver- und PeriodicTasks-Threads erlaubt,
 * darüber zu kommunizieren, ob ein Heartbeat innerhalb
 * des Election-Timeout-Fensters des Followers
 * empfangen wurde.
 * Wird auf TRUE gesetzt, wenn ein gültiger Heartbeat
 * empfangen wird.
 * Wird auf FALSE gesetzt, wenn das Election-Timeout-
 * Fenster zurückgesetzt wird. */
private boolean receivedValidHeartbeat;
```

Diese Dokumentation beschreibt, wie die Variable von verschiedenen Codeabschnitten in der Klasse verändert wird. Der Kommentar wäre kürzer und nützlicher, wenn er beschriebe, was die Variable repräsentiert, statt die Codestruktur widerzugeben:

```
/* True heißt, dass ein Heartbeat empfangen wurde, seit
 * der Election-Timer das letzte Mal zurückgesetzt
 * wurde. Wird für die Kommunikation zwischen den
 * Receiver- und PeriodicTasks-Threads verwendet. */
private boolean receivedValidHeartbeat;
```

Mit dieser Dokumentation kann man sich leicht erschließen, dass die Variable auf `true` gesetzt werden muss, wenn ein Heartbeat empfangen wird, und auf `false`, wenn der Election-Timer zurückgesetzt wird.

Kommentare auf höherer Ebene verbessern die Intuition

Die zweite Möglichkeit, um Code durch Kommentare zu bereichern, ist ein intuitives Verständnis zu fördern. Diese Kommentare werden auf einer höheren Detailebene als der Code geschrieben. Sie lassen Details weg und helfen beim Lesen dabei, Intention und Struktur des Codes zu verstehen. Dieser Ansatz wird meist für Kommentare innerhalb von Methoden und für Schnittstellen verwendet. Schauen Sie sich beispielsweise den folgenden Code an:

```
// Gibt es einen LOADING readRpc, der die gleiche
// Session wie der PKHash nutzt, auf den assignPos
// zeigt, und ist der letzte PKHash in diesem
// readRPC kleiner als der aktuell zuweisende
// PKHash, tragen wir den zuweisenden PKHash in
// diesen readRPC ein.
int readActiveRpcId = RPC_ID_NOT_ASSIGNED;
for (int i = 0; i < NUM_READ_RPC; i++) {
    if (session == readRpc[i].session
            && readRpc[i].status == LOADING
            && readRpc[i].maxPos < assignPos
            && readRpc[i].numHashes < MAX_PKHASHES_PERRPC) {
        readActiveRpcId = i;
        break;
    }
}
```

Der Kommentar ist auf zu tiefem Niveau und zu detailliert. Einerseits wiederholt er teilweise den Code: »Gibt es einen LOADING readRPC« wiederholt nur den Test `readRpc[i].status == LOADING`. Andererseits erklärt der Kommentar nicht den eigentlichen Zweck dieses Codes oder wie er in die Methode passt, in der er sich befindet. So hilft der Kommentar nicht, den Code beim Lesen zu verstehen.

Hier eine bessere Variante:

```
// Versucht, den aktuellen Key Hash an einen
// bestehenden RPC zum gewünschten Server zu
// hängen, der noch nicht verschickt wurde.
```

Dieser Kommentar enthält keinerlei Details, stattdessen beschreibt er die Funktion des Codes auf einer höheren Ebene. Mit diesen Informationen kann man beim Lesen so gut wie alles erklären, was im Code geschieht: Die Schleife muss über alle bestehenden *Remote Procedure Calls* (RPCs) iterieren, der `session`-Test wird vermutlich genutzt, um herauszufinden, ob ein bestimmter RPC für den richtigen Server gedacht ist, der `LOADING`-Test deutet an, dass RPCs verschiedene Status haben können und dass es in manchen Status nicht gut ist, weitere Hashes hinzuzufügen, und der `MAX_PKHASHES_PERRPC`-Test zeigt, dass es eine Obergrenze dafür gibt, wie viele Hashes in einem einzelnen RPC geschickt werden können. Das Einzige, das mit diesem Kommentar nicht erklärt wird, ist der `maxPos`-Test. Des Weiteren bietet der neue Kommentar eine Grundlage dafür, dass man beim Lesen den Code bewerten kann: Tut er alles Notwendige, um den Key Hash an einen bestehenden RPC anzuhängen? Der ursprüngliche Kommentar hat die Intention des Codes nicht beschrieben, daher ist es schwieriger, zu entscheiden, ob sich der Code korrekt verhält.

Kommentare auf höherer Ebene sind schwieriger zu schreiben als solche auf niedrigerer Ebene, weil Sie anders über den Code nachdenken müssen. Fragen Sie sich: Was will der Code tun? Wie einfach können Sie erklären, was alles im Code geschieht? Was ist das Wichtigste, das man über den Code wissen sollte?

Beim Entwickeln tendiert man dazu, sehr detailorientiert zu arbeiten. Wir lieben Details und sind gut darin, viele Details zu managen – das ist grundlegend dafür, gut entwickeln zu können. Aber großartige Softwaredesigner und -designerinnen können auch einen Schritt zurücktreten und über ein System auf höherer Ebene nachdenken. Es geht darum, zu entscheiden, welche Aspekte des Systems am wichtigsten sind, die Details auf niedriger Ebene zu ignorieren und über das System auf Basis seiner grundlegendsten Charakteristiken nachzudenken. Das ist die Essenz der Abstraktion (einen einfachen Weg zu finden, über eine komplexe Entität nachzudenken), und das müssen Sie auch tun, wenn Sie Kommentare auf höherer Ebene schreiben. Ein guter Kommentar dieser Art drückt eine oder einige wenige Ideen aus, die einen konzeptionellen Rahmen bereitstellen, wie zum Beispiel »an einen bestehenden RPC anhängen«. Mit diesem Rahmen wird es einfach, zu sehen, wie bestimmte Codeanweisungen mit dem Gesamtziel in Verbindung stehen.

Hier ein weiteres Codebeispiel mit einem guten Kommentar auf höherer Ebene:

```
if (numProcessedPKHashes < readRpc[i].numHashes) {
    // Einige Key Hashes konnten in diesem Request
    // nicht ermittelt werden (entweder weil sie nicht
    // auf dem Server liegen, der Server abgestürzt ist
    // oder es nicht genug Platz in der Response-
    // Nachricht gab). Markiere die nicht verarbeiteten
    // Hashes, sodass sie neuen RPCs neu zugewiesen
    // werden.
    for (size_t p = removePos; p < insertPos; p++) {
        if (activeRpcId[p] == i) {
            if (numProcessedPKHashes > 0) {
                numProcessedPKHashes--;
            } else {
                if (p < assignPos)
                   assignPos = p;
                activeRpcId[p] = RPC_ID_NOT_ASSIGNED;
            }
        }
    }
}
```

Dieser Kommentar erledigt zwei Dinge. Der zweite Satz ist eine abstrakte Beschreibung dessen, *was* der Code tut. Der erste Satz ist anders: Er erklärt (in High-Level-Begriffen), *warum* der Code ausgeführt wird. Kommentare der Form »Warum wir hier sind« sind sehr nützlich, um den Code zu verstehen. Beim Dokumentieren einer Methode kann es beispielsweise helfen, die Bedingungen zu beschreiben, unter denen die Methode sehr wahrscheinlich aufgerufen wird (insbesondere wenn sie nur in ungewöhnlichen Situationen gebraucht wird).

Schnittstellendokumentation

Eine der wichtigsten Aufgaben von Kommentaren ist das Definieren von Abstraktionen. In Kapitel 4 haben wir darüber gesprochen, dass eine Abstraktion eine vereinfachte Sicht auf eine Entität ist, die wichtige Informationen beibehält, aber Details übergeht, die problemlos ignoriert werden können. Code ist nicht gut zum Beschreiben von Abstraktionen geeignet – seine Ebene ist zu niedrig, und er enthält Implementierungsdetails, die in der Abstraktion nicht sichtbar sein sollten. Daher kann man eine Abstraktion nur durch Kommentare beschreiben. **Wollen Sie Code haben, der gute Abstraktionen präsentiert, müssen Sie diese Abstraktionen mit Kommentaren dokumentieren.**

Der erste Schritt beim Dokumentieren von Abstraktionen ist, *Schnittstellenkommentare* von *Implementierungskommentaren* zu trennen. Schnittstellenkommentare liefern Informationen, die man wissen muss, um eine Klasse oder Methode verwenden zu können – sie definieren die Abstraktion. Implementierungskommentare beschreiben, wie eine Klasse oder Methode intern arbeitet, um die Abstraktion zu implementieren. Es ist wichtig, diese beiden Arten von Kommentaren getrennt zu halten, sodass man beim Einsatz einer Schnittstelle nichts mit Implementierungsdetails zu tun hat. Zudem ist es besser, dass diese beiden Formen unterschiedlich sind. **Müssen Schnittstellenkommentare auch die Implementierung beschreiben, dann ist die Klasse oder Methode flach.** Beim Schreiben von Kommentaren kann man also Anhaltspunkte für die Qualität eines Designs bekommen – Kapitel 15 wird auf diese Idee zurückkommen.

Der Schnittstellenkommentar für eine Klasse liefert eine Beschreibung der durch die Klasse angebotenen Abstraktion auf einer hohen Ebene, wie zum Beispiel:

```
/**
 * Diese Klasse implementiert eine einfache
 * serverseitige Schnittstelle für das HTTP-Protokoll:
 * Mit dieser Klasse kann eine Anwendung HTTP-Requests
 * empfangen, sie verarbeiten und Responses
 * zurückschicken. Jede Instanz dieser Klasse
 * korrespondiert mit einem bestimmten Socket, der
 * zum Empfangen von Requests genutzt wird. Die
 * aktuelle Implementierung ist single-threaded und
 * verarbeitet immer nur einen Request gleichzeitig.
 */
public class Http {...}
```

Dieser Kommentar beschreibt die Möglichkeiten der Klasse ohne Implementierungsdetails oder die Besonderheiten bestimmter Methoden. Zudem beschreibt er, was jede Instanz der Klasse repräsentiert. Schließlich geht er noch auf die Grenzen der Klasse ein (es wird kein konkurrierender Zugriff aus mehreren Threads unterstützt), was wichtig sein kann, wenn man sich beim Entwickeln überlegt, ob man das einsetzen möchte.

Der Schnittstellenkommentar für eine Methode enthält sowohl Informationen zur Abstraktion auf höherer Ebene als auch Details zum Präzisieren auf niedrigerer Ebene:

- Der Kommentar beginnt normalerweise mit ein oder zwei Sätzen, die das Verhalten der Methode so beschreiben, wie man es beim Aufrufen wahrnimmt – das ist die Abstraktion auf höherer Ebene.
- Er muss jedes Argument und den Rückgabewert (sofern vorhanden) beschreiben. Diese Kommentare müssen sehr genau sein und jede Abhängigkeit von den Werten der Argumente und zwischen Argumenten aufführen.
- Hat die Methode Nebenwirkungen, müssen diese im Schnittstellenkommentar beschrieben werden. Eine Nebenwirkung ist jede Folge der Methode, die das zukünftige Verhalten des Systems betrifft, aber nicht Teil des Ergebnisses ist. Fügt die Methode beispielsweise einen Wert in eine interne Datenstruktur ein, der dann von zukünftigen Methodenaufrufen ausgelesen werden kann, ist das eine Nebenwirkung – ein Schreiben in das Dateisystem ist ebenfalls eine Nebenwirkung.
- Der Schnittstellenkommentar einer Methode muss jede Exception beschreiben, die durch die Methode geworfen werden kann.

- Gibt es Vorbedingungen, die erfüllt werden müssen, bevor man eine Methode aufrufen kann, müssen diese beschrieben werden (vielleicht ist erst eine andere Methode aufzurufen; bei einer Methode zum binären Suchen muss die zu durchsuchende Liste sortiert sein). Es ist eine gute Idee, möglichst wenige Vorbedingungen zu haben, aber sie müssen auf jeden Fall dokumentiert sein.

Dies ist der Schnittstellenkommentar für eine Methode, die Daten aus einem `Buffer`-Objekt kopiert:

```
/**
 * Kopiert einen Bytebereich aus einem Buffer an eine
 * externe Position.
 *
 * \param offset
 *      Index im Buffer auf das erste zu kopierende
 *      Byte.
 * \param length
 *      Anzahl der zu kopierenden Bytes.
 * \param dest
 *      Ziel der Kopieraktion: Muss Platz für
 *      mindestens length Bytes haben.
 *
 * \return
 *      Der Rückgabewert ist die Anzahl der tatsächlich
 *      kopierten Bytes, die kleiner als length sein
 *      kann, wenn der angeforderte Bytebereich über
 *      das Ende des Buffer hinausgeht. Es wird 0
 *      zurückgegeben, wenn es keine Überlappung
 *      zwischen dem angeforderten Bereich und dem
 *      vorhandenen Buffer gibt.
 */
uint32_t
Buffer::copy(uint32_t offset, uint32_t length, void* dest)
...
```

Die Syntax dieses Kommentars (zum Beispiel `\return`) entspricht den Konventionen von Doxygen, einem Programm, das Kommentare aus C/C++-Code extrahiert und sie in Webseiten umwandelt. Ziel dieses Kommentars ist, alle Informationen bereitzustellen, die man beim Entwickeln benötigt, um die Methode aufrufen zu können, einschließlich des Umgangs mit Spezialfällen (beachten Sie, wie diese Methode dem Ratschlag aus Kapitel 10 folgt und Fehler wegdefiniert, die mit Bereichsüberschreitungen zu tun haben). Man sollte nun den Body der Methode nicht mehr anschauen müssen, um sie aufrufen zu können, und der Schnittstellenkommentar enthält auch keine Informationen darüber, wie die Methode implementiert ist – zum Beispiel wie sie ihre internen Datenstrukturen scannt, um die gewünschten Daten zu finden.

Schauen wir uns als ein ausführlicheres Beispiel eine Klasse namens `IndexLookup` an, die Teil eines verteilten Storage-Systems ist. Dieses System besitzt eine Reihe von Tabellen, die jeweils viele Objekte enthalten. Zudem kann jede Tabelle einen oder mehrere Indizes haben – jeder Index sorgt über ein passendes Feld in der Tabelle für einen effizienten Zugriff auf Objekte. So kann beispielsweise ein Index genutzt werden, um Objekte abhängig von ihrem Feld name zu finden, ein anderer hilft bei der Suche über age. Mit diesen Indizes können Anwendungen schnell alle Objekte mit einem bestimmten Namen oder alle mit einem Alter in einem bestimmten Bereich auslesen.

Die Klasse IndexLookup bietet nun eine praktische Schnittstelle für das Durchführen von indexierten Suchen. Hier ein Beispiel für den Einsatz in einer Anwendung:

```
query = new IndexLookup(table, index, key1, key2);
while (true) {
    object = query.getNext();
    if (object == NULL) {
        break;
    }
    [... Objekt verarbeiten ...]
}
```

Die Anwendung erstellt zuerst ein Objekt vom Typ IndexLookup und übergibt dabei Argumente zum Auswählen einer Tabelle, eines Index und eines Bereichs im Index (basiert der Index beispielsweise auf einem Feld age, könnten key1 und key2 als 21 und 65 spezifiziert werden, um alle Objekte mit einem Alter zwischen diesen beiden Werten auszuwählen). Dann ruft die Anwendung wiederholt die Methode getNext auf. Bei jedem Aufruf wird ein Objekt aus dem gewünschten Bereich zurückgegeben – wurden alle passenden Objekte geliefert, gibt getNext NULL zurück. Weil das Storage-System verteilt ist, ist die Implementierung dieser Klasse ziemlich komplex. Die Objekte in einer Tabelle können auf mehrere Server verteilt sein, und jeder Index kann ebenfalls auf verschiedenen Servern liegen – der Code in der Klasse IndexLookup muss daher zuerst mit allen relevanten Indexservern kommunizieren, um Informationen über die Objekte im Bereich zu erhalten. Dann muss er mit den Servern kommunizieren, die die Objekte tatsächlich speichern, um ihre Werte auszulesen.

Überlegen wir uns nun, welche Informationen in den Schnittstellenkommentar zu dieser Klasse aufgenommen werden sollten. Fragen Sie sich bei jedem der folgenden Informationselemente, ob man diese Information beim Entwickeln braucht, um die Klasse verwenden zu können (meine Antworten darauf finden Sie am Ende des Kapitels):

1. Das Format der Nachrichten, die die IndexLookup-Klasse an die Server mit den Indizes und Objekten schickt.
2. Die Vergleichsfunktion, mit der ermittelt wird, ob ein bestimmtes Objekt in den gewünschten Bereich fällt (geschieht der Vergleich über Ganzzahlen, Gleitkommazahlen oder Strings?).
3. Die Datenstruktur, die zum Speichern der Indizes auf den Servern zum Einsatz kommt.
4. Ob IndexLookup parallel mehrere Requests an die verschiedenen Server schickt.
5. Der Mechanismus zum Umgang mit Serverabstürzen.

Dies ist die ursprüngliche Version des Schnittstellenkommentars für die Klasse `IndexLookup` – der Codeausschnitt enthält auch ein paar Zeilen aus der Klassendefinition, auf die sich der Kommentar bezieht:

```
/*
 * Diese Klasse implementiert das clientseitige
 * Framework für Indexrange-Lookups. Sie verwaltet
 * einen einzelnen LookupIndexKeys-RPC und mehrere
 * IndexedRead-RPCs. Der Client nimmt nur
 * "IndexLookup.h" in seinen Header auf, um die Klasse
 * IndexLookup verwenden zu können. In der folgenden
 * Konfiguration kann eine Reihe von Parametern
 * gesetzt werden:
 * - die Anzahl der parallelen IndexedRead-RPCs
 * - die maximale Anzahl von PKHashes, die ein
 *   IndexedRead-RPC gleichzeitig enthalten kann
 * - die Größe der aktiven PKHashes
 *
 * Um IndexLookup zu nutzen, erstellt der Client ein
 * Objekt dieser Klasse und übergibt alle notwendigen
 * Informationen. Danach kann der Client die Funktion
 * getNext() aufrufen, um zum nächsten verfügbaren
 * Objekt zu wechseln. Liefert getNext() NULL zurück,
 * haben wir das letzte Objekt erreicht. Der Client
 * kann getKey, getKeyLength, getValue und
 * getValueLength verwenden, um Daten über das aktuelle
 * Objekt zu erhalten.
 */
class IndexLookup {
    ...
  private:
    /// Maximale Zahl paralleler IndexedRead-RPCs
    static const uint8_t NUM_READ_RPC = 10;
    /// Maximale Zahl an PKHashes, die in einem
    /// IndexedRead-RPC geschickt werden können
    static const uint32_t MAX_PKHASHES_PERRPC = 256;
    /// Maximale Zahl an PKHashes, die activeHashes
    /// gleichzeitig enthalten kann
    static const size_t MAX_NUM_PK = (1 << LG_BUFFER_SIZE);
}
```

Bevor Sie weiterlesen, versuchen Sie einmal, die Probleme bei diesem Kommentar zu erkennen. Das sind die, die ich gefunden habe:

- Ein Großteil des ersten Absatzes betrifft die Implementierung, nicht die Schnittstelle. So muss man beim Anwenden beispielsweise nicht die Namen der Remote Procedure Calls wissen, über die mit den Servern kommuniziert wird. Die Konfigurationsparameter, auf die in der zweiten Hälfte des ersten Absatzes eingegangen wird, sind allesamt private Variablen, die nur relevant sind, wenn man mit der Wartung der Klasse betraut ist, aber nicht, wenn man sie lediglich anwendet. Alle diese Implementierungsinformationen sollten in diesem Kommentar weggelassen werden.

- Der Kommentar enthält zudem eine Reihe von offensichtlichen Informationen. So muss man nicht extra darauf hinweisen, dass `IndexLookup.h` einzubinden ist: Jeder, der C++-Code schreibt, wird davon ausgehen, dass das notwendig ist. Zudem besagt der Text »und übergibt alle notwendigen Informationen« gar nichts, daher kann er weggelassen werden.

Warnzeichen: Implementierungsdokumentation kontaminiert Schnittstelle

Dieses Warnzeichen tritt dann auf, wenn eine Schnittstellendokumentation (zum Beispiel für eine Methode) Implementierungsdetails beschreibt, die nicht erforderlich sind, um das dokumentierte Element zu verwenden.

Ein kürzerer Kommentar reicht für diese Klasse aus (und ist vorzuziehen):

```
/*
 * Diese Klasse wird von Clientanwendungen genutzt,
 * um Range-Queries mithilfe von Indizes auszuführen.
 * Jede Instanz repräsentiert eine einzelne
 * Range-Query.
 *
 * Um eine Range-Query zu erstellen, erzeugt ein Client
 * eine Instanz dieser Klasse. Er kann dann getNext()
 * aufrufen, um die Objekte im gewünschten Bereich zu
 * erhalten. Für jedes von getNext() zurückgegebene
 * Objekt kann danach getKey(), getKeyLength(),
 * getValue() und getValueLength() aufgerufen werden,
 * um Informationen über dieses Objekt zu erhalten.
 */
```

Der letzte Absatz dieses Kommentars ist streng genommen nicht erforderlich, da er vor allem Informationen aus den Kommentaren für die einzelnen Methoden wiederholt. Aber es kann hilfreich sein, Beispiele in die Klassendokumentation mit aufzunehmen, die zeigen, wie ihre Methoden zusammenarbeiten – insbesondere für tiefe Klassen mit Anwendungsmustern, die nicht offensichtlich sind. Beachten Sie, dass der neue Kommentar nicht den möglichen Rückgabewert `NULL` für `getNext` erwähnt. Er ist nicht dazu gedacht, jedes Detail jeder Methode aufzuführen – er bietet nur Informationen auf höherer Ebene, um dabei zu helfen, das Zusammenarbeiten und den richtigen Zeitpunkt des Aufrufs der Methoden zu verstehen. Für Details kann man sich die Schnittstellenkommentare der einzelnen Methoden anschauen. Dieser Kommentar sagt auch nichts über Serverabstürze – das liegt daran, dass diese für Anwender dieser Klasse unsichtbar sind (das System stellt sich automatisch wieder her).

Schauen Sie sich nun den folgenden Code an, der die erste Version der Dokumentation für die Methode `isReady` in `IndexLookup` zeigt:

```
/**
 * Prüfe, ob das nächste Objekt RESULT_READY ist. Diese
 * Funktion ist in einem DCFT-Modul implementiert,
 * jeder Aufruf von isReady() versucht, einen kleinen
 * Fortschritt zu machen, und getNext() ruft isReady()
```

```
 * in einer while-Schleife auf, bis isReady() true
 * zurückgibt.
 *
 * isReady() ist mit einem regelbasierten Ansatz
 * implementiert. Wir testen verschiedene Regeln, indem
 * wir uns an eine bestimmte Reihenfolge halten, und
 * führen bestimmte Aktionen aus, wenn Regeln erfüllt
 * sind.
 *
 * \return
 *      true bedeutet, dass das nächste Objekt
 *      verfügbar ist. Ansonsten wird false
 *      zurückgegeben.
 */
bool IndexLookup::isReady() { ... }
```

Wieder betrifft ein Großteil der Dokumentation, wie zum Beispiel der Verweis auf DCFT und der gesamte zweite Absatz, die Implementierung, daher gehört er hier nicht hin – das ist einer der am häufigsten vorkommenden Fehler in Schnittstellenkommentaren. Ein Teil der Implementierungsdokumentation ist nützlich, sollte aber in die Methode wandern, wo sie klar von der Schnittstellendokumentation getrennt ist. Zudem ist der erste Satz der Dokumentation kryptisch (was bedeutet `RESULT_READY?`), und einige wichtige Informationen fehlen. Schließlich ist es nicht notwendig, die Implementierung von `getNext` hier zu beschreiben. So sähe eine bessere Version des Kommentars aus:

```
/*
 * Gibt an, ob ein indexunterstütztes Lesen weit genug
 * gekommen ist, um ohne Blocken zurückzuspringen.
 * Zudem erledigt diese Methode einen Großteil der
 * Arbeit zum indexunterstützten Lesen, daher muss sie
 * aufgerufen werden (entweder direkt oder indirekt
 * über getNext), damit das Lesen vorangeht.
 *
 * \return
 *      True bedeutet, dass der nächste Aufruf von
 *      getNext nicht blockieren wird (mindestens ein
 *      Objekt kann zurückgegeben werden, oder das Ende
 *      der Liste wurde erreicht); false bedeutet, dass
 *      getNext eventuell blockiert.
```

Diese Version des Kommentars liefert präzisere Informationen darüber, was »ready« bedeutet, und macht klar, dass diese Methode irgendwann aufgerufen werden muss, damit das indexunterstützte Lesen vorankommt.

Implementierungskommentare: was und warum, nicht wie

Implementierungskommentare sind die Kommentare, die innerhalb von Methoden auftauchen, damit die Leserinnen und Leser verstehen, wie die Methode intern arbeitet. Die meisten Methoden sind so kurz und einfach, dass sie gar keine Imple mentierungskommentare brauchen – mit dem Code und den Schnittstellenkommentaren ist es einfach, sich auszumalen, wie eine Methode funktioniert.

Das Hauptziel von Implementierungskommentaren ist es, zu verstehen, *was* der Code tut (und nicht, wie er es tut). Nachdem man einmal weiß, was der Code zu tun versucht, ist es meist einfach, zu verstehen, wie der Code funktioniert. Bei kurzen Methoden macht der Code meist nur eine Sache, die schon im Schnittstellenkommentar beschrieben ist, daher sind dann keine Implementierungskommentare erforderlich. Längere Methoden haben eine Reihe von Codeblöcken, die im Rahmen der Gesamtaufgabe der Methode unterschiedliche Aufgaben erfüllen. Fügen Sie vor jedem größeren Block einen Kommentar hinzu, um eine (abstraktere) Beschreibung der Aufgabe des Blocks auf höherer Ebene zu liefern. Hier ein Beispiel:

```
// Phase 1: Aktive RPCs scannen, um zu sehen, ob einer
// abgeschlossen wurde.
```

Solche Kommentare helfen beim Lesen dabei, im Code den Überblick zu behalten und die Teile zu finden, die gerade wichtig sind. Bei Schleifen hilft es, einen Kommentar vor die Schleife zu setzen, der beschreibt, was in jeder Iteration geschieht:

```
// Jede Iteration der folgenden Schleife extrahiert
// einen Request aus der Request-Message, inkrementiert das
// korrespondierende Objekt und fügt eine Response an
// die Response-Message an.
```

Beachten Sie, wie dieser Kommentar die Schleife auf einer eher abstrakten und intuitiven Ebene beschreibt – er geht nicht in die Details dazu, wie ein Request aus der Request-Message geholt oder das Objekt hochgezählt wird. Schleifenkommentare sind nur für längere oder komplexe Schleifen notwendig, bei denen nicht unbedingt offensichtlich ist, was die Schleife tut – viele Schleifen sind so kurz und einfach, dass ihr Verhalten bereits offensichtlich ist.

Neben der Beschreibung, *was* der Code tut, sind Implementierungskommentare auch hilfreich, um zu erklären, *warum* etwas geschieht. Gibt es knifflige Aspekte im Code, die beim Lesen nicht offensichtlich sind, sollten Sie sie dokumentieren. Ist zum Beispiel bei einem Bugfix zusätzlicher Code erforderlich, dessen Zweck nicht ganz klar ist, fügen Sie einen Kommentar hinzu, der beschreibt, warum der Code gebraucht wird. Bei Bugfixes, zu denen es einen gut geschriebenen Bug-Report gibt, der das Problem beschreibt, kann sich der Kommentar auf den Eintrag im Bug-Tracking-System beziehen, statt all seine Details zu wiederholen (»Behebt RAM-436, der mit Gerätetreiberabstürzen in Linux 2.4.x zu tun hat«). Beim Entwickeln kann man in die Bug-Datenbank schauen, wenn man mehr dazu erfahren will (das ist ein Beispiel für das Vermeiden von Wiederholungen in Kommentaren, auf das wir in Kapitel 16 eingehen).

Bei längeren Methoden kann es nützlich sein, Kommentare für ein paar der wichtigsten lokalen Variablen zu schreiben. Allerdings benötigen die meisten lokalen Variablen keine Dokumentation, wenn sie aussagekräftige Namen tragen. Wird eine Variable nur in einigen wenigen zusammenhängenden Codezeilen eingesetzt, kann man ihren Zweck meist auch schon ohne einen Kommentar verstehen. In diesem Fall ist es in Ordnung, dass man sich den Code anschauen muss, um die Bedeutung einer Variablen zu verstehen. Wird sie aber in einem größeren Bereich eingesetzt, sollten Sie über einen Kommentar zum Beschreiben der Variablen nachdenken. Fokussieren Sie sich dann darauf, *was* die Variable repräsentiert, und nicht, *wie* sie im Code verändert wird.

Modulübergreifende Designentscheidungen

In einer perfekten Welt würde jede wichtige Designentscheidung innerhalb einer einzelnen Klasse gekapselt werden. Leider landet man bei real eingesetzten Systemen ganz unvermeidlich bei Designentscheidungen, die mehrere Klassen betreffen. So beeinflusst beispielsweise das Design eines Netzwerkprotokolls sowohl Sender wie auch Empfänger, die an unterschiedlichen Stellen implementiert sein können. Modulübergreifende Entscheidungen sind oft komplex und subtil, und sie sind für viele Fehler verantwortlich, daher ist eine gute Dokumentation hier entscheidend.

Die größte Herausforderung bei modulübergreifender Dokumentation ist, einen Ort für sie zu finden, wo sie von den Entwicklerinnen und Entwicklern von allein gefunden werden kann. Manchmal gibt es eine naheliegende zentrale Stelle dafür. So definiert beispielsweise das RAMCloud-Storage-System einen `Status`-Wert, der von jedem Request zurückgegeben wird, um auf Erfolg oder Misserfolg hinzuweisen. Muss man einen `Status` für eine neue Fehlersituation hinzufügen, erfordert das Änderungen an vielen verschiedenen Dateien (eine Datei bildet `Status`-Werte auf Exceptions ab, eine andere liefert eine für Menschen lesbare Beschreibung für jeden `Status` und so weiter). Zum Glück gibt es einen naheliegenden Ort, den man aufsucht, wenn man einen neuen Wert hinzufügt – die Deklaration der `Status`-Enum. Wir nutzen das zu unserem Vorteil und führen hier alle anderen Stellen auf, die ebenfalls angepasst werden müssten:

```
typedef enum Status {
    STATUS_OK                          = 0,
    STATUS_UNKNOWN_TABLET              = 1,
    STATUS_WRONG_VERSION               = 2,
    ...
    STATUS_INDEX_DOESNT_EXIST          = 29,
    STATUS_INVALID_PARAMETER           = 30,
    STATUS_MAX_VALUE                   = 30,

    // Hinweis: Wird ein neuer Status-Wert hinzugefügt,
    // müssen noch folgende Änderungen vorgenommen
    // werden:
    // (1) STATUS_MAX_VALUE anpassen, sodass er dem
    //     größten definierten Status-Wert entspricht,
    //     und sicherstellen, dass seine Definition an
    //     letzter Stelle in der Liste steht.
    //     STATUS_MAX_VALUE wird vor allem zum Testen
    //     eingesetzt.
    // (2) Neue Einträge in den Tabellen "messages" und
```

```
    //      "symbols" in Status.cc einfügen.
    // (3) Eine neue Exception-Klasse in
    //      ClientException.h einfügen.
    // (4) Einen neuen "case" in
    //      ClientException::throwException einfügen, um
    //      vom Status-Wert auf eine statusspezifische
    //      Subklasse von ClientException zu verweisen.
    // (5) In den Java-Bindings eine statische Klasse
    //      für die Exception in ClientException.java
    //      hinzufügen.
    // (6) Einen case für den Status der Exception zum
    //      Werfen der Exception in ClientException.java
    //      eintragen.
    // (7) Die Exception zum Status-Enum in Status.java
    //      einfügen und sicherstellen, dass sich der
    //      Status an der richtigen Stelle befindet, die
    //      mit seinem Code übereinstimmt.
}
```

Neue Status-Werte werden an das Ende der bestehenden Liste angehängt, daher stehen auch die Kommentare dort, wo sie vermutlich am ehesten gesehen werden.

Leider gibt es in vielen Fällen keinen offensichtlichen zentralen Ort für modulübergreifende Dokumentation. Ein Beispiel aus dem RAMCloud-Storage-System war der Code für den Umgang mit Zombie-Servern, bei denen das System davon ausging, dass sie abgestürzt wären, während sie in Wirklichkeit weiterliefen. Zum Neutralisieren von Zombie-Servern war Code in vielen verschiedenen Modulen erforderlich, und diese Codebestandteile hingen voneinander ab. Keines der einzelnen Codeelemente war ein offensichtlicher zentraler Ort für die Dokumentation. Eine Möglichkeit ist, Teile der Dokumentation an jeder Stelle zu wiederholen, an der sie sinnvoll ist. Aber das ist unschön, und es ist schwierig, diese Art Dokumentation aktuell zu halten, wenn sich das System weiterentwickelt. Alternativ kann die Dokumentation an einer der relevanten Stellen abgelegt werden, aber dann ist es unwahrscheinlich, dass man sie beim Entwickeln sieht oder weiß, wo man nach ihr suchen sollte.

Ich habe zuletzt mit einem Ansatz experimentiert, bei dem modulübergreifende Themen in einer zentralen Datei namens *designNotes* dokumentiert wurden. Die Datei ist in gut betitelte Abschnitte unterteilt, die jeweils ein wichtiges Thema behandeln. Hier ein beispielhafter Ausschnitt aus der Datei:

```
...
Zombies
-------
Ein Zombie ist ein Server, der vom Rest des Clusters
als tot angesehen wird - alle Daten, die auf dem Server
liegen, wurden wiederhergestellt und werden von anderen
Servern betreut. Aber wenn ein Zombie gar nicht
wirklich tot ist (etwa weil er nur eine Zeit lang
von den anderen Servern getrennt war), können zwei Arten
von Inkonsistenzen entstehen:
* Ein Zombie-Server darf keine Lese-Requests bedienen,
```

```
  nachdem die Ersatzserver übernommen haben, denn
  ansonsten kann er veraltete Daten zurückgeben, die
  nicht die Schreibvorgänge widerspiegeln, die von
  den Ersatzservern angenommen wurden.
* Der Zombie-Server darf keine Schreib-Requests
  annehmen, nachdem Ersatzserver damit begonnen haben,
  sein Log während des Wiederherstellens abzuspielen -
  wenn er das tut, können Schreibvorgänge verloren gehen
  (die neuen Werte werden eventuell nicht auf den
  Ersatzservern abgelegt und bei Lesevorgängen nicht
  zurückgegeben).

RAMCLoud nutzt zwei Techniken, um Zombies zu
neutralisieren. Erstens ...
```

Dann gibt es bei jedem Code, der mit einem dieser Probleme zu tun hat, einen kurzen Kommentar mit Bezug auf die *designNotes*-Datei:

```
// Siehe "Zombies" in designNotes.
```

Mit diesem Ansatz gibt es nur eine Version der Dokumentation, die beim Entwickeln recht leicht gefunden werden kann. Allerdings hat er den Nachteil, dass sich die Dokumentation nicht in der Nähe eines der Codeelemente befindet, die davon abhängen. Daher kann es schwierig sein, sie aktuell zu halten, wenn sich das System weiterentwickelt.

Zusammenfassung

Ziel von Kommentaren ist es, sicherzustellen, dass die Struktur und das Verhalten des Systems beim Lesen offensichtlich sind, sodass man schnell die notwendige Information findet, damit man Änderungen am System vornehmen kann und dabei sicher ist, dass sie auch funktionieren. Manche dieser Informationen können im Code so repräsentiert sein, dass sie schon offensichtlich sind, aber es gibt signifikante Mengen an Informationen, die sich nicht leicht aus dem Code herauslesen lassen. Kommentare füllen diese Lücke aus.

Folgt man der Regel, dass Kommentare Dinge beschreiben sollten, die nicht offensichtlich aus dem Code hervorgehen, ist »offensichtlich« aus der Perspektive von Personen zu sehen, die Ihren Code das erste Mal lesen (und nicht aus Ihrer eigenen). Versuchen Sie, sich beim Schreiben von Kommentaren in den Kopf der Leserinnen und Leser hineinzuversetzen, und fragen Sie sich, was sie vornehmlich wissen werden müssen. Wird Ihr Code einer Review unterzogen und werden Sie darauf hingewiesen, dass etwas nicht offensichtlich ist, diskutieren Sie nicht – denkt jemand, es ist nicht offensichtlich, ist es das auch nicht. Versuchen Sie, zu verstehen, was als verwirrend empfunden wurde, und probieren Sie, es klarer zu machen – entweder durch bessere Kommentare oder durch besseren Code.

Antworten auf die Fragen aus dem Abschnitt »Schnittstellendokumentation« auf Seite 123

Muss man beim Entwickeln jeweils die folgenden Informationen kennen, um die Klasse `IndexLookup` verwenden zu können?

1. *Das Format der Nachrichten, die die `IndexLookup`-Klasse an die Server mit den Indizes und Objekten schickt.* Nein: Das ist ein Implementierungsdetail, das innerhalb der Klasse verborgen werden sollte.
2. *Die Vergleichsfunktion, mit der ermittelt wird, ob ein bestimmtes Objekt in den gewünschten Bereich fällt (geschieht der Vergleich über Ganzzahlen, Gleitkommazahlen oder Strings?).* Ja: Beim Anwenden der Klasse muss man das wissen.
3. *Die Datenstruktur, die zum Speichern der Indizes auf den Servern zum Einsatz kommt.* Nein: Diese Information sollte auf den Servern gekapselt sein – nicht einmal die Implementierung von `IndexLookup` sollte das wissen müssen.
4. *Ob `IndexLookup` parallel mehrere Requests an die verschiedenen Server schickt.* Möglicherweise: Nutzt `IndexLookup` spezielle Techniken, um die Performance zu verbessern, sollte die Dokumentation ein paar Informationen auf höherer Ebene bieten, da sich manche Anwenderinnen und Anwender um Performance kümmern müssen.
5. *Der Mechanismus zum Umgang mit Serverabstürzen.* Nein: RAMCloud sorgt automatisch nach einem Serverabsturz für eine Wiederherstellung, daher sind Abstürze für die Anwendungssoftware nicht sichtbar, und es gibt keine Notwendigkeit, in der Schnittstellendokumentation für `IndexLookup` auf Crashes einzugehen. Würden Abstürze für Anwendungen bemerkbar sein, müsste die Schnittstellendokumentation beschreiben, wie das geschieht (sollte aber nicht darauf eingehen, wie das Wiederherstellen funktioniert).

KAPITEL 14

Namen auswählen

Geeignete Namen für Variablen, Methoden und andere Entitäten auszuwählen, ist einer der am meisten unterschätzten Aspekte beim Softwaredesign. Gute Namen sind eine Form der Dokumentation: Sie sorgen dafür, dass sich der Code leichter verstehen lässt. Sie reduzieren den Bedarf an anderer Dokumentation und erleichtern es, Fehler zu finden. Umgekehrt sorgen schlecht gewählte Namen dafür, dass die Komplexität des Codes steigt, Unklarheiten entstehen und Missverständnisse geschehen, die zu Fehlern führen können. Die Namenswahl ist ein Beispiel für das Prinzip, dass Komplexität inkrementell ist. Die Wahl eines mittelprächtigen statt des bestmöglichen Namens für eine bestimmte Variable wird vermutlich keine große Auswirkung auf die Gesamtkomplexität eines Systems haben. Aber Softwaresysteme besitzen Tausende von Variablen – die Wahl guter Namen für all diese Variablen wird einen signifikanten Einfluss auf Komplexität und Wartbarkeit haben.

Beispiel: Schlechte Namen führen zu Fehlern

Manchmal kann selbst eine einzelne schlecht benannte Variable zu ernsthaften Komplikationen führen. Der schwierigste Fehler, den ich je behoben habe, entwickelte sich aus einer schlechten Namenswahl. In den späten 1980ern und frühen 1990ern erstellten meine Graduierten und ich ein verteiltes Betriebssystem namens Sprite. Irgendwann stellten wir fest, dass Dateien gelegentlich Daten verloren: Einer der Datenblöcke enthielt plötzlich nur noch Nullen, auch wenn die Datei nicht angefasst wurde. Das Problem tauchte nicht sehr oft auf, daher war es besonders schwer nachzuverfolgen. Ein paar der Graduierten versuchten, den Fehler zu finden, kamen aber nicht voran und gaben schließlich auf. Aber ich betrachte jeden ungelösten Fehler als persönlichen Affront und ging die Sache an.

Es dauerte sechs Monate, aber schließlich fand ich den Fehler und behob ihn auch. Das Problem war tatsächlich ziemlich einfach (wie die meisten Fehler, sobald Sie die Ursache gefunden haben). Der Code für das Dateisystem nutzte den Variablennamen `block` für zwei verschiedene Zwecke. In manchen Situationen bezog sich `block` auf eine physische Blocknummer auf der Festplatte, in anderen auf eine logische Blocknummer innerhalb einer Datei. Leider gab es eine Stelle im Code, an der eine `block`-Variable eine logische Blocknummer enthielt, aber unabsichtlich in einem Kontext zum Einsatz kam, in dem eine physische Blocknummer erforderlich war – als Ergebnis wurde ein davon unabhängiger Block auf der Festplatte mit Nullen überschrieben.

Beim Verfolgen des Fehlers lasen viele Menschen – ich eingeschlossen – den fehlerhaften Code, erkannten aber nie das Problem. Sahen wir die Variable `block` im Einsatz als physische Blocknummer, gingen wir automatisch davon aus, dass sie auch eine physische Blocknummer enthielt. Es erforderte sehr viel Analyse, die schließlich zeigte, dass das Problem in einer bestimmten Anweisung geschehen *musste*, bevor ich meinen durch den Namen verursachten mentalen Block auflösen konnte und prüfte, woher der Wert eigentlich kam. Wenn für die unterschiedlichen Arten von Blöcken auch unterschiedliche Variablennamen genutzt worden wären, zum Beispiel `fileBlock` und `diskBlock`, wäre der Fehler vermutlich gar nicht geschehen – beim Programmieren hätte man gewusst, dass `fileBlock` in dieser Situation nicht hätte genutzt werden dürfen. Noch besser wäre es, unterschiedliche Typen für die beiden verschiedenen Arten von Blöcken zu definieren, sodass sie gar nicht verwechselt werden können.

Leider wird beim Entwickeln häufig nicht viel Zeit für das Nachdenken über Namen aufgewendet. Man tendiert dazu, den ersten Namen zu nutzen, der einem in den Sinn kommt, solange er das zu benennende Ding halbwegs sinnvoll beschreibt. So ist beispielsweise `block` ein ziemlich guter Name sowohl für einen physischen Block auf der Festplatte wie auch für einen logischen Block innerhalb einer Datei – mit Sicherheit ist er nicht völlig falsch gewählt. Trotzdem führte genau das zu sehr viel Aufwand beim Finden dieses subtilen Bugs. Daher sollten Sie sich nicht mit Namen zufriedengeben, die »ziemlich gut« sind. Nehmen Sie sich etwas mehr Zeit und wählen Sie großartige Namen, die präzise, eindeutig und intuitiv sind. Die zusätzliche Sorgfalt wird sich schnell auszahlen, und mit der Zeit werden Sie lernen, schneller auf gute Namen zu kommen.

Ein Bild schaffen

Bei der Wahl eines Namens geht es darum, beim Lesen im Kopf ein Bild von der Natur der benannten Sache entstehen zu lassen. Ein guter Name übermittelt viele Informationen darüber, was die zugrunde liegende Entität ist und – genauso wichtig – was sie nicht ist. Wenn Sie sich einen Namen überlegen, stellen Sie sich die Frage: »Wenn eine Person diesen Namen ohne seine Deklaration, seine Dokumentation oder den Code, der ihn verwendet, liest – wie gut wird sie einschätzen können, worauf sich der Name bezieht? Gibt es einen anderen Namen, der ein besseres Bild zeichnet?« Natürlich gibt es eine Grenze dafür, wie viele Informationen Sie in einen einzelnen Namen stecken können – Namen werden unhandlich, wenn sie aus mehr als zwei oder drei Wörtern bestehen. Daher liegt die Herausforderung darin, mit nur wenigen Wörtern die wichtigsten Aspekte der Entität einzufangen.

Namen sind eine Form der Abstraktion: Sie bieten eine vereinfachte Möglichkeit, über eine komplexere zugrunde liegende Entität nachzudenken. Wie andere Arten der Abstraktion sind die besten Namen die, die die Aufmerksamkeit darauf konzentrieren, was an der Entität am wichtigsten ist, und gleichzeitig Details weglassen, die weniger wichtig sind.

Namen sollten präzise sein

Gute Namen haben zwei Eigenschaften: Präzision und Konsistenz. Beginnen wir mit der Präzision. Das häufigste Problem bei Namen besteht darin, dass sie zu generisch oder vage sind. Dadurch ist es beim Lesen schwierig, zu erkennen, worauf sie sich beziehen – man kann annehmen, dass sich der Name auf etwas anderes bezieht, als er es in Wirklichkeit tut, wie es bei dem `block`-Fehler weiter oben geschehen ist. Schauen Sie sich die folgende Methodendeklaration an:

```
/**
 * Gibt die Gesamtzahl an Indexlets zurück, die dieses
 * Objekt verwaltet.
 */
int IndexletManager::getCount() {...}
```

Der Begriff »Count« ist zu generisch: Was wird gezählt? Wenn man einen Aufruf dieser Methode sieht, weiß man vermutlich nicht, was er tut, bis man in die Dokumentation geschaut hat. Ein präziserer Name wie `numIndexlets` wäre besser geeignet: So wird man beim Lesen vermutlich eher einschätzen können, was die Methode zurückgibt, ohne in die Dokumentation schauen zu müssen.

Warnzeichen: Unklare Namen

Ist der Name einer Variablen oder Methode so allgemein, dass er sich auf viele verschiedene Dinge beziehen kann, liefert er Entwicklerinnen und Entwicklern nicht sehr viele Informationen, und die zugrunde liegende Entität wird eher falsch eingesetzt.

Hier ein paar weitere Beispiele von Namen, die nicht präzise genug sind und die ich aus verschiedenen studentischen Projekten übernommen habe:

- Ein Projekt zum Erstellen eines GUI-Texteditors hat die Namen `x` und `y` verwendet, um sich auf die Position eines Zeichens in der Datei zu beziehen. Diese Namen sind zu generisch. Sie könnten für vieles stehen – zum Beispiel könnten sie auch die Koordinaten (in Pixeln) eines Zeichens auf dem Bildschirm darstellen. Sieht man den Namen `x` für sich allein, wird man eher nicht denken, dass er sich auf die Position eines Zeichens innerhalb einer Textzeile bezieht. Der Code wäre klarer, wenn Namen wie `charIndex` und `lineIndex` genutzt würden, die die spezifischen Abstraktionen widerspiegeln, die der Code implementiert.

- Ein anderes Editorprojekt enthielt folgenden Code:

  ```
  // Blink-Status: true, wenn Cursor sichtbar ist.
  private boolean blinkStatus = true;
  ```

  Der Name blinkStatus übermittelt nicht genug Informationen. Das Wort »Status« ist für einen booleschen Wert zu vage: Es sagt nichts darüber aus, was die Werte true und false bedeuten würden. Das Wort »Blink« ist ebenfalls vage, da es nicht erklärt, was blinkt. Die folgende Alternative ist besser:

  ```
  // Kontrolliert das Blinken des Cursors: true besagt,
  // dass der Cursor sichtbar ist, false, dass er nicht
  // angezeigt wird.
  private boolean cursorVisible = true;
  ```

  Der Name cursorVisible übermittelt mehr Informationen – beispielsweise lässt er einen beim Lesen schon erahnen, was der Wert true bedeutet (als Faustregel gilt: Namen von booleschen Variablen sollten immer Prädikate sein). Das Wort »Blink« findet sich nicht länger im Namen, daher muss man beim Lesen einen Blick in die Dokumentation werfen, wenn man wissen will, warum der Cursor nicht immer sichtbar ist – diese Information ist weniger wichtig.
- Ein Projekt, das ein Consensus-Protokoll implementiert, enthielt folgenden Code:

  ```
  // Wert, wenn der Server in der aktuellen Wahlrunde
  // (bisher) für niemanden gestimmt hat.
  private static final String VOTED_FOR_SENTINEL_VALUE = "null";
  ```

  Der Name dieses Werts deutet an, dass er besonders ist, aber er sagt nicht, was die besondere Bedeutung ausmacht. Ein spezifischerer Name wie NOT_YET_VOTED wäre besser.
- In einer Methode ohne Rückgabewert wurde ein Variablenname result verwendet. Dieser Name führt zu mehreren Problemen. Erstens sorgt er für den falschen Eindruck, dass es sich bei ihm um den Rückgabewert der Methode handelt. Zweitens enthält er im Grunde überhaupt keine Informationen darüber, was die Variable tatsächlich enthält – abgesehen davon, dass es sich um einen berechneten Wert handelt. Der Name sollte Informationen darüber liefern, was das Ergebnis eigentlich ist, wie zum Beispiel mergedLine oder totalChars. Bei Methoden, die tatsächliche Rückgabewerte besitzen, ist der Einsatz des Namens result vernünftig. Er ist zwar immer noch ein bisschen generisch, aber man kann sich die Methodendokumentation anschauen, um die Bedeutung zu erfahren, und es hilft, zu wissen, dass der Wert schließlich zum Rückgabewert werden wird.
- Der Linux-Kernel enthält zwei Strukturen, die Netzwerk-Sockets beschreiben: struct socket und struct sock. Ein struct sock enthält als erstes Element ein struct socket, es handelt sich im Endeffekt um eine Unterklasse von struct socket. Diese Namen sind so ähnlich, dass es schwierig ist, sich zu merken, welcher welcher ist. Es wäre besser, Namen zu wählen, die sich leicht unterscheiden lassen und die Beziehung zwischen den beiden Typen deutlich machen, wie zum Beispiel struct sock_base und struct inet_sock.

Wie alle Regeln besitzt auch die Regel zur Auswahl präziser Namen ein paar Ausnahmen. So ist es beispielsweise in Ordnung, generische Namen wie i oder j als Iterationsvariablen in Schleifen zu verwenden, solange die Schleifen nur ein paar Zeilen lang sind. Können Sie den gesamten Einsatzbereich einer Variablen auf einen Blick einsehen, wird ihre Bedeutung vermutlich im Code offensichtlich sein, und Sie brauchen keinen langen Namen. Schauen Sie sich beispielsweise folgenden Code an:

```
for (i = 0; i < numLines; i++) {
    ...
}
```

Im Code ist klar, dass i genutzt wird, um in einer Entität über jede Zeile zu iterieren. Wird die Schleife so lang, dass Sie sie nicht mehr auf einmal überblicken können, oder lässt sich die Bedeutung der Iterationsvariablen nur schlecht aus dem Code erkennen, ist ein besser beschreibender Name angebracht.

Es ist auch möglich, dass ein Name zu spezifisch ist, wie zum Beispiel bei dieser Deklaration für eine Methode, die einen Textbereich löscht:

```
void delete(Range selection) {...}
```

Der Name selection ist für das Argument zu spezifisch, da er andeutet, der zu löschende Text würde aktuell in der Benutzeroberfläche ausgewählt sein. Diese Methode kann aber für jeden beliebigen Textbereich aufgerufen werden – egal ob ausgewählt oder nicht. Daher sollte der Name des Arguments generischer sein, wie zum Beispiel range.

Wenn Sie Probleme haben, einen Namen für eine bestimmte Variable zu finden, der präzise, intuitiv und nicht zu lang ist, ist das ein Warnzeichen. Es deutet an, dass die Variable eventuell keine klare Definition oder keinen eindeutigen Zweck hat. Wenn das passiert, überlegen Sie sich Alternativen. Vielleicht versuchen Sie ja, eine einzelne Variable für viele verschiedene Dinge zu nutzen – in dem Fall kann ein Aufteilen der Repräsentation in mehrere Variablen zu einer einfacheren Definition für jede einzelne Variable führen. Die Auswahl guter Namen kann Ihr Design verbessern, indem dadurch Schwächen aufgedeckt werden.

Warnzeichen: Schwierig auszuwählender Name

Wenn es schwierig ist, einen einfachen Namen für eine Variable oder Methode zu finden, der ein klares Bild des zugrunde liegenden Objekts schafft, ist das ein Hinweis darauf, dass das entsprechende Objekt eventuell kein sauberes Design besitzt.

Namen konsistent einsetzen

Die zweite wichtige Eigenschaft guter Namen ist Konsistenz. Es gibt in jedem Programm bestimmte Variablen, die immer wieder verwendet werden. So arbeitet beispielsweise ein Dateisystem wiederholt mit Blocknummern. Überlegen Sie sich für jeden dieser regelmäßigen Anwendungsfälle einen Namen und nutzen Sie ihn überall. So kann beispielsweise ein Dateisystem immer `fileBlock` verwenden, um den Index eines Blocks in einer Datei zu speichern. Konsistente Namen verringern die kognitive Last auf die gleiche Weise wie die Wiederverwendung einer allgemein einsetzbaren Klasse: Nachdem man den Namen in einem Kontext gesehen hat, kann man das Wissen woanders einsetzen und direkt Annahmen treffen, wenn man dem Namen in einem anderen Kontext erneut begegnet.

Konsistenz besteht aus drei Anforderungen. Erstens: Nutzen Sie immer den gewählten Namen für den gegebenen Zweck. Zweitens: Verwenden Sie den gewählten Namen niemals für etwas anderes als den gewählten Zweck. Drittens: Stellen Sie sicher, dass der Zweck so eng definiert ist, dass alle Variablen mit diesem Namen auch das gleiche Verhalten haben. Diese dritte Anforderung wurde im Dateisystem-Bug vom Beginn dieses Kapitels verletzt. Das Dateisystem hat `block` für Variablen mit zwei unterschiedlichen Verhaltensweisen eingesetzt (Dateiblöcke und Festplattenblöcke), was zu einer falschen Annahme über die Bedeutung einer Variablen und damit zu einem Bug geführt hat.

Manchmal werden Sie mehrere Variablen benötigen, die sich auf die gleiche Art von Dingen beziehen. So sind beispielsweise für eine Methode, die Dateidaten kopiert, zwei Blocknummern erforderlich – eine für die Quelle und eine für das Ziel. Wenn das geschieht, nutzen Sie den allgemeinen Namen für jede Variable und fügen ein unterscheidendes Präfix hinzu, wie zum Beispiel `srcFileBlock` und `dstFileBlock`.

Schleifen sind ein anderer Bereich, in dem konsistente Namen helfen können. Nutzen Sie für Schleifenvariablen Namen wie `i` und `j`, verwenden Sie immer `i` in den äußersten Schleifen und `j` in den inneren Schleifen. Damit kann man beim Lesen direkt (sichere) Annahmen darüber treffen, was im Code geschieht.

Vermeiden Sie überflüssige Wörter

Jedes Wort in einem Namen sollte nützliche Informationen liefern – Wörter, die nicht dabei helfen, die Bedeutung der Variablen zu erklären, sorgen nur für zusätzliche Unordnung (zum Beispiel könnte es dadurch notwendig sein, mehr Zeilen zu umbrechen). Ein häufig anzutreffender Fehler ist, ein generisches Nomen wie `Field` oder `Object` einem Namen hinzuzufügen, wie beispielsweise `fileObject`. In diesem Fall sorgt das Wort `Object` vermutlich nicht für eine nützliche Information (gibt es auch Dateien, die keine Objekte sind?), daher sollte es im Namen weggelassen werden.

Manche Coding-Stile nehmen Typinformationen in Namen auf, wie zum Beispiel `filePtr` für eine Variable, bei der es sich um einen Zeiger auf ein Dateiobjekt handelt. Ein extremes Beispiel dafür ist die ungarische Notation, die viele Jahre lang von Microsoft für die C-Programmierung verwendet wurde. Dabei hat jeder Variablenname ein Präfix, das ihren vollständigen Typ beschreibt. So bedeutet beispielsweise der Name `arru8NumberList`, dass es sich bei der Variablen um ein Array mit Unsigned 8-Bit-Integer-Werten handelt. Auch wenn ich in der Vergangenheit Typinformationen in Variablennamen genutzt habe, empfehle ich das nicht mehr. Bei modernen IDEs ist es ein Leichtes, auf einen Variablennamen zu klicken und zu seiner Deklaration zu springen (oder die IDE zeigt sogar automatisch die Typinformationen an), sodass es nicht mehr erforderlich ist, diese Information in den Variablennamen aufzunehmen.

Ein anderes Beispiel für überflüssige Wörter ist eine Instanzvariable in einer Klasse, die den Klassennamen wiederholt, wie zum Beispiel `fileBlock` in einer Klasse namens `File`. Aus dem Kontext sollte ersichtlich sein, dass die Variable Teil der Klasse `File` ist, daher führt ein Aufnehmen des Klassennamens in den Variablennamen nicht zu nützlichen Informationen. Geben Sie der Variablen einfach den Namen `block` (sofern die Klasse nicht mehrere Blöcke unterschiedlichen Typs enthält).

Eine andere Meinung: Go Style Guide

Nicht jeder teilt meine Ansichten über Namen. Ein paar der Entwickler der Sprache Go sagen, dass Namen sehr kurz sein – oft nur aus einem Buchstaben bestehen – sollten. In einer Präsentation zur Namenswahl für Go schreibt Andrew Gerrand, dass »lange Namen verschleiern, was der Code tut«.[1] Er stellt diesen Codeausschnitt vor, der Variablennamen mit nur einem Buchstaben verwendet:

```
func RuneCount(b []byte) int {
    i, n := 0, 0
    for i < len(b) {
        if b[i] < RuneSelf {
            i++
        } else {
            _, size := DecodeRune(b[i:])
            i += size
        }
        n++
    }
    return n
}
```

Er findet das deutlich lesbarer als die folgende Version mit längeren Namen:

```
func RuneCount(buffer []byte) int {
    index, count := 0, 0
    for index < len(buffer) {
        if buffer[index] < RuneSelf {
            index++
        } else {
            _, size := DecodeRune(buffer[index:])
            index += size
        }
        count++
    }
    return count
}
```

1 *https://talks.golang.org/2014/names.slide#1*

Ich persönlich finde die zweite Version gar nicht schwerer lesbar als die erste. Der Name `count` gibt mir sogar ein etwas besseres Verständnis vom Verhalten der Variablen als ein `n`. Bei der ersten Version musste ich letztendlich den gesamten Code lesen, um herauszufinden, was `n` bedeutet, während ich bei der zweiten Version nicht das Gefühl hatte, das tun zu müssen. Aber wenn `n` im System konsistent genutzt wird, um sich auf Zähler zu beziehen (und auf nichts anderes), wird der kurze Name auch für andere Entwicklerinnen und Entwickler klar sein.

Die Go-Kultur unterstützt den Einsatz der gleichen kurzen Namen für viele verschiedene Dinge: `ch` für Character oder Channel, `d` für Data, Difference oder Distance und so weiter. Meiner Meinung nach führen solche uneindeutigen Namen zu Verwirrung und Fehlern – wie beim `block`-Beispiel.

Insgesamt würde ich dafür plädieren, dass die Lesbarkeit von den Personen beurteilt werden muss, die den Code lesen, und nicht von denen, die ihn schreiben. Schreiben Sie Code mit kurzen Variablennamen und finden das die Menschen, die ihn lesen, leicht verständlich, ist das in Ordnung. Erhalten Sie Beschwerden darüber, dass Ihr Code kryptisch ist, sollten Sie über den Einsatz längerer Namen nachdenken (eine Websuche nach »go language short names« wird eine Reihe solcher Beschwerden zeigen). Genauso ist das umgekehrt: Erhalte ich Beschwerden, dass lange Variablennamen meinen Code schlechter lesbar machen, denke ich darüber nach, kürzere zu nutzen.

Gerrand macht eine Anmerkung, die ich unterstütze: »Je größer der Abstand zwischen der Deklaration eines Namens und dessen Einsatz ist, desto länger sollte der Name sein.« Der Abschnitt weiter oben über den Einsatz der Schleifenvariablen `i` und `j` ist ein Beispiel für diese Regel.

Zusammenfassung

Gut gewählte Namen helfen uns dabei, Code offensichtlicher zu machen – wenn man beim Entwickeln das erste Mal über eine Variable stolpert, wird die erste Annahme über ihr Verhalten ohne großes Nachdenken korrekt sein. Die Auswahl guter Namen ist ein Beispiel für die Investitionsmentalität aus Kapitel 3: Nehmen Sie sich zu Beginn etwas mehr Zeit, um gute Namen auszuwählen, wird es Ihnen in Zukunft leichter fallen, mit dem Code zu arbeiten. Zudem wird die Wahrscheinlichkeit, dass es zu Fehlern kommt, geringer sein. Auch die Fähigkeit, präziser zu benennen, ist eine Investition. Entscheiden Sie sich erstmalig dafür, sich nicht mehr mit mittelmäßigen Namen abzugeben, finden Sie das Auswählen guter Namen vielleicht frustrierend und zeitaufwendig. Aber wenn Sie erfahrener darin werden, wird Ihnen das immer leichter fallen – irgendwann erreichen Sie den Punkt, an dem es so gut wie gar keine zusätzliche Zeit erfordert, gute Namen auszuwählen, und Sie werden deren Vorteile nahezu kostenlos erhalten.

KAPITEL 15

Erst die Kommentare schreiben (nutzen Sie Kommentare als Teil des Designprozesses)

Viele verschieben das Schreiben der Dokumentation an das Ende des Entwicklungsprozesses – nachdem Programmieren und Unit Testing abgeschlossen sind. Das ist einer der sichersten Wege, um bei der Dokumentation für eine schlechte Qualität zu sorgen. Am besten schreiben Sie Kommentare *zu Beginn des Prozesses*, während Sie auch den Code schreiben. Damit wird die Dokumentation Teil des Designprozesses. Sie schaffen auf diese Weise nicht nur eine bessere Dokumentation, sondern auch bessere Designs, und das Schreiben der Doku macht so auch mehr Spaß.

Aufgeschobene Kommentare sind schlechte Kommentare

So gut wie alle Entwicklerinnen und Enwickler, die ich jemals getroffen habe, verschieben das Schreiben von Kommentaren auf später. Fragt man sie, warum sie die Dokumentation nicht früher schreiben, sagen sie, dass sich der Code doch immer noch ändere. Würde die Doku schon frühzeitig geschrieben werden, müsste sie beim Ändern des Codes angepasst werden – da wartet man doch lieber, bis sich der Code stabilisiert hat. Aber ich vermute ja eher, dass es einen anderen Grund gibt: Dokumentation wird als dröge Aufgabe angesehen und daher so lange wie möglich ignoriert.

Leider bringt dieses Vorgehen eine Reihe negativer Konsequenzen mit sich. Erstens bedeutet ein Verschieben der Dokumentation oft, dass sie gar nicht geschrieben wird. Fangen Sie mit dem Verschieben an, ist es ein Leichtes, ein bisschen weiter zu verschieben – schließlich wird der Code in ein paar Wochen noch stabiler sein. Hat sich der Code unzweifelhaft gesetzt, gibt es sehr viel von ihm, wodurch die Aufgabe des Schreibens der Dokumentation riesig und damit noch unattraktiver geworden ist. Man hat nie die Ruhe, sich ein paar Tage Auszeit zu nehmen und die fehlenden Kommentare nachzuziehen, und man redet sich das damit schön, dass es für das Projekt sowieso besser ist, weiterzumachen und Fehler zu beheben oder das nächste neue Feature zu schreiben. Damit schaffen Sie aber noch mehr undokumentierten Code.

Und auch wenn Sie die Selbstdisziplin haben, einen Schritt zurückzugehen und die Kommentare zu schreiben (und machen Sie sich nichts vor – das werden Sie wahrscheinlich nicht tun), werden die Kommentare nicht sehr gut sein. Denn jetzt haben Sie sich mental schon vom Code verabschiedet. In Ihrem Kopf ist dieses Stück Code bereits erledigt, und Sie möchten lieber mit etwas anderem weitermachen. Sie wissen, dass das Schreiben von Kommentaren richtig ist, aber es macht keinen Spaß. Sie wollen das so schnell wie möglich erledigen. Also überfliegen Sie den Code und tragen gerade so viele Kommentare nach, dass es in Ordnung auszusehen scheint. Seit Sie den Code designt haben, ist schon einige Zeit vergangen, daher werden Ihre Erinnerungen an den Designprozess unscharf geworden sein. Sie schauen sich den Code beim Schreiben der Kommentare an und wiederholen ihn damit nur in den Kommentaren. Selbst wenn Sie versuchen, die Designideen zu rekonstruieren, die nicht offensichtlich im Code zu erkennen sind, wird es Dinge geben, an die Sie sich nicht erinnern. Daher wird in den Kommentaren ein Teil der wichtigsten Punkte fehlen, die sie eigentlich beschreiben sollten.

Erst die Kommentare schreiben

Ich verfolge beim Schreiben von Kommentaren einen anderen Ansatz, ich erstelle sie direkt zu Beginn:

- Bei einer neuen Klasse beginne ich, den Kommentar für die Klassenschnittstelle zu schreiben.
- Dann schreibe ich Schnittstellenkommentare und Signaturen für die wichtigsten öffentlichen Methoden, belasse die Methodenrümpfe aber leer.
- Ich iteriere ein wenig über diese Kommentare, bis sich die grundlegende Struktur richtig anfühlt.
- Nun schreibe ich Deklarationen und Kommentare für die wichtigsten Instanzvariablen der Klasse.
- Schließlich fülle ich die Methodenrümpfe mit Leben und füge nach Bedarf Implementierungskommentare hinzu.
- Beim Schreiben der Methodenrümpfe entdecke ich meist den Bedarf an weiteren Methoden und Instanzvariablen. Für jede neue Methode schreibe ich den Schnittstellenkommentar, bevor ich den Rumpf schreibe, für Instanzvariablen erstelle ich den Kommentar zusammen mit der Variablendeklaration.

Ist der Code fertig, sind auch die Kommentare fertig. Es gibt niemals ein Backlog mit ungeschriebenen Kommentaren.

Der Ansatz, die Kommentare zuerst zu schreiben, hat drei Vorteile. Erstens sorgt er für bessere Kommentare. Schreiben Sie die Kommentare beim Designen der Klasse, werden die zentralen Designaspekte noch frisch in Ihrem Kopf sein, daher ist es einfach, sich an sie zu erinnern. Es ist besser, die Schnittstellenkommentare für jede Methode zu schreiben, bevor Sie den Rumpf füllen, damit Sie sich auf die Abstraktion und die Schnittstelle der Methode konzentrieren können, ohne von ihrer Implementierung abgelenkt zu werden. Während des Programmierens und Testens werden Sie Probleme mit den Kommentaren erkennen und beheben. Im Endergebnis werden sich die Kommentare im Laufe der Entwicklung verbessern.

Kommentare sind ein Designwerkzeug

Der zweite und wichtigste Vorteil, Kommentare zu Beginn zu schreiben, ist, dass dies das Systemdesign verbessert. Kommentare sind die einzige Möglichkeit, Abstraktionen vollständig darzustellen, und gute Abstraktionen sind unabdingbar für gutes Systemdesign. Schreiben Sie zu Beginn Kommentare, die die Abstraktionen beschreiben, können Sie sie begutachten und anpassen, bevor Sie den Implementierungscode schreiben. Um einen guten Kommentar zu schreiben, müssen Sie die Essenz einer Variablen oder eines Stücks Code erfassen: Was sind die wichtigsten Aspekte dieses Elements? Es ist wichtig, das im Designprozess frühzeitig zu tun, denn ansonsten hacken Sie nur Code.

Warnzeichen: Schwer zu beschreiben

Der Kommentar, der eine Methode oder Variable beschreibt, sollte einfach und dennoch umfassend sein. Finden Sie es schwierig, solch einen Kommentar zu schreiben, ist das ein Indikator dafür, dass es eventuell ein Problem mit dem Design des Elements gibt, das Sie beschreiben wollen.

Kommentare dienen als Kanarienvögel im Kohlenflöz der Komplexität. Ist für eine Methode oder Variable ein langer Kommentar erforderlich, ist das ein Warnzeichen dafür, dass Sie keine gute Abstraktion haben. In Kapitel 4 habe ich gesagt, dass Klassen tief sein sollten: Die besten Klassen haben sehr einfache Schnittstellen, implementieren aber leistungsfähige Funktionen. Liefert der Schnittstellenkommentar für eine Methode alle Informationen, die zu ihrem Einsatz notwendig sind, und ist er gleichzeitig kurz und einfach, zeigt das, dass die Methode eine einfache Schnittstelle besitzt. Gibt es umgekehrt keine Möglichkeit, eine Methode vollständig ohne einen langen und komplizierten Kommentar zu beschreiben, besitzt die Methode eine komplexe Schnittstelle. Sie können den Schnittstellenkommentar einer Methode mit der Implementierung vergleichen, um ein Gefühl dafür zu bekommen, wie tief die Methode ist: Muss der Schnittstellenkommentar alle größeren Features der Implementierung beschreiben, ist die Methode flach. Das Gleiche gilt für Variablen: Ist ein langer Kommentar notwendig, um eine Variable komplett zu beschreiben, ist das ein Warnzeichen dafür, dass Sie eventuell nicht die richtige Variablendekomposition gewählt haben. Insgesamt erlaubt Ihnen der Akt des Schreibens von Kommentaren, Ihre Designentscheidungen frühzeitig zu evaluieren, sodass Sie Probleme entdecken und beheben können.

Natürlich sind Kommentare nur ein guter Indikator für Komplexität, wenn sie vollständig und klar sind. Schreiben Sie einen Schnittstellenkommentar für eine Methode, der nicht alle Informationen liefert, die zum Aufruf der Methode notwendig sind, oder der so kryptisch ist, dass er sich nur schwer verstehen lässt, ist der Kommentar kein gutes Maß für die Tiefe der Methode.

Frühes Kommentieren macht Spaß

Der dritte und letzte Vorteil eines frühzeitigen Schreibens von Kommentaren ist, dass es mehr Spaß macht, sie dann zu schreiben. Für mich ist der angenehmste Teil beim Programmieren die frühe Designphase einer neuen Klasse, bei der ich die Abstraktionen und Strukturen mit Leben fülle. Die meisten meiner Kommentare werden in dieser Phase geschrieben, und mit ihnen erfasse und teste ich die Qualität meiner Designentscheidungen. Ich suche dabei nach dem Design, das ich mit den wenigsten Worten vollständig und klar ausdrücken kann. Je einfacher die Kommentare, desto besser fühle ich mich bei meinem Design, das Formulieren einfacher Kommentare erfüllt mich tatsächlich mit Stolz. Programmieren Sie strategisch, sodass Ihr Hauptziel ein großartiges Design statt einfach nur irgendwie lauffähiger Code ist, sollte das Schreiben von Kommentaren Spaß machen, denn so finden Sie die besten Designs.

Sind frühe Kommentare teuer?

Schauen wir uns jetzt das Argument an, mit dem das Schreiben von Kommentaren gern aufgeschoben wird: das Vermeiden der Kosten zum Überarbeiten der Kommentare, wenn sich der Code weiterentwickelt. Eine einfache Überschlagsrechnung wird zeigen, dass damit nicht viel gespart wird. Schätzen wir mal den gesamten Anteil der Entwicklungszeit, den Sie mit dem Eingeben von Code und Kommentaren verbringen – einschließlich der Zeit zum Überarbeiten von Code und Kommentaren. Das werden wohl nicht mehr als etwa 10% der gesamten Entwicklungszeit sein. Selbst wenn die Hälfte Ihrer Codezeilen aus Kommentaren bestehen, werden Sie für das Schreiben der Kommentare vermutlich nicht mehr als 5% Ihrer Entwicklungszeit brauchen. Wenn Sie die Kommentare bis zum Ende aufschieben, sparen Sie nur einen Bruchteil davon, was nicht sehr viel ist.

Wenn Sie die Kommentare zuerst schreiben, werden auch die Abstraktionen stabiler sein, bevor Sie mit dem Schreiben des Codes beginnen. Das wird Ihnen vermutlich Zeit beim Programmieren sparen. Schreiben Sie im Gegensatz dazu erst den Code, werden sich die Abstraktionen wahrscheinlich zusammen mit Ihrem Code weiterentwickeln, was ein Mehr an Überarbeitung des Codes als beim »Kommentare zuerst«-Ansatz bedeuten wird. Berücksichtigen Sie alle diese Faktoren, ist es durchaus möglich, dass Sie insgesamt schneller sein werden, wenn Sie die Kommentare als Erstes schreiben.

Zusammenfassung

Haben Sie noch nie versucht, zuerst die Kommentare zu schreiben, probieren Sie es einmal aus. Bleiben Sie lange genug dran, um damit vertraut zu werden. Überlegen Sie dann, wie das die Qualität Ihrer Kommentare, die Qualität Ihres Designs und insgesamt Ihren Spaß an der Softwareentwicklung beeinflusst. Haben Sie es eine Zeit lang ausprobiert, lassen Sie mich wissen, ob Ihre Erfahrungen zu meinen passen und warum das der Fall ist oder warum nicht.

KAPITEL 16
Bestehenden Code anpassen

In Kapitel 1 wurde beschrieben, dass Softwareentwicklung iterativ und inkrementell ist. Ein großes Softwaresystem entsteht in einer Folge evolutionärer Stufen, die jeweils neue Fähigkeiten mitbringen und bestehende Module verändern. Das heißt, dass sich das Design eines Systems fortlaufend weiterentwickelt. Es ist nicht möglich, das richtige Design für ein System direkt zu Beginn zu erstellen – das Design eines länger bestehenden Systems wird mehr von den Änderungen bestimmt, die während der Weiterentwicklung vorgenommen wurden, als von einer initialen Konzeption. In den vorherigen Kapiteln wurde beschrieben, wie man die Komplexität während des initialen Designs und der Implementierung herausbekommt – in diesem Kapitel geht es darum, wie Sie dafür sorgen können, dass sie bei der Weiterentwicklung nicht wieder in das System einsickert.

Bleiben Sie strategisch

In Kapitel 3 wurde der Unterschied zwischen taktischer und strategischer Programmierung beschrieben: Bei der taktischen Programmierung besteht das Ziel vor allem darin, etwas schnell zum Laufen zu bekommen, auch wenn das zu zusätzlicher Komplexität führt. Bei der strategischen Programmierung ist es am wichtigsten, ein sehr gutes Systemdesign zu schaffen. Der taktische Ansatz führt sehr schnell zu einem unordentlichen Systemdesign. Wollen Sie ein System haben, das sich leicht warten und erweitern lässt, ist »funktionierend« als Standard nicht ausreichend – Sie müssen das Design priorisieren und strategisch denken. Diese Idee sollte auch verfolgt werden, wenn Sie bestehenden Code modifizieren.

Leider denkt man beim Entwickeln – wenn man sich mit bestehendem Code befasst, um Bugfixes oder neue Features umzusetzen – meist nicht strategisch. Eine typische Haltung ist: »Wie sieht die kleinstmögliche Änderung aus, die ich vornehmen kann, um mein Ziel zu erreichen?« Manchmal wird das damit gerechtfertigt, dass man mit dem anzupassenden Code nicht vertraut ist – man hat Sorge, dass größere Änderungen ein größeres Risiko für neue Fehler mit sich bringen. Aber das führt zu taktischem Programmieren. Jede dieser minimalen Änderungen bringt ein paar neue Spezialfälle, Abhängigkeiten oder andere Formen von Komplexität mit sich. Im Ergebnis wird das Systemdesign immer ein kleines bisschen schlechter, und die Probleme summieren sich mit jedem Schritt bei der Evolution des Systems auf.

Wollen Sie ein sauberes Design für ein System beibehalten, müssen Sie beim Anpassen bestehenden Codes einen strategischen Ansatz verfolgen. **Idealerweise gilt für jede Änderung: Sind Sie mit ihr fertig, hat das System die Struktur, die es hätte, wenn Sie es von Anfang an mit dieser Änderung im Kopf entworfen hätten.** Um dieses Ziel zu erreichen, müssen Sie der Verlockung einer schnellen Korrektur widerstehen. Denken Sie stattdessen darüber nach, ob das aktuelle Systemdesign unter Berücksichtigung der gewünschten Änderung immer noch das beste ist. Wenn das nicht der Fall ist, refaktorieren Sie das System, sodass Sie beim bestmöglichen Design landen. Mit diesem Ansatz verbessert sich das Systemdesign mit jeder Modifikation.

Das ist ebenfalls ein Beispiel für die Investitionsmentalität aus dem Abschnitt »Strategische Programmierung« auf Seite 28: Investieren Sie ein wenig zusätzliche Zeit, um das Systemdesign zu refaktorieren und zu verbessern, werden Sie ein saubereres System erhalten. Damit beschleunigen Sie die Entwicklung, und der Aufwand zum Refaktorieren wird sich amortisieren. Auch wenn für diese eine Änderung kein Refaktorieren notwendig ist, sollten Sie trotzdem nach Unvollkommenheiten im Design Ausschau halten, die Sie beheben können, wenn Sie sowieso gerade im Code unterwegs sind. Versuchen Sie immer dann, wenn Sie Code anpassen, das Systemdesign wenigstens ein kleines bisschen besser zu machen. **Verbessern Sie das Design nicht, machen Sie es vermutlich schlimmer.**

Wie in Kapitel 3 besprochen, gerät eine Investitionsmentalität manchmal in Konflikt mit der Realität kommerzieller Softwareentwicklung. Würde es drei Monate dauern, das System »richtig« zu refaktorieren, während der schnelle und schmutzige Fix nur zwei Stunden bräuchte, müssen Sie eventuell den schnellen und schmutzigen Weg gehen, insbesondere wenn Sie sich mit einer knappen Deadline herumzuschlagen haben. Auch wenn das Refaktorieren des Systems für Inkompatibilitäten sorgen würde, die viele Mitarbeitende und Teams beträfen, wäre es eventuell nicht praktikabel.

Dennoch sollten Sie diesen Kompromissen so oft wie möglich widerstehen. Fragen Sie sich selbst: »Ist das das Beste, was ich angesichts der aktuellen Einschränkungen zum Schaffen eines sauberen Systemdesigns tun kann?« Vielleicht gibt es einen alternativen Ansatz, der fast so sauber wäre wie das dreimonatige Refaktorieren, sich aber in ein paar Tagen umsetzen ließe. Oder können Sie sich ein großangelegtes Refaktorieren jetzt nicht leisten? Dann bitten Sie Ihre Vorgesetzten darum, Zeit für Sie zu reservieren, damit Sie nach der aktuellen Deadline darauf zurückkommen können. Jede Entwicklungsorganisation sollte einen kleinen Teil ihrer Gesamtinvestitionen für das Aufräumen und Refaktorieren einplanen – diese Arbeit wird sich langfristig bezahlt machen.

Kommentare pflegen: Halten Sie die Kommentare nahe am Code

Ändern Sie vorhandenen Code, besteht durchaus die Wahrscheinlichkeit, dass Sie ein paar der existierenden Kommentare ungültig machen. Man vergisst leicht, Kommentare anzupassen, wenn man Code verändert, was dann zu Kommentaren führt, die nicht mehr passen. Veraltete Kommentare sind beim Lesen frustrierend, und wenn es viele davon gibt, beginnt man, allen zu misstrauen. Zum Glück ist es mit ein wenig Disziplin und ein paar Regeln möglich, Kommentare auch ohne großen Aufwand aktuell zu halten. Dieser und die folgenden Abschnitte stellen ein paar Techniken dazu vor.

Der beste Weg, um sicherzustellen, dass die Kommentare aktualisiert werden, ist, sie nahe an dem Code zu positionieren, den sie erklären, sodass man sie beim Entwickeln sieht, wenn man den Code anpasst. Je weiter ein Kommentar vom zugehörigen Code entfernt ist, desto geringer ist die Wahrscheinlichkeit, dass er entsprechend angepasst wird. So ist beispielsweise der beste Ort für den Schnittstellenkommentar einer Methode in der Codedatei direkt neben dem Methodenrumpf. Alle Änderungen an der Methode werden diesen Code betreffen, daher wird man die Schnittstellenkommentare sehr wahrscheinlich sehen und sie bei Bedarf anpassen.

Eine Alternative für Sprachen wie C und C++ mit ihren getrennten Code- und Headerdateien ist, die Schnittstellenkommentare in der Nähe der Methodendeklaration in der *.h*-Datei unterzubringen. Aber das ist weit weg vom Code – beim Entwickeln hat man diese Kommentare beim Verändern des Methodenrumpfs nicht im Blick, und es erfordert zusätzlichen Aufwand, eine andere Datei zu öffnen und dort die Schnittstellenkommentare zu suchen und anzupassen. Manche mögen argumentieren, dass Schnittstellenkommentare in Header-Dateien gehören, sodass alle, die mit ihnen arbeiten, lernen können, wie man eine Abstraktion verwendet, ohne sich die Codedatei ansehen zu müssen. Aber man sollte bei der Nutzung gar keine Code- oder Headerdateien anschauen müssen – die Informationen sollten aus der Dokumentation kommen, die durch Tools wie Doxygen oder Javadoc erstellt wurde. Zudem extrahieren viele IDEs die Dokumentation und zeigen sie an, wie zum Beispiel die Dokumentation einer Methode, wenn man ihren Namen eintippt. Arbeitet man mit solchen Tools, sollte die Dokumentation dort abgelegt werden, wo sie beim Arbeiten am Code am praktischsten ist.

Fügen Sie beim Schreiben von Implementierungskommentaren nicht alle Kommentare zu einer gesamten Methode am Anfang des Codes ein. Verteilen Sie sie und sorgen Sie dafür, dass jeder Kommentar so nahe wie möglich an dem Code steht, auf den er sich bezieht. Besitzt eine Methode beispielsweise drei große Phasen, schreiben Sie nicht einen Kommentar an den Beginn der Methode, der alle Phasen im Detail erläutert. Erstellen Sie stattdessen separate Kommentare für jede Phase und bringen Sie diese direkt oberhalb der ersten Zeile jeder Phase unter. Es kann andererseits hilfreich sein, einen Kommentar zu Beginn der Methodenimplementierung zu haben, der die Gesamtstrategie erläutert, zum Beispiel:

```
// Wir gehen in drei Phasen vor:
// Phase 1: Mögliche Kandidaten finden
// Phase 2: Jedem Kandidaten einen Score zuweisen
// Phase 3: Den besten auswählen und entfernen
```

Weitere Details können dann oberhalb der einzelnen Phasen dokumentiert werden.

Im Allgemeinen gilt: Je weiter entfernt sich ein Kommentar von dem Code befindet, den er beschreibt, desto abstrakter sollte er sein (das verringert die Wahrscheinlichkeit, dass der Kommentar nicht mehr aktuell ist, wenn sich der Code ändert).

Kommentare gehören in den Code, nicht in das Commit-Log

Ein häufiger Fehler beim Anpassen von Code ist, detaillierte Informationen über die Änderung in die Commit-Message für das Quellcode-Repository zu schreiben, sie aber nicht im Code zu dokumentieren. Auch wenn Commit-Messages später mithilfe des Scannens des Repository-Logs durchstöbert werden können, wird man beim Entwickeln dort eher nicht nachschauen, wenn man auf der Suche nach Informationen ist. Selbst wenn man das Log überfliegt, wird es nervig sein, die richtige Log-Message zu finden.

Fragen Sie sich beim Schreiben einer Commit-Message, ob andere diese Information in Zukunft beim Entwickeln brauchen werden. Wenn das der Fall ist, dokumentieren Sie sie im Code. Ein Beispiel ist eine Commit-Message, die ein kniffliges Problem beschreibt, das Ursache für eine Codeänderung war. Wenn das nicht im Code dokumentiert wird, macht eventuell jemand anderes diese Änderung wieder rückgängig, ohne sich bewusst zu sein, dass damit ein Bug wieder hergestellt wird. Wollen Sie diese Information auch in die Commit-Message mit aufnehmen, ist das in Ordnung, aber am wichtigsten ist es, sie im Code zu haben. Das illustriert das Prinzip, die Dokumentation dort zu platzieren, wo Entwicklerinnen und Entwickler am ehesten auf sie stoßen – das Commit-Log gehört da eher nicht zu.

Kommentare pflegen: Vermeiden Sie Duplikate

Die zweite Technik, mit der Kommentare aktuell gehalten werden können, ist, Duplikate zu vermeiden. Duplizieren Sie Dokumentation, wird es schwieriger, beim Entwickeln alle relevanten Kopien zu finden und sie zu aktualisieren. Versuchen Sie stattdessen, jede Designentscheidung genau einmal zu dokumentieren. Gibt es mehrere Stellen im Code, die von einer bestimmten Entscheidung betroffen sind, wiederholen Sie die Dokumentation nicht überall. Finden Sie stattdessen den offensichtlichsten Ort, an dem die Dokumentation stehen sollte. Stellen Sie sich beispielsweise vor, dass es ein kniffliges Verhalten bei einer Variablen gibt, das viele verschiedene Stellen beeinflusst, an denen diese Variable zum Einsatz kommt. Sie können dieses Verhalten im Kommentar bei der Variablendeklaration dokumentieren. Das ist der naheliegendste Ort, den Entwicklerinnen und Entwickler auch am wahrscheinlichsten zum Nachschauen aufsuchen werden, wenn sie Probleme mit dem Code haben, der die Variable nutzt.

Gibt es keinen »offensichtlichen« einen Ort für ein bestimmtes Stück Dokumentation, an dem es beim Entwickeln gefunden werden wird, erstellen Sie eine *design Notes*-Datei, wie im Abschnitt »Modulübergreifende Designentscheidungen« auf Seite 131 beschrieben. Oder Sie wählen den besten der möglichen Orte aus und dokumentieren dort. Fügen Sie dann zusätzlich kurze Kommentare an den anderen Stellen ein, die auf diesen zentralen Ort verweisen: »Siehe den Kommentar in xyz für eine Erklärung des folgenden Codes.« Wird die Referenz obsolet, weil der Hauptkommentar verschoben oder gelöscht wurde, wird diese Inkonsistenz von allein offensichtlich, weil man das Ziel nicht mehr am angegebenen Ort findet – per Versionsverwaltung kann man dann herausfinden, was mit dem Kommentar geschehen ist, und die Referenz entsprechend anpassen. Wird die Dokumentation hingegen dupliziert und werden manche der Kopien nicht aktualisiert, gibt es kein Indiz dafür, dass man auf veraltete Informationen zugreift.

Dokumentieren Sie nicht die Designentscheidungen des einen Moduls nochmals in einem anderen Modul. Fügen Sie beispielsweise keine Kommentare vor einem Methodenaufruf ein, die erklären, was in der aufgerufenen Methode geschieht. Wenn man das wissen will, muss man sich die Schnittstellenkommentare dieser Methode anschauen. Gute Entwicklungstools bieten diese Informationen normalerweise automatisch, zum Beispiel indem sie die Schnittstellenkommentare für eine Methode anzeigen, wenn man ihren Namen markiert oder die Maus darüber bewegt. Versuchen Sie, es den Leuten einfach zu machen, die passende Dokumentation zu finden, aber wiederholen Sie sie nicht.

Sind Informationen schon an einer anderen Stelle außerhalb Ihres Programms dokumentiert, wiederholen Sie die Dokumentation nicht innerhalb des Programms – verweisen Sie nur auf die externe Dokumentation. Schreiben Sie beispielsweise eine Klasse, die das HTTP-Protokoll implementiert, müssen Sie es nicht nochmals in Ihrem Code beschreiben. Es gibt schon unzählige Quellen für diese Dokumentation im Web – fügen Sie einfach einen kurzen Kommentar in Ihren Code mit einer URL für eine dieser Quellen ein. Ein anderes Beispiel sind Features, die schon in einer Endanwenderanleitung beschrieben sind. Stellen Sie sich vor, Sie schrieben ein Programm, das eine Reihe von Befehlen implementiert, wobei eine Methode für die Implementierung jeweils eines Befehls verantwortlich ist. Gibt es eine Anleitung, die diese Befehle beschreibt, gibt es keinen Grund, diese Informationen im Code zu duplizieren. Nehmen Sie stattdessen einen kurzen Hinweis für jede Befehlsmethode mit auf, wie zum Beispiel diesen Schnittstellenkommentar:

```
// Implementiert den Befehl Foo, Details siehe Anleitung.
```

Es ist wichtig, dass man die Dokumentation findet, um Ihren Code zu verstehen, aber das heißt nicht, dass Sie die gesamte Dokumentation schreiben müssen.

Kommentare pflegen: Schauen Sie auf die Diffs

Eine gute Möglichkeit, um sicherzustellen, dass die Dokumentation aktuell bleibt, ist, dass Sie sich vor jedem Commit einer Änderung in Ihre Versionsverwaltung ein paar Minuten Zeit nehmen, um die Änderungen zu überfliegen und sicherzustellen, dass sich alle sauber in der Dokumentation wiederfinden. Diese Pre-Commit-Scans werden auch eine Reihe anderer Probleme aufdecken, wie zum Beispiel das unabsichtliche Behalten von Debugging-Code im System oder das Vergessen von To-do-Einträgen.

Kommentare auf höherer Ebene lassen sich leichter pflegen

Noch ein abschließender Gedanke zum Pflegen der Dokumentation: Kommentare lassen sich leichter aktuell halten, wenn sie auf einer höheren Ebene angesiedelt und abstrakter als der Code sind. Denn solche Kommentare spiegeln nicht die Details des Codes wider und werden damit nicht von kleineren Codeänderungen beeinflusst – nur Änderungen im Gesamtverhalten werden Auswirkungen auf sie haben. Natürlich müssen – wie in Kapitel 13 besprochen – manche Kommentare detailreich und präzise sein. Aber im Allgemeinen sind die nützlichsten Kommentare (die nicht einfach den Code wiedergeben) auch am einfachsten zu pflegen.

KAPITEL 17

Konsistenz

Konsistenz ist ein mächtiges Werkzeug, um die Komplexität eines Systems zu reduzieren und sein Verhalten kalkulierbarer zu machen. Ist ein System konsistent, heißt das, dass ähnliche Dinge auf ähnliche Art und Weise erledigt werden – und unterschiedliche Dinge auf unterschiedlichen Wegen. Konsistenz sorgt für eine kognitive Hebelwirkung: Haben Sie einmal gelernt, wie etwas an der einen Stelle funktioniert, können Sie dieses Wissen nutzen, um sofort andere Stellen zu verstehen, die den gleichen Ansatz verfolgen. Ist ein System nicht konsistent implementiert, muss man beim Entwickeln jede Situation neu erfassen. Das kostet mehr Zeit.

Konsistenz verringert Fehler. Ist ein System nicht konsistent, können zwei Situationen gleich erscheinen, obwohl sie in Wirklichkeit verschieden sind. Beim Entwickeln sieht man vielleicht ein vertrautes Muster und trifft ausgehend von früheren Beobachtungen falsche Annahmen. Ist ein System andererseits konsistent, sind Annahmen bei vertraut erscheinenden Situationen sicher. Konsistenz erlaubt es, schneller mit weniger Fehlern zu entwickeln.

Beispiele für Konsistenz

Konsistenz lässt sich auf vielen Ebenen in einem System anwenden – hier ein paar Beispiele:

- **Namen:** In Kapitel 14 wurden schon die Vorteile konsistent genutzter Namen behandelt.
- **Coding-Stil:** Heutzutage ist es in Entwicklungsorganisationen üblich, Stilrichtlinien zu nutzen, die Programmierstrukturen über die vom Compiler vorgegebenen Regeln hinaus beschränken. Moderne Stilrichtlinien behandeln eine Reihe von Themen, wie zum Beispiel das Einrücken, das Platzieren geschweifter Klammern, die Reihenfolge von Deklarationen, die Namenswahl, das Kommentieren und die Beschränkung von Sprachfeatures, die als gefährlich angesehen werden. Stilrichtlinien erleichtern das Lesen von Code und können das Auftreten bestimmter Fehlerarten verringern.

- **Schnittstellen:** Eine Schnittstelle mit mehreren Implementierungen ist ein weiteres Beispiel für Konsistenz. Haben Sie einmal eine Implementierung der Schnittstelle verstanden, können Sie auch alle anderen Implementierungen leichter verstehen, weil Sie schon die Features kennen, die sie bereitstellen muss.
- **Design Patterns:** Design Patterns sind anerkannte Lösungen für bestimmte häufig auftretende Probleme, so wie zum Beispiel der Model-View-Controller-Ansatz für das Design von Benutzeroberflächen. Können Sie ein bestehendes Design Pattern nutzen, um das Problem zu lösen, wird die Implementierung schneller fertig werden, mit höherer Wahrscheinlichkeit auch funktionieren, und Ihr Code wird sich leichter lesen lassen. Design Patterns werden detaillierter im Abschnitt »Design Patterns« auf Seite 168 behandelt.
- **Invarianten:** Eine Invariante ist eine Eigenschaft einer Variablen oder Struktur, die immer wahr ist. So kann beispielsweise eine Datenstruktur, die Textzeilen speichert, als Invariante sicherstellen, dass jede Zeile durch ein Newline-Zeichen abgeschlossen wird. Invarianten verringern die Anzahl an Spezialfällen, die im Code berücksichtigt werden müssen, und erleichtern das Nachdenken über das Verhalten des Codes.

Konsistenz sicherstellen

Konsistenz lässt sich nur schwer beibehalten, insbesondere wenn viele Entwicklerinnen und Entwickler über eine lange Zeit an einem Projekt arbeiten. Die Personen in der einen Gruppe wissen eventuell nichts über die Konventionen, die sich in einer anderen Gruppe etabliert haben. Neueinsteiger kennen die Regeln nicht, verletzen sie möglicherweise unabsichtlich und schaffen neue Konventionen, die mit den bestehenden in Konflikt geraten. Hier ein paar Tipps für das Umsetzen und Beibehalten von Konsistenz:

- **Dokumentieren:** Erstellen Sie ein Dokument, das die wichtigsten Konventionen aufführt, wie zum Beispiel die Coding-Stilrichtlinien. Legen Sie das Dokument an einer Stelle ab, an der es die Entwicklerinnen und Entwickler sehr wahrscheinlich sehen werden, beispielsweise an einem unübersehbaren Ort im Projekt-Wiki. Ermutigen Sie neu hinzukommende Personen, das Dokument zu lesen, und die bestehenden Teammitglieder, immer wieder einmal hineinzuschauen. Sie finden viele Stilrichtlinien von den unterschiedlichsten Organisationen im Web – nehmen Sie diese eventuell als Ausgangsbasis.

  Suchen Sie für lokalere Konventionen, wie zum Beispiel Invarianten, einen passenden Ort im Code, an dem sie dokumentiert werden können. Wenn Sie die Konventionen nicht aufschreiben, ist es unwahrscheinlich, dass andere ihnen folgen werden.
- **Umsetzen:** Selbst mit einer guten Dokumentation ist es beim Entwickeln schwer, sich an alle Konventionen zu erinnern. Am besten setzen Sie Konventionen um, indem Sie ein Tool schreiben, das auf ihre Einhaltung prüft, und

dafür sorgt, dass Code nicht in das Repository eingecheckt werden kann, ohne von diesem Tool geprüft worden zu sein. Automatische Prüftools arbeiten besonders gut bei syntaktischen Konventionen auf niedriger Ebene.

In einem meiner letzten Projekte gab es Probleme mit den Zeilenendzeichen. Manche Teammitglieder haben unter Unix entwickelt, wo Zeilen durch Newlines beendet werden – andere waren unter Windows unterwegs, wo Zeilen normalerweise durch ein Carriage Return, gefolgt von einem Newline abgeschlossen werden. Hat eine Person auf einem System eine kleine Änderung an einer Datei vorgenommen, die zuvor auf dem anderen System bearbeitet wurde, hat der Editor manchmal alle Zeilenendzeichen durch die für das System passenden ersetzt. Dadurch sah es so aus, als wäre jede Zeile in der Datei angefasst worden, was es erschwerte, die eigentlichen Änderungen zu erkennen. Wir haben dann die Konvention eingeführt, dass Dateien nur Newlines enthalten sollten, aber es war schwierig, sicherzustellen, dass sich jedes Tool, das von irgendeiner Person im Team zum Einsatz kam, an diese Konvention hielt. Jedes Mal, wenn ein neues Mitglied zum Projekt hinzukam, führte das zu Problemen mit den Zeilenendzeichen, bis diese Person alles richtig eingerichtet hatte.

Schließlich lösten wir das Problem, indem wir ein kurzes Skript schrieben, das automatisch lief, bevor Änderungen in die Versionsverwaltung eingecheckt wurden. Das Skript prüfte alle geänderten Dateien und brach den Commit ab, wenn eine von ihnen Carriage Returns enthielt. Es konnte auch manuell ausgeführt werden, um defekte Dateien zu reparieren, indem Carriage Return/Newline-Sequenzen durch Newlines ersetzt wurden. Das hat das Problem sofort beseitigt und gleichzeitig geholfen, neue Teammitglieder zu trainieren.

Code Reviews sind eine weitere Möglichkeit, Konventionen umzusetzen und Neueinsteiger mit ihnen vertraut zu machen. Je penibler die Code Reviewer sind, desto schneller erlernen alle im Team die Konventionen, und desto sauberer wird der Code sein.

- **When in Rome ...:** Die wichtigste Konvention, die alle in der Entwicklung befolgen sollten, ist der alte Spruch: »When in Rome, do as the Romans do.« Schauen Sie sich beim Arbeiten in einer neuen Datei um. Wie ist der bestehende Code strukturiert? Sind alle öffentlichen Variablen und Methoden vor den privaten deklariert? Sind die Methoden in alphabetischer Reihenfolge angeordnet? Nutzen Variablen die »Camel Case«- (`firstServerName`) oder die »Snake Case«-Schreibweise (`first_server_name`)? Wenn Sie etwas sehen, das wie eine mögliche Konvention aussieht, folgen Sie dieser. Wenn Sie eine Designentscheidung treffen, stellen Sie sich die Frage, ob es sein kann, dass eine ähnliche Entscheidung schon an anderer Stelle im Projekt getroffen wurde – wenn das so ist, suchen Sie nach einem bestehenden Beispiel und nutzen den gleichen Ansatz in Ihrem neuen Code.

- **Ändern Sie keine bestehenden Konventionen:** Widersetzen Sie sich dem Drang, bestehende Konventionen zu »verbessern«. **Eine »bessere Idee« zu haben, ist keine ausreichende Begründung dafür, Inkonsistenzen zu schaffen.** Ihre neue Idee mag zwar tatsächlich besser sein, aber der Wert der Konsistenz gegenüber der Inkonsistenz ist so gut wie immer größer als der Wert des einen Ansatzes gegenüber einem anderen. Stellen Sie sich zwei Fragen, bevor Sie inkonsistentes Verhalten einführen. Erstens: Besitzen Sie signifikante neue Informationen, die Ihren Ansatz rechtfertigen und die es noch nicht gab, als die alten Konventionen eingeführt wurden? Und zweitens: Ist der neue Ansatz so viel besser, dass sich der Aufwand lohnt, alle alten Anwendungsfälle anzupassen? Wenn Ihre Organisation der Meinung ist, dass die Antwort auf beide Fragen »Ja« ist, dann legen Sie los – und sind Sie fertig, sollte es kein Fitzelchen der alten Konvention mehr geben. Aber es besteht natürlich immer noch die Gefahr, dass andere Personen in der Entwicklung nichts über die neue Konvention wissen und in Zukunft wieder den alten Ansatz nutzen. Insgesamt gesehen, ist das Überdenken bestehender Konventionen selten ein guter Einsatz wertvoller Entwicklungszeit.

Wann Sie zu weit gehen

Konsistenz bedeutet nicht nur, dass ähnliche Dinge auch ähnlich umgesetzt werden sollten, sondern auch, dass unterschiedliche Dinge auf unterschiedlichen Wegen umzusetzen sind. Treiben Sie es mit der Konsistenz zu weit, werden Sie für Komplexität und Verwirrung sorgen. Versuchen Sie nicht, unterschiedliche Dinge mit dem gleichen Ansatz zu erschlagen, wie zum Beispiel das Verwenden des gleichen Variablennamens für Dinge, die sehr verschieden sind, oder den Einsatz eines bestehenden Design Pattern für eine Aufgabe, die dazu nicht passt. Konsistenz bietet nur dann Vorteile, wenn man beim Entwickeln darauf vertrauen kann, dass »etwas, das wie ein *x* aussieht, auch ein *x* ist«.

Zusammenfassung

Konsistenz ist ein weiteres Beispiel für eine Investitionsmentalität. Es kostet etwas zusätzlichen Aufwand, um Konsistenz sicherzustellen – das Nachdenken über Konventionen, das Erstellen automatischer Prüfwerkzeuge, die Suche nach ähnlichen Situationen, die sich in neuem Code wiederholen lassen, und der Aufwand durch Code Reviews, um das Team weiterzubilden. Sie erhalten dafür aber Vorteile: Ihr Code wird offensichtlicher sein. Beim Entwickeln wird man das Verhalten des Codes schneller und genauer verstehen, und Sie werden dadurch schneller und mit weniger Fehlern vorankommen.

KAPITEL 18

Code sollte offensichtlich sein

Unklarheit ist eine der zwei im Abschnitt »Ursachen für Komplexität« auf Seite 23 beschriebenen Hauptursachen für Komplexität. Sie tritt auf, wenn wichtige Informationen über ein System für neu hinzukommende Teammitglieder nicht offensichtlich sind. Die Lösung für das Unklarheitsproblem ist, Code so zu schreiben, dass er offensichtlich ist – dieses Kapitel geht auf ein paar der Faktoren ein, die Code mehr oder weniger offensichtlich machen.

Ist Code offensichtlich, heißt das, jemand kann den Code ohne großes Nachdenken schnell lesen, und die ersten Vermutungen über das Verhalten oder die Bedeutung des Codes sind korrekt. Ist Code offensichtlich, muss man beim Lesen nicht viel Zeit oder Aufwand investieren, um alle Informationen zusammenzutragen, die zum Arbeiten mit diesem Code erforderlich sind. Ist Code nicht offensichtlich, muss man beim Lesen viel Zeit und Energie aufwenden, um ihn zu verstehen. Das verringert nicht nur die Effizienz, sondern erhöht auch die Wahrscheinlichkeit für Missverständnisse und Fehler. Offensichtlicher Code benötigt weniger Kommentare als nicht offensichtlicher Code.

»Offensichtlichkeit« ergibt sich aber beim Lesen: Es ist einfacher, zu erkennen, dass der Code eines oder einer anderen nicht offensichtlich ist, als das Problem bei eigenem Code zu erkennen. Daher lässt sich Offensichtlichkeit beim Code am besten erkennen, indem man Code Reviews abhält. Liest jemand Ihren Code und sagt, dass er nicht offensichtlich ist, dann ist er nicht offensichtlich – egal wie klar er für Sie sein mag. Indem Sie versuchen, zu verstehen, was den Code nicht offensichtlich macht, lernen Sie, wie Sie in Zukunft besseren Code schreiben.

Dinge, die Code offensichtlicher machen

Zwei der wichtigsten Techniken, mit denen Code offensichtlich gemacht wird, wurden schon besprochen. Die erste ist die Wahl guter Namen (siehe Kapitel 14). Präzise und aussagekräftige Namen machen das Verhalten des Codes klarer und verringern den Bedarf an Dokumentation. Ist ein Name unklar oder mehrdeutig, muss man beim Lesen den Code durchgehen, um die Bedeutung der benannten

Entität zu erfassen – das ist zeitaufwendig und fehleranfällig. Die zweite Technik ist Konsistenz (siehe Kapitel 17). Wenn ähnliche Dinge immer auf ähnliche Art und Weise erledigt werden, kann man beim Lesen Muster wiedererkennen und sofort (sichere) Schlussfolgerungen ziehen, ohne den Code im Detail zu analysieren.

Hier ein paar weitere allgemein anwendbare Techniken, mit denen Code offensichtlicher wird:

- **Leerraum vernünftig einsetzen:** Die Art und Weise, wie Code formatiert wird, kann seine Verständlichkeit beeinflussen. Schauen Sie sich die folgende Parameterdokumentation an, aus der der Leerraum entfernt wurde:

```
/**
 * ...
 * @param numThreads Die Anzahl an Threads, die dieser
 * Manager starten sollte, um die eingehenden
 * Verbindungen zu managen. Der MessageManager startet
 * mindestens einen Thread für jede offene Verbindung,
 * daher sollte dieser Wert mindestens gleich der
 * Anzahl an Verbindungen sein, die gleichzeitig offen
 * sein werden. Er sollte ein Vielfaches dieser Zahl
 * sein, wenn davon auszugehen ist, dass viele Messages
 * in kurzer Zeit eintreffen.
 * @paramHandler Wird als Callback genutzt, um
 * eingehende Messages für die offenen Verbindungen
 * dieses MessageManager zu verarbeiten. Siehe
 * {@code MessageHandler} und {@code handleMessage} für
 * weitere Details.
 */
```

  Man sieht schlecht, wo die Dokumentation für einen Parameter endet und die nächste beginnt. Es ist nicht einmal offensichtlich, wie viele Parameter es gibt oder wie ihre Namen lauten. Mit ein wenig Leerraum wird die Struktur plötzlich klar und die Dokumentation leichter zu lesen:

```
/**
 * @param numThreads
 *      Die Anzahl an Threads, die dieser Manager
 *      starten sollte, um die eingehenden Verbindungen
 *      zu managen. Der MessageManager startet
 *      mindestens einen Thread für jede offene
 *      Verbindung, daher sollte dieser Wert mindestens
 *      gleich der Anzahl an Verbindungen sein, die
 *      gleichzeitig offen sein werden. Er sollte ein
 *      Vielfaches dieser Zahl sein, wenn davon
 *      auszugehen ist, dass viele Messages in kurzer
 *      Zeit eintreffen.
 * @paramHandler
 *      Wird als Callback genutzt, um eingehende
 *      Messages für die offenen Verbindungen dieses
 *      MessageManager zu verarbeiten. Siehe
 *      {@code MessageHandler} und
 *      {@code handleMessage} für weitere Details.
 */
```

Leere Zeilen sind auch nützlich, um größere Codeblöcke innerhalb einer Methode voneinander zu trennen, wie zum Beispiel hier:

```
void* Buffer::allocAux(size_t numBytes)
{
    // Die Länge auf ein Mehrfaches von 8 Byte
    // aufrunden, um Alignment sicherzustellen.
    uint32_t numBytes32 = (downCast<uint32_t>(numBytes) + 7) & ~0x7;
    assert(numBytes32 != 0);

    // Gibt es bei firstAvailable genug Speicher, nutze
    // diesen. Arbeite von oben her ab, weil dieser
    // Speicher garantiert aligned ist (Speicher am
    // Ende wurde eventuell schon für Bereiche
    // variabler Größe verwendet).
    if (availableLength >= numBytes32) {
        availableLength -= numBytes32;
        return firstAvailable + availableLength;
    }

    // Nun prüfen, ob es am Ende des letzten Bereichs
    // zusätzlichen Platz gibt.
    if (extraAppendBytes >= numBytes32) {
        extraAppendBytes -= numBytes32;
        return lastChunk->data + lastChunk->length + extraAppendBytes;
    }

    // Neue Allokation; Bereich darin allokieren.
    uint32_t allocatedLength;
    firstAvailable = getNewAllocation(numBytes32, &allocatedLength);
    availableLength = allocatedLength - numBytes32;
    return firstAvailable + availableLength;
}
```

Dieses Vorgehen funktioniert besonders gut, wenn die erste Zeile nach jeder Leerzeile ein Kommentar ist, der den nächsten Codeblock beschreibt; die Leerzeile macht den Kommentar sichtbarer.

Leerraum in einer Anweisung hilft dabei, ihre Struktur zu verdeutlichen. Vergleichen Sie die folgenden beiden Anweisungen, von denen eine Leerraum nutzt, die andere aber nicht:

```
for(int pass=1;pass>=0&&!empty;pass--) {

for (int pass = 1; pass >= 0 && !empty; pass--) {
```

- **Kommentare:** Manchmal lässt sich nicht offensichtlicher Code nicht vermeiden. In diesem Fall ist es wichtig, Kommentare zur Kompensation einzusetzen und sie die fehlenden Informationen beisteuern zu lassen. Um das gut zu machen, müssen Sie sich selbst in die lesende Person hineinversetzen und sich vorstellen, was diese wohl verwirren wird und welche Informationen dabei helfen können, diese Verwirrung zu beseitigen. Der nächste Abschnitt zeigt ein paar Beispiele.

Dinge, die Code weniger offensichtlich machen

Es gibt vieles, das Code weniger offensichtlich macht – dieser Abschnitt liefert ein paar Beispiele dazu. Einige davon, wie die eventgetriebene Programmierung, sind in manchen Situationen nützlich, daher werden Sie sie eventuell trotzdem einsetzen. In diesem Fall kann zusätzliche Dokumentation dabei helfen, die Verwirrung beim Lesen zu reduzieren.

Warnzeichen: Nicht offensichtlicher Code

Wenn Bedeutung und Verhalten von Code nicht durch schnelles Überfliegen verstanden werden können, ist das ein Warnzeichen. Es bedeutet häufig, dass es wichtige Informationen gibt, die für jene, die den Code lesen, nicht sofort klar sind.

- **Eventgetriebene Programmierung:** Bei der eventgetriebenen Programmierung reagiert eine Anwendung auf externe Ereignisse, wie zum Beispiel das Eintreffen eines Netzwerkpakets oder das Drücken einer Maustaste. Ein Modul ist für das Berichten über eintreffende Events verantwortlich. Andere Teile der Anwendung zeigen ihr Interesse an bestimmten Events, indem das Eventmodul gebeten wird, eine mitgegebene Funktion oder Methode aufzurufen, wenn diese Events auftreten.

  Eventgetriebene Programmierung macht es schwer, dem Kontrollfluss zu folgen. Die Eventhandler-Funktionen werden nie direkt aufgerufen – sie werden indirekt vom Eventmodul gestartet, meist über einen Funktionszeiger oder eine Schnittstelle. Selbst wenn Sie im Eventmodul die Stelle mit den Aufrufen finden, ist es immer noch nicht möglich, zu sagen, welche spezifische Funktion aufgerufen wird: Das hängt davon ab, welche Handler zur Laufzeit registriert wurden. Aus diesem Grund ist es schwierig, über eventgesteuerten Code nachzudenken oder sich selbst davon zu überzeugen, dass er korrekt läuft.

  Um diese Unklarheit auszugleichen, nutzen Sie den Schnittstellenkommentar für jede Handlerfunktion, um zu zeigen, wo sie aufgerufen wird, zum Beispiel:

  ```
  /**
   * Diese Methode wird im Dispatch-Thread von einem
   * Transport aufgerufen, wenn ein Fehler auf
   * Transportebene dafür sorgt, dass ein RPC nicht
   * abgeschlossen werden kann.
   */
  void
  Transport::RpcNotifier::failed() {
      ...
  }
  ```

- **Generische Container:** Viele Sprachen bieten generische Klassen für das Gruppieren von zwei oder mehr Elementen in einem einzelnen Objekt an, wie zum Beispiel `Pair` in Java oder `std::pair` in C++. Diese Klassen sind verlockend, weil sie es erleichtern, viele Objekte in einer einzelnen Variablen herumzureichen. Ein häufiger Anwendungsfall ist das Zurückgeben mehrerer Werte aus einer Methode, wie in diesem Java-Beispiel:

```
return new Pair<Integer, Boolean>(currentTerm, false);
```

Leider führen generische Container zu nicht offensichtlichem Code, weil die gruppierten Elemente generische Namen besitzen, die ihre Bedeutung verschleiern. Im obigen Beispiel muss der aufrufende Code auf die zwei zurückgegebenen Werte mit `result.getKey()` und `result.getValue()` zugreifen, was keinerlei Hinweis darauf gibt, was diese Werte eigentlich bedeuten.

Daher ist es besser, keine generischen Container einzusetzen. Brauchen Sie einen Container, definieren Sie eine neue Klasse oder Struktur, die für den spezifischen Einsatzfall entwickelt wurde. Sie können dann sinnvolle Namen für die Elemente verwenden und zusätzliche Dokumentation in der Deklaration mitliefern, was beim generischen Container nicht möglich ist.

Dieses Beispiel illustriert eine allgemeine Regel: **Software sollte so designt sein, dass man sie leicht lesen kann – und nicht so, dass man sie leicht schreiben kann.** Generische Container sind für die Person praktisch, die den Code schreibt, aber sie sorgen bei allen, die den Code lesen müssen, für Verwirrung. Es ist besser, dass die Person, die den Code schreibt, ein paar Minuten zusätzlich dafür aufwendet, eine spezifische Containerstruktur zu definieren, sodass der so entstehende Code offensichtlicher ist.

- **Unterschiedliche Typen für Deklaration und Allokation:** Schauen Sie sich das folgende Java-Beispiel an:

```
private List<Message> incomingMessageList;
...
incomingMessageList = new ArrayList<Message>();
```

Die Variable ist als `List` deklariert, ihr tatsächlicher Wert ist aber eine `ArrayList`. Dieser Code ist gültig, da `List` eine Oberklasse von `ArrayList` ist, aber er kann beim Lesen für Verwirrung sorgen, wenn man die Deklaration, aber nicht die eigentliche Allokation anschaut. Der tatsächliche Typ hat eventuell einen Einfluss darauf, wie die Variable verwendet wird (`ArrayLists` haben andere Eigenschaften in Bezug auf Performance und Thread-Sicherheit als andere Unterklassen von `List`), daher ist es besser, wenn Deklaration und Allokation zusammenpassen.

- **Code, der die Erwartungen beim Lesen verletzt:** Schauen Sie sich folgenden Code an, bei dem es sich um das `main`-Programm für eine Java-Anwendung handelt:

```
public static void main(String[] args) {
    ...
    new RaftClient(myAddress, serverAddresses);
}
```

Die meisten Anwendungen enden, wenn ihr `main`-Programm zurückkehrt, daher wird man beim Lesen vermutlich davon ausgehen, dass das auch hier der Fall ist. Aber es stimmt nicht. Der Konstruktor für `RaftClient` erzeugt zusätzliche Threads, die auch dann weiterarbeiten, wenn der Hauptthread der Anwendung endet. Dieses Verhalten sollte im Schnittstellenkommentar für den Konstruktor von `RaftClient` dokumentiert sein, aber das Verhalten ist so wenig offensichtlich, dass es sinnvoll ist, auch am Ende von `main` einen kurzen Kommentar dazu einzufügen. Darin sollte stehen, dass die Anwendung in anderen Threads weiterläuft. Code ist dann am offensichtlichsten, wenn er den Konventionen entspricht, die man beim Lesen erwartet – ist das nicht der Fall, ist es wichtig, das Verhalten zu dokumentieren, um Verwirrung zu vermeiden.

Zusammenfassung

Eine andere Möglichkeit, über Offensichtlichkeit nachzudenken, ist der Weg über den Informationsbegriff. Ist Code nicht offensichtlich, heißt das im Allgemeinen, dass es wichtige Informationen über den Code gibt, die man beim Lesen nicht besitzt: Im Beispiel mit dem `RaftClient` weiß man eventuell nicht, dass der Konstruktor des `RaftClient` neue Threads erzeugt; beim `Pair`-Beispiel ist möglicherweise unbekannt, dass `result.getKey()` den Wert für den aktuellen Begriff liefert.

Damit Code offensichtlich wird, müssen Sie sicherstellen, dass man beim Lesen immer alle Informationen besitzt, die erforderlich sind, um ihn zu verstehen. Das können Sie auf drei Wegen erreichen. Am besten ist es, die Menge an erforderlichen Informationen zu reduzieren und dabei Designtechniken wie Abstraktion und das Verringern von Spezialfällen einzusetzen. Als Zweites können Sie auf Informationen zurückgreifen, die man beim Lesen schon in einem anderen Zusammenhang erhalten hat (zum Beispiel indem Sie Konventionen folgen und Erwartungen erfüllen), sodass man sich beim Lesen keine neuen Informationen für Ihren Code erschließen muss. Und drittens können Sie die wichtigen Informationen im Code präsentieren und dabei Techniken wie eine gute Namenswahl und strategische Kommentare einsetzen.

KAPITEL 19

Softwaretrends

Um die in diesem Buch behandelten Prinzipien besser zu illustrieren, geht es in diesem Kapitel um eine Reihe von Trends und Mustern, die in den letzten Jahrzehnten in der Softwareentwicklung Verbreitung gefunden haben. Für jeden Trend werde ich beschreiben, wie er zu den Prinzipien in diesem Buch steht, und anhand dieser Prinzipien ermitteln, ob er Softwarekomplexität entgegenwirkt.

Objektorientierte Programmierung und Vererbung

Objektorientierte Programmierung ist eine der wichtigsten neuen Ideen in der Softwareentwicklung der letzten 30 bis 40 Jahre. Sie hat Konzepte wie Klassen, Vererbung, private Methoden und Instanzvariablen eingeführt. Umsichtig eingesetzt, können diese Mechanismen dabei helfen, bessere Softwaredesigns zu schaffen. So lassen sich beispielsweise private Methoden und Variablen dazu verwenden, um Information Hiding sicherzustellen: Code außerhalb einer Klasse kann keine privaten Methoden aufrufen oder auf private Variablen zugreifen, und so kann es keine externen Abhängigkeiten von ihnen geben.

Eines der zentralen Elemente objektorientierter Programmierung ist Vererbung. Diese gibt es in zwei Formen, die unterschiedliche Auswirkungen auf die Softwarekomplexität haben. Die erste Form ist die Schnittstellenvererbung, bei der eine übergeordnete Klasse die Signaturen für eine oder mehrere Methoden definiert, die Methoden aber nicht implementiert. Jede Unterklasse muss die Signaturen implementieren, aber unterschiedliche Unterklassen können die gleichen Methoden auf unterschiedliche Art und Weise implementieren. So kann die Schnittstelle beispielsweise I/O-Methoden definieren. Eine Unterklasse implementiert nun vielleicht die I/O-Operationen für Festplattendateien, eine andere Unterklasse implementiert die gleichen Operationen für Netzwerk-Sockets.

Schnittstellenvererbung hilft gegen Komplexität, indem die gleiche Schnittstelle für mehrere Anwendungsfälle wiederverwendet wird. Wissen, das beim Lösen eines Problems erworben wurde (wie zum Beispiel die Verwendung einer I/O-Schnittstelle zum Lesen und Schreiben von Festplattendateien), kann genutzt werden, um andere Probleme zu lösen (zum Beispiel das Kommunizieren über einen Netzwerk-Socket). Man kann darüber auch in Bezug auf Tiefe nachdenken: Je mehr unterschiedliche Implementierungen es für eine Schnittstelle gibt, desto tiefer wird sie. Damit eine Schnittstelle viele Implementierungen haben kann, muss sie die wichtigsten Features aller zugehörigen Implementierungen umfassen, sich aber gleichzeitig von den Details lösen, durch die sich die Implementierungen unterscheiden – diese Idee macht den Kern der Abstraktion aus.

Die zweite Form der Vererbung ist die Implementierungsvererbung. Bei dieser Form definiert eine übergeordnete Klasse nicht nur Signaturen für eine oder mehrere Methoden, sondern auch Standardimplementierungen. Unterklassen können wählen, ob sie die Implementierung einer Methode der übergeordneten Klasse erben oder sie überschreiben wollen, indem sie eine neue Methode mit der gleichen Signatur definieren. Ohne Implementierungsvererbung muss eventuell die gleiche Methodenimplementierung in einer Reihe von Unterklassen dupliziert werden, was für Abhängigkeiten zwischen diesen Unterklassen führen würde (Änderungen müssten in allen Kopien der Methode nachgezogen werden). Daher reduziert die Implementierungsvererbung die Menge an zu änderndem Code, wenn das System weiterentwickelt wird – mit anderen Worten: Sie verringert das Problem der Ausweitung von Änderungen, das in Kapitel 2 beschrieben wurde.

Aber die Implementierungsvererbung erzeugt Abhängigkeiten zwischen der übergeordneten und all ihren untergeordneten Klassen. Auf Klasseninstanzvariablen der übergeordneten Klasse wird oft sowohl von den übergeordneten wie auch von den untergeordneten Klassen zugegriffen – das führt zu Informationslecks zwischen den Klassen in der Vererbungshierarchie und macht es damit sehr schwierig, eine Klasse in der Hierarchie zu verändern, ohne auch die anderen zu begutachten. So kann es beispielsweise notwendig sein, durch Änderungen an der übergeordneten Klasse auch alle untergeordneten Klassen untersuchen zu müssen, um sicherzustellen, dass die Änderungen dort nichts kaputt machen. Und wenn eine Unterklasse eine Methode der übergeordneten Klasse überschreibt, muss man beim Entwickeln eventuell die Implementierung der übergeordneten Klasse untersuchen. Im schlimmsten Fall muss man beim Programmieren die gesamte Klassenhierarchie unterhalb der übergeordneten Klasse kennen, um Änderungen an nur einer der Klassen vornehmen zu können. Klassenhierarchien mit Implementierungsvererbung tendieren dazu, ausgesprochen komplex zu werden.

Daher sollte Implementierungsvererbung nur mit Bedacht eingesetzt werden. Bevor Sie sie nutzen, überlegen Sie sich, ob ein *Kompositionsansatz* die gleichen Vorteile bieten kann. So kann es beispielsweise möglich sein, kleine Hilfsklassen zu nutzen, um durch sie eine gemeinsame Funktionalität zu implementieren. Statt Funktionen von einer übergeordneten Klasse zu erben, können die Klassen über die Features der Hilfsklassen aufgebaut werden.

Wenn es keine praktikable Alternative zur Implementierungsvererbung gibt, versuchen Sie, den von der übergeordneten Klasse verwalteten Status von dem getrennt zu halten, der von Unterklassen verwaltet wird. Das ist zum Beispiel möglich, indem man bestimmte Instanzvariablen vollständig von Methoden in der übergeordneten Klasse verwalten lässt und die Unterklassen nur lesend oder über andere Methoden der übergeordneten Klasse darauf zugreifen. Das bringt das Konzept des Information Hiding in die Klassenhierarchie und reduziert Abhängigkeiten.

Auch wenn die durch objektorientierte Programmierung angebotenen Mechanismen beim Implementieren eines sauberen Designs helfen können, garantieren sie nicht von allein ein gutes Design. Sind Klassen beispielsweise flach, haben komplexe Schnittstellen oder ermöglichen externen Zugriff auf ihren internen Status, führt das trotzdem zu einer hohen Komplexität.

Agile Entwicklung

Agiles Entwickeln ist ein Ansatz in der Softwareentwicklung, der in den späten 1990er-Jahren aus einer Reihe von Ideen entstand und versucht, sie schlanker, flexibler und inkrementeller zu machen. Formal wurde es bei einem Treffen von Fachleuten im Jahr 2001 definiert. Bei der agilen Entwicklung geht es vor allem um den Prozess der Softwareentwicklung (Teams organisieren, Zeitpläne managen, die Rolle von Unit Tests, Interaktion mit Kunden und so weiter) und weniger um das Softwaredesign. Trotzdem steht sie zu manchen der Designprinzipien aus diesem Buch in Bezug.

Eines der wichtigsten Elemente agiler Entwicklung ist die Idee, dass die Entwicklung inkrementell und iterativ sein soll. Beim agilen Ansatz wird ein Softwaresystem in einer Folge von Iterationen entwickelt, die jeweils ein paar neue Features hinzufügen und evaluieren – zu jeder Iteration gehören Design, Tests und Beiträge von Kunden – ähnlich wie bei dem hier vorgeschlagenen inkrementellen Ansatz. Wie in Kapitel 1 erwähnt, ist es nicht möglich, ein komplexes System von außen gut genug zu überblicken, um das optimale Design zu bestimmen. Der beste Weg zu einem guten Design ist das Entwickeln des Systems in inkrementellen Schritten, wobei jeder Schritt ein paar neue Abstraktionen hinzufügt und bestehende Abstraktionen aufgrund der gewonnenen Erfahrung refaktoriert. Das ähnelt dem agilen Entwicklungsansatz.

Eines der Risiken agiler Entwicklung ist, dass sie zu taktischer Programmierung führen kann. Sie tendiert dazu, dass man sich beim Entwickeln auf Features statt auf Abstraktionen fokussiert, und sie bestärkt darin, Designentscheidungen beiseitezuschieben, um so schnell wie möglich funktionierende Software zu schaffen. So schlagen Ihnen beispielsweise einige agile Experten vor, nicht von Anfang an vielseitig nutzbare Mechanismen zu implementieren – stattdessen beginnen Sie mit einem minimalen, spezialisierten Mechanismus und refaktorieren ihn später zu einem allgemeiner einsetzbaren, wenn Sie wissen, dass Sie ihn benötigen. Obwohl diese Argumente bis zu einem gewissen Grad Sinn machen, sprechen sie gegen einen Investitionsansatz und fördern einen eher taktischen Stil der Programmierung. So kann aber schnell viel Komplexität entstehen. Ein inkrementelles Entwickeln ist allgemein eine gute Idee, aber **die Entwicklungsschritte sollten Abstraktionen und nicht Features sein**. Es ist in Ordnung, alle Gedanken über eine bestimmte Abstraktion beiseitezuschieben, bis sie für ein Feature benötigt wird. Brauchen Sie dann die Abstraktion, investieren Sie die Zeit, sie sauber zu designen – folgen Sie den Ratschlägen aus Kapitel 6 und machen Sie sie möglichst vielseitig einsetzbar.

Unit Tests

Es war früher üblich, dass Entwicklerinnen und Entwickler nur sehr selten Tests schrieben. Wenn sie überhaupt entstanden, wurden sie von einem separaten QA-Team erstellt. Aber einer der Grundsätze agiler Entwicklung ist, dass Testen eng mit der Entwicklung verknüpft sein soll und man beim Programmieren auch Tests für den eigenen Code schreibt. Diese Praxis hat mittlerweile weite Verbreitung gefunden. Tests werden meist in zwei Arten unterteilt: Unit Tests und Systemtests. Unit Tests sind diejenigen, die am häufigsten in der Entwicklung geschrieben werden. Sie sind klein und fokussiert: Jeder Test validiert normalerweise einen kleinen Codeabschnitt in einer einzelnen Methode. Unit Tests können isoliert laufen, ohne eine Produktivumgebung für das System aufsetzen zu müssen. Sie werden oft unter der Steuerung eines Test Covering Tools ausgeführt, um sicherzustellen, dass jede Codezeile in der Anwendung getestet wird. Immer dann, wenn Entwickler neuen Code schreiben oder bestehenden Code verändern, sind sie dafür verantwortlich, die Unit Tests anzupassen, um die Testabdeckung hoch zu halten.

Die zweite Art von Tests sind Systemtests (manchmal auch als Integrationstests bezeichnet), die sicherstellen, dass die verschiedenen Teile einer Anwendung sauber zusammenarbeiten. Typischerweise wird dazu die gesamte Anwendung in einer produktivähnlichen Umgebung ausgeführt. Systemtests werden eher von einem separaten QA- oder Testteam geschrieben.

Tests – insbesondere Unit Tests – spielen eine wichtige Rolle beim Softwaredesign, weil sie das Refaktorieren erleichtern. Ohne eine Testsuite ist es gefährlich, größere strukturelle Änderungen an einem System vorzunehmen. Es gibt keine einfache Möglichkeit, Fehler zu finden, daher ist es wahrscheinlich, dass sie unentdeckt bleiben, bis der neue Code deployt wird – aber dann ist es viel teurer, sie zu finden und zu beheben. Daher wird beim Entwickeln ein Refaktorieren in Systemen vermieden, für die es keine guten Testsuites gibt – man versucht, die Menge an Codeänderungen bei jedem neuen Feature oder Bugfix minimal zu halten, wodurch sich Komplexität ansammelt und Designfehler nicht korrigiert werden.

Mit einer guten Sammlung an Tests können Entwickler beim Refaktorieren zuversichtlicher vorgehen, weil die Testsuite die meisten neu eingebrachten Bugs finden wird. Das unterstützt die Entwicklungsteams dabei, strukturelle Verbesserungen an einem System vorzunehmen, was wiederum zu einem besseren Design führt.

Unit Tests sind besonders wertvoll: Sie bieten einen höheren Grad an Codeabdeckung als Systemtests, daher werden sie eher Fehler aufdecken.

So haben wir uns beispielsweise während der Entwicklung der Skriptsprache Tcl dazu entschieden, die Performance zu verbessern, indem wir den Tcl-Interpreter durch einen Bytecode-Compiler ersetzten. Das war eine große Änderung, die so gut wie jeden Teil der zentralen Tcl-Engine betraf. Zum Glück besaß Tcl eine ausgezeichnete Unit Test Suite, die wir für die neue Bytecode-Engine laufen ließen. Die bestehenden Tests waren so effektiv beim Aufdecken von Bugs in der neuen Engine, dass nach dem Alpha-Release des Bytecode-Compilers nur noch ein weiterer Fehler gefunden wurde.

Test-Driven Development

Test-Driven Development ist ein Ansatz in der Softwareentwicklung, bei dem Entwicklerinnen und Entwickler Unit Tests schreiben, bevor sie Code schreiben. Beim Erzeugen einer neuen Klasse schreibt man erst Unit Tests für die Klasse, die auf dem erwarteten Verhalten basieren. Keiner der Tests wird erfolgreich durchlaufen, da es keinen Code für die Klasse gibt. Dann arbeitet man sich beim Entwickeln Test für Test voran und schreibt so viel Code, dass der Test bestanden wird. Laufen alle Tests erfolgreich durch, ist die Klasse fertig.

Auch wenn ich Unit Tests sehr wichtig finde, bin ich kein Fan des Test-Driven Development. **Das Problem des Test-Driven Development ist, dass es sich darauf konzentriert, spezifische Features zum Laufen zu bekommen, statt das beste Design zu finden.** Es ist taktische Programmierung in Reinform – mit all ihren Nachteilen. Test-Driven Development ist zu inkrementell: Es ist immer zu verlockend, einfach das nächste Feature zusammenzuschustern, um den nächsten Test zu bestehen. Es gibt keine erkennbare Designzeit, daher landet man leicht in einem großen Chaos.

Wie im Abschnitt »Agile Entwicklung« auf Seite 165 erwähnt, sollten die Entwicklungseinheiten Abstraktionen statt Features sein. Haben Sie Bedarf für eine Abstraktion festgestellt, sollten Sie sie nicht nach und nach erstellen, sondern sie auf einmal entwerfen (oder zumindest so weit designen, dass sie eine ausreichend umfassende Sammlung an zentralen Funktionen bietet). Das wird eher für ein sauberes Design sorgen, dessen einzelne Elemente gut zusammenpassen.

Es gibt eine Situation, in der es sinnvoll ist, erst Tests zu schreiben: beim Beheben von Fehlern. Schreiben Sie vor dem Lösen eines Bugs einen Unit Test, der wegen des Fehlers fehlschlägt. Dann beheben Sie den Fehler und sorgen dafür, dass der Unit Test nun durchläuft. So können Sie am besten sicherstellen, dass Sie den Fehler wirklich gefunden haben. Beheben Sie den Fehler, bevor Sie den Test schreiben, ist es möglich, dass der neue Unit Test gar nicht durch den Fehler beeinflusst wurde, sodass Sie nicht sagen können, ob Sie das Problem wirklich behoben haben.

Design Patterns

Ein Design Pattern oder Entwurfsmuster ist ein häufig genutzter Ansatz, um eine bestimmte Art von Problem zu lösen, wie zum Beispiel einen Iterator oder einen Observer. Die Idee der Design Patterns wurde durch das Buch *Entwurfsmuster: Elemente wiederverwendbarer objektorientierter Software* von Gamma, Helm, Johnson und Vlissides bekannt, und sie kommen mittlerweile in der objektorientierten Softwareentwicklung häufig zum Einsatz.

Design Patterns stehen für eine Alternative zum Design: Statt einen neuen Mechanismus von Grund auf neu zu entwerfen, wenden Sie einfach ein wohlbekanntes Design Pattern an. Das ist größtenteils keine schlechte Idee: Die Patterns wurden bekannt, weil sie häufig vorkommende Probleme lösen und im Allgemeinen ein sauberes Vorgehen ermöglichen. Funktioniert ein Design Pattern in einer bestimmten Situation gut, werden Sie nur schwerlich einen anderen, besseren Ansatz finden.

Das größte Risiko bei Design Patterns ist, sie überzudosieren. Nicht jedes Problem lässt sich sauber mit einem bestehenden Design Pattern lösen – versuchen Sie nicht, ein Problem in ein Design Pattern zu zwingen, wenn ein eigener Ansatz sauberer ist. Der Einsatz von Design Patterns verbessert nicht automatisch ein Softwaresystem – das tut er nur, wenn das Design Pattern auch passt. Wie bei vielen Ideen im Softwaredesign bedeutet die Meinung, dass Design Patterns gut sind, nicht automatisch, dass mehr Design Patterns besser sein werden.

Getter und Setter

In der Java-Community sind *Getter*- und *Setter*-Methoden ein beliebtes Design Pattern. Ein Getter und ein Setter werden mit einer Instanzvariablen für eine Klasse verbunden. Sie haben Namen wie `getFoo` und `setFoo`, wobei `Foo` der Name der Variablen ist. Die Getter-Methode gibt den aktuellen Wert der Variablen zurück, die Setter-Methode passt ihn an.

Getter und Setter sind nicht zwingend notwendig, da Instanzvariablen auch öffentlich gemacht werden können. Der Vorteil von Gettern und Settern ist, dass sie zusätzliche Funktionalität beim Auslesen und Setzen von Werten erlauben, wie zum Beispiel das Aktualisieren zugehöriger Werte, wenn sich eine Variable ändert, das Benachrichtigen von Listenern über Änderungen oder das Sicherstellen von Regeln für Werte. Auch wenn diese Features nicht von Anfang an benötigt werden, lassen sie sich so später noch ergänzen, ohne die Schnittstelle anpassen zu müssen.

Es kann sinnvoll sein, Getter und Setter zu verwenden, wenn Sie von außen auf Instanzvariablen zugreifen müssen, aber besser wäre es, die Instanzvariablen gar nicht erst sichtbar zu machen. Denn das bedeutet, dass ein Teil der Klassenimplementierung extern sichtbar ist, was die Idee des Information Hiding verletzt und die Komplexität der Klassenschnittstelle erhöht. Getter und Setter sind flache Methoden (meist bestehen sie nur aus einer Zeile), daher müllen sie die Klassenschnittstelle zu, ohne viel Funktionalität beizutragen. Es ist besser, Getter und Setter (oder überhaupt das Bereitstellen von Implementierungsdaten) so weit wie möglich zu vermeiden.

Eines der Risiken beim Bekanntmachen eines Design Pattern ist, dass andere davon ausgehen, dass das Pattern gut ist und so oft wie möglich eingesetzt werden sollte. Das hat in Java zu einem zu häufigen Einsatz von Gettern und Settern geführt.

Zusammenfassung

Wann immer Sie einem Vorschlag für ein neues Paradigma in der Softwareentwicklung begegnen, sollten Sie dieses vom Standpunkt der Komplexität aus begutachten: Hilft der Vorschlag wirklich dabei, die Komplexität in großen Softwaresystemen zu verringern? Viele Vorschläge klingen auf den ersten Blick gut, aber wenn Sie sie sich genauer anschauen, werden Sie feststellen, dass manche von ihnen die Komplexität schlimmer machen, statt die Situation zu verbessern.

KAPITEL 20

Performance

Bisher hat sich die Diskussion zum Thema Softwaredesign rein auf die Komplexität fokussiert – das Ziel bestand darin, Software so einfach und verständlich wie möglich zu machen. Aber wie sieht es aus, wenn Sie an einem System arbeiten, das schnell sein muss? Wie sollten sich Performanceüberlegungen auf den Designprozess auswirken? In diesem Kapitel geht es darum, wie Sie eine hohe Performance erreichen, ohne das saubere Design zu opfern. Die wichtigste Idee ist immer noch die Einfachheit: Sie verbessert nicht nur das Design eines Systems, sondern macht es meist auch schneller.

Wie man über Performance nachdenkt

Die erste Frage, die Sie sich stellen sollten, ist: »Wie sehr sollte ich mich während des normalen Entwicklungsprozesses um Performance kümmern?« Wenn Sie versuchen, jede Anweisung auf maximale Geschwindigkeit hin zu optimieren, wird das die Entwicklung verlangsamen und für viel unnötige Komplexität sorgen. Ignorieren Sie hingegen die Performanceprobleme komplett, landen Sie schnell bei vielen signifikanten Ineffizienzen im Code – das System kann so problemlos fünf bis zehn Mal langsamer laufen, als es das müsste. In diesem »Tod auf Raten«-Szenario ist es schwer, später noch die Performance zu verbessern, weil es nicht die eine Verbesserung gibt, die so große Auswirkungen hat.

Der beste Ansatz liegt irgendwo zwischen diesen beiden Extremen, bei dem Sie grundlegendes Wissen zur Performance nutzen, um Designalternativen zu wählen, die »natürlich effizient«, aber auch sauber und einfach sind. Entscheidend ist, zu erkennen, welche Operationen prinzipiell teuer sind. Hier ein paar Beispiele für Operationen, die heutzutage relativ teuer sind:

- Netzwerkkommunikation: Selbst innerhalb eines Datacenters kann ein Roundtrip für einen Nachrichtenaustausch 10 bis 50 µs dauern, was das 10.000-Fache normaler Anweisungen ist. Roundtrips durch das normale Internet können 10 bis 100 ms dauern.
- I/O auf Secondary Storage: Festplatten-I/O-Operationen benötigen typischerweise 5 bis 10 ms, was das Millionenfache von normalen Anweisungen ist.

Flash-Speicher braucht 10 bis 100 µs. Neu entwickelte nicht flüchtige Speicher können bis zu 1 µs schnell sein, was aber immer noch das 2.000-Fache von Anweisungen ist.

- Zum dynamischen Anfordern von Speicher (`malloc` in C, `new` in C++ oder Java) gehört meist ein ordentlicher Overhead für die Allokation, das Freigeben und die Garbage Collection.
- Cache Misses: Das Laden von Daten aus dem DRAM in einen On-Chip-Prozessor-Cache benötigt ein paar Hundert Anweisungszyklen – in vielen Programmen wird die Gesamtperformance genauso stark von Cache Misses beeinflusst wie vom eigentlichen Rechenaufwand.

Am besten lernen Sie durch das Ausführen von Micro-Benchmarks (kleinen Programmen, die die Kosten einer einzelnen Operation isoliert messen), welche Dinge teuer sind. Im RAMCloud-Projekt haben wir ein einfaches Programm geschrieben, das ein Framework für Micro-Benchmarks bereitgestellt hat. Es dauerte ein paar Tage, um das Framework zu erstellen, aber es ermöglichte das Anlegen neuer Micro-Benchmarks in fünf oder zehn Minuten. So konnten wir Dutzende Micro-Benchmarks laufen lassen. Diese nutzten wir, um die Performance bestehender Bibliotheken zu messen, die in RAMCloud zum Einsatz kamen, und um die Performance neuer Klassen zu bestimmen, die für RAMCloud geschrieben wurden.

Haben Sie ein grundlegendes Gespür dafür, was teuer und was günstig ist, können Sie mit diesen Informationen wann immer möglich günstige Operationen einsetzen. In vielen Fällen wird ein effizienterer Ansatz genauso einfach sein wie ein langsamerer Ansatz. Speichern Sie beispielsweise eine große Sammlung von Objekten, auf die dann über einen Schlüsselwert zugegriffen wird, können Sie entweder eine Hashtabelle oder eine Ordered Map einsetzen. Beide stehen über Bibliotheken zur Verfügung, und beide lassen sich einfach und sauber einsetzen. Aber Hashtabellen können leicht fünf bis zehn Mal schneller sein. Daher sollten Sie eine Hashtabelle verwenden, sofern Sie nicht die Sortiermöglichkeiten durch die Map benötigen.

Ein anderes Beispiel: Denken Sie an das Allokieren eines Arrays mit Strukturen in einer Sprache wie C oder C++. Es gibt dabei zwei Vorgehensweisen. Bei der einen speichern Sie im Array Zeiger auf die Strukturen – dann müssen Sie erst Speicher für das Array allokieren und dann Platz für jede einzelne Struktur anfordern. Es ist viel effizienter, die Strukturen im Array selbst zu speichern, weil Sie dann nur einen großen Block für alles allokieren müssen.

Wenn Sie die Effizienz nur verbessern können, indem Sie Komplexität hinzufügen, ist die Wahl schwieriger. Sorgt das effizientere Design für nur wenig zusätzliche Komplexität und ist diese verborgen, sodass sie keine Schnittstellen beeinflusst, mag es lohnenswert sein (aber denken Sie daran: Komplexität ist inkrementell). Bringt das schnellere Design viel mehr Implementierungskomplexität mit oder führt es zu komplizierteren Schnittstellen, kann es besser sein, mit dem einfacheren Ansatz zu beginnen und später zu optimieren, wenn sich die Performance als Problem herausstellt. Ist aber klar, dass die Performance in einer bestimmten Situation sehr wichtig ist, müssen Sie den schnelleren Ansatz eventuell von Anfang an implementieren.

Beim RAMCloud-Projekt war es eines unserer Gesamtziele, eine möglichst geringe Latenz für Clientmaschinen zu bieten, die über ein Datacenter-Netzwerk auf das Storage-System zugreifen. Daher entschieden wir uns dafür, Spezialhardware für die Netzwerkverbindung einzusetzen, die es RAMCloud ermöglichte, den Kernel zu umgehen und direkt mit dem Controller der Netzwerkschnittstelle zu kommunizieren, wenn es darum ging, Pakete zu verschicken und zu empfangen. Diese Entscheidung trafen wir, obwohl sie für zusätzliche Komplexität sorgte, weil wir durch Messungen wussten, dass die Netzwerkkommunikation per Kernel zu langsam sein würde, um unseren Anforderungen zu genügen. Im größten Teil des restlichen RAMCloud-Systems konnten wir mit dem Ziel der Einfachheit designen – indem wir dieses eine große Thema »richtig« machten, wurden viele andere Dinge einfacher.

Im Allgemeinen tendiert einfacher Code dazu, schneller zu sein als komplexer Code. Haben Sie Spezialfälle und Ausnahmen wegdefiniert, ist auch kein Code mehr erforderlich, um auf diese Fälle zu prüfen, und das System läuft schneller. Tiefe Klassen sind effizienter als flache, weil mit jedem Methodenaufruf mehr Arbeit erledigt wird. Flache Klassen führen zu mehr Wechseln zwischen den Schichten, und jeder dieser Wechsel bringt Overhead mit sich.

Vor (und nach) dem Ändern messen

Stellen Sie sich aber vor, Ihr System ist immer noch zu langsam, obwohl Sie es wie oben beschrieben designt haben. Es wäre verlockend, jetzt Performance-Tweaks an Stellen vorzunehmen, die Ihrer Intuition nach sinnvoll wären. Aber tun Sie das nicht! Intuition bezüglich der Performance ist beim Entwickeln sehr unzuverlässig. Das gilt selbst für Menschen mit viel Erfahrung. Beginnen Sie damit, Anpassungen aufgrund von Intuition vorzunehmen, verschwenden Sie Zeit für Dinge, die die Performance gar nicht verbessern, und Sie werden das System dabei vermutlich auch noch komplizierter machen.

Vor irgendeiner Änderung messen Sie das bestehende Verhalten des Systems. Das hilft aus zwei Gründen. Zum einen werden die Messungen die Stellen aufzeigen, an denen ein Performance-Tuning die größten Auswirkungen haben wird. Es reicht nicht aus, einfach nur die Gesamtperformance des Systems zu messen. Damit erfahren Sie vielleicht, dass das System zu langsam ist, aber nicht, warum das der Fall ist. Sie werden tiefergehend messen müssen, um im Detail die Faktoren zu ermitteln, die zur Gesamtperformance beitragen. Ziel ist, wenige sehr spezifische Stellen zu finden, an denen das System aktuell viel Zeit verbringt und für die Sie Verbesserungsideen haben. Der zweite Zweck der Messungen ist, eine Bezugsgröße zu erhalten, sodass Sie die Performance nach Ihren Änderungen erneut messen können, um sicherzustellen, dass sich die Performance tatsächlich verbessert hat. Wenn sich die Änderungen nicht deutlich in der Performance bemerkbar machen, sollten Sie sie zurücknehmen (sofern das System dadurch nicht einfacher geworden ist). Es ist unsinnig, Komplexität beizubehalten, wenn sie nicht zu einer merklichen Beschleunigung führt.

Rund um den kritischen Pfad designen

Nehmen wir jetzt an, dass Sie die Performance sorgfältig analysiert und einen Codeabschnitt identifiziert haben, der so langsam ist, dass er die Performance des Gesamtsystems beeinträchtigt. Am besten verbessern Sie dessen Performance durch eine »grundlegende« Änderung, wie zum Beispiel das Einführen eines Caches oder das Verwenden eines anderen Algorithmus (zum Beispiel Balanced Tree versus List). Unsere Entscheidung, den Kernel für die Netzwerkkommunikation bei RAMCloud zu umgehen, ist ein Beispiel für eine grundlegende Änderung. Finden Sie solch einen grundlegenden Fix, können Sie ihn mit den in den vorherigen Kapiteln beschriebenen Designtechniken implementieren.

Leider trifft man immer mal auf Situationen, in denen es keinen solchen grundlegenden Fix gibt. Das führt uns zum zentralen Punkt dieses Kapitels – wie führen Sie ein Redesign für einen bestehenden Codeabschnitt so durch, dass er schneller läuft? Das sollte Ihre letzte Alternative sein, und sie sollte nicht allzu häufig genutzt werden müssen. Aber es gibt Fälle, in denen sie trotzdem einen großen Unterschied ausmachen kann. Zentrale Idee dabei ist, den Code entlang des kritischen Pfads zu designen.

Beginnen Sie damit, sich selbst zu fragen, was die kleinstmögliche Coding-Strecke wäre, um die erforderliche Aufgabe im Normalfall auszuführen. Ignorieren Sie dabei jegliche bestehende Codestruktur. Stellen Sie sich stattdessen vor, dass Sie eine neue Methode schreiben, die nur den kritischen Pfad implementiert – also den minimalen Code, der im häufigsten Fall zu durchlaufen ist. Der aktuelle Code ist eventuell durch Spezialfälle aufgebläht – ignorieren Sie sie in dieser Übung. Möglicherweise geht es im kritischen Pfad durch eine Reihe von Methodenaufrufen – nehmen Sie stattdessen an, Sie könnten den gesamten relevanten Code in einer einzelnen Methode zusammenfassen. Der aktuelle Code nutzt vielleicht auch eine Reihe von Variablen und Datenstrukturen – nehmen Sie nur die Daten hinzu, die für den kritischen Pfad erforderlich sind, und stellen Sie alle Datenstrukturen so auf, dass sie für den kritischen Pfad am praktischsten sind. So mag es beispielsweise sinnvoll sein, mehrere Variablen zu einer zusammenzufassen. Nehmen Sie an, dass Sie das System vollständig redesignen könnten, um den Code zu minimieren, der für den kritischen Pfad ausgeführt werden muss. Diesen Code wollen wir »das Ideal« nennen.

Der ideale Code gerät vermutlich mit Ihren bestehenden Klassenstrukturen in Konflikt und mag auch nicht praktikabel sein, aber er dient als gutes Ziel: Dies ist der einfachste und schnellste Code, der möglich ist. Im nächsten Schritt schauen Sie nun nach einem neuen Design, das so nahe wie möglich an das Ideal herankommt und dabei immer noch eine saubere Struktur besitzt. Sie können alle Designideen aus den vorherigen Kapiteln dieses Buchs anwenden – allerdings mit der zusätzlichen Beschränkung, dass der ideale Code (möglichst) intakt bleibt. Vielleicht müssen Sie das Ideal um ein bisschen zusätzlichen Code ergänzen, damit es auch saubere Abstraktionen ermöglicht; gehört zum Code beispielsweise ein Lookup in einer Hashtabelle, ist es in Ordnung, einen zusätzlichen Methodenaufruf für eine allgemein nutzbare Hashtabellen-Klasse mit aufzunehmen. Meiner Erfahrung nach ist es so gut wie immer möglich, ein Design zu finden, das sauber und einfach ist, dabei aber dem Ideal trotzdem sehr nahe kommt.

In diesem Prozess ist es entscheidend, dass die Spezialfälle aus dem kritischen Pfad entfernt werden. Ist Code langsam, liegt das oft daran, dass er mit einer Reihe von Situationen umgehen muss und so strukturiert wird, dass er möglichst einfach alle diese verschiedenen Fälle verarbeiten kann. Jeder Spezialfall sorgt für ein bisschen Code für den kritischen Pfad – durch zusätzliche bedingte Anweisungen und/oder Methodenaufrufe. Jede dieser Ergänzungen macht den Code ein bisschen langsamer. Beim Performance-Redesign versuchen Sie, die Anzahl an Spezialfällen zu minimieren, die Sie prüfen müssen. Idealerweise gibt es eine einzelne `if`-Anweisung am Anfang, die alle Spezialfälle mit einer Abfrage erkennt. Im Normalfall wird nur dieser eine Test durchgeführt, und danach kann der kritische Pfad beschritten werden, ohne dass weitere Tests auf Spezialfälle erforderlich sind. Schlägt der initiale Test fehl (weil ein Spezialfall aufgetreten ist), kann der Code zu einem eigenen Bereich wechseln, der sich abseits des kritischen Pfads mit den Sonderfällen befasst. Performance ist hier nicht so wichtig, daher können Sie den Code für die Spezialfälle auf Einfachheit statt auf Performance trimmen.

Ein Beispiel: RAMCloud-Buffer

Schauen wir uns ein Beispiel an, in dem die Buffer-Klasse des Storage-Systems RAMCloud so optimiert wurde, dass sich die Geschwindigkeit für die häufigsten Operationen in etwa verdoppelt hat.

RAMCloud nutzt Buffer-Objekte, um im Speicher Arrays variabler Länge zu verwalten, wie zum Beispiel Request- und Response-Messages für Remote Procedure Calls. Buffer sind dafür designt, den Overhead beim Kopieren und dynamischen Allokieren von Speicher zu verringern. Ein Buffer speichert nach außen hin ein lineares Array aus Bytes, aber aus Effizienzgründen darf der darunterliegende Storage in mehrere unzusammenhängende Speicherabschnitte unterteilt sein (siehe Abbildung 20-1). Ein Buffer wird erstellt, indem Daten-Chunks angehängt werden. Jeder *Chunk* ist entweder *extern* oder *intern*. Ist ein Chunk extern, gehört sein Storage dem Besitzer – der Buffer speichert dann eine Referenz auf diesen Storage. Externe Chunks werden meist für große Chunks genutzt, um das Kopieren von Speicher zu vermeiden. Ist ein Chunk intern, kümmert sich der Buffer um den Storage für den Chunk – Daten von der aufrufenden Methode werden in den internen Storage des Buffers kopiert. Jeder Buffer besitzt eine kleine *eingebaute Allocation*, bei der es sich um einen Speicherblock handelt, der für das Ablegen interner Chunks verfügbar ist. Ist dieser Speicher verbraucht, erstellt der Buffer zusätzliche Allocations, die freigegeben werden müssen, wenn der Buffer zerstört wird. Interne Chunks sind für kleine Chunks praktisch, bei denen die Kosten für das Kopieren des Speicherinhalts erträglich sind. In Abbildung 20-1 sehen Sie einen Buffer mit fünf Chunks: Der erste ist intern, die nächsten beiden sind extern, und die letzten beiden Chunks sind wieder intern.

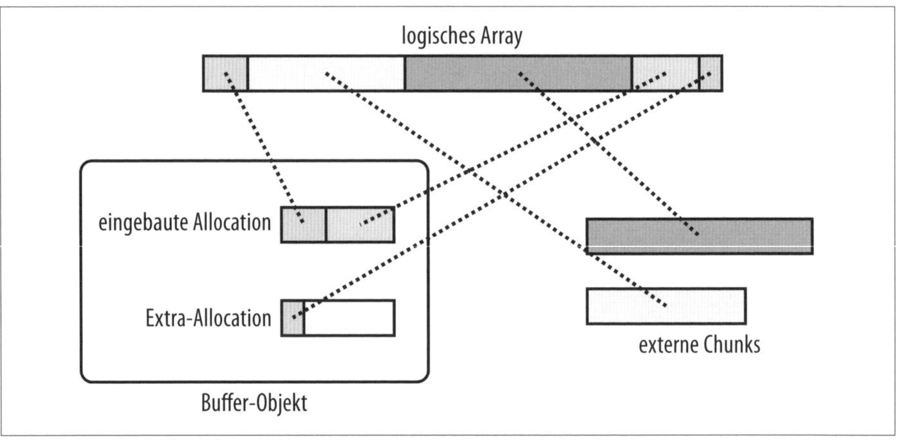

Abbildung 20-1: Ein Buffer-Objekt verwendet eine Reihe von Speicher-Chunks, um etwas zu speichern, was sich nach außen als lineares Bytearray darstellt. Interne Chunks gehören dem Buffer und werden freigegeben, wenn der Buffer zerstört wird – externe Chunks gehören nicht dem Buffer.

Die Buffer-Klasse selbst steht für einen »grundlegenden Fix«, denn sie vermeidet das teure Kopieren von Speicher, das ansonsten notwendig wäre. Geht es beispielsweise darum, eine Response-Message mit einem kleinen Header und einem großen Objekt als Inhalt im RAMCloud-System zusammenzustellen, nutzt RAMCloud einen Buffer mit zwei Chunks. Der erste Chunk ist ein interner, der für den Header verwendet wird, der zweite ist ein externer Chunk, der den Inhalt des Objekts im RAMCloud-System referenziert. Die Response kann im Buffer erstellt werden, ohne dass das große Objekt kopiert werden muss.

Abgesehen vom grundlegenden Ansatz, unzusammenhängende Chunks zu erlauben, haben wir nicht weiter versucht, den Code der Buffer-Klasse aus der ursprünglichen Implementierung zu optimieren. Mit der Zeit haben wir aber festgestellt, dass Buffer in mehr und mehr Situationen zum Einsatz kamen – so wurden beispielsweise mindestens vier Buffer beim Ausführen jedes Remote Procedure Call erzeugt. Schließlich wurde klar, dass das Beschleunigen der Implementierung des Buffers einen merklichen Einfluss auf die Performance des Gesamtsystems haben könnte. Wir entschieden, dass wir herausfinden wollten, ob wir die Performance der Buffer-Klasse verbessern konnten.

Die häufigste Operation für den Buffer ist, Platz für eine kleine Menge neuer Daten in einem internen Chunk zu allokieren. Das passiert beispielsweise beim Erzeugen von Headern für Request- und Response-Messages. Wir entschieden uns, diese Operation als den kritischen Pfad für die Optimierung zu verwenden. Im einfachsten möglichen Fall kann der Speicher allokiert werden, indem man den letzten schon bestehenden Chunk im Buffer vergrößert. Aber das ist nur möglich, wenn der letzte vorhandene Chunk ein interner ist und wenn es in seiner Allokation ausreichend Platz gibt, um die neuen Daten noch mit aufnehmen zu können. Der ideale Code würde nur eine Prüfung durchführen, um sicherzustellen, dass der einfache Ansatz möglich ist, und dann die Größe des bestehenden Chunks anpassen.

In Beispiel 20-1 sehen Sie den ursprünglichen Code für den kritischen Pfad, der mit der Methode `Buffer::alloc` beginnt. Im schnellstmöglichen Fall ruft `Buffer::alloc` dann `Buffer::allocateAppend` auf, was wiederum `Buffer::Allocation::allocateAppend` aufruft. Aus Performancesicht hat dieser Code zwei Probleme. Erstens gibt es mehrere Spezialfälle, die einzeln und manchmal sogar wiederholt abgefragt werden. Zunächst prüft `Buffer::allocateAppend`, ob der Buffer schon Allocations hat. Dann wird zweimal kontrolliert, ob die aktuelle Allocation ausreichend Platz für die neuen Daten besitzt – erst in `Buffer::Allocation::allocateAppend` und dann erneut, wenn deren Rückgabewert von `Buffer::allocateAppend` kontrolliert wird. Zudem wird nicht versucht, den letzten Chunk direkt zu erweitern, stattdessen allokiert der Code neuen Speicher, ohne sich vorher den letzten Chunk anzuschauen. Dann prüft `Buffer::alloc`, ob der allokierte Speicher direkt auf den letzten Chunk folgt, und verbindet beides (sofern möglich). Das führt zu weiteren Prüfungen. Insgesamt testet der Code sechs verschiedene Bedingungen auf dem kritischen Pfad.

Beispiel 20-1: Der ursprüngliche Code für das Allokieren neuen Speichers für einen internen Chunk am Ende eines Buffers

```
char* Buffer::alloc(int numBytes)
{
    char* data = allocateAppend(numBytes);
    Buffer::Chunk* lastChunk = this->chunksTail;
    if ((lastChunk != NULL && lastChunk->isInternal()) &&
            (data - lastChunk->length == lastChunk->data)) {
        // schneller Pfad: bestehenden Chunk erweitern
        lastChunk->length += numBytes;
        this->totalLength += numBytes;
    } else {
        // Neuen Chunk aus den allokierten Daten
        //erstellen.
        append(data, numBytes);
    }
    return data;
}

// Allokiert neuen Speicher am Ende des Buffers; nutzt
// wenn möglich Speicher am Ende der aktuellen
// Allocation, erstellt ansonsten eine neue Allocation.
// Gibt einen Zeiger auf den neuen Speicher zurück.
char* Buffer::allocateAppend(int size) {
    void* data;
```

```
    if (this->allocations != NULL) {
        data = this->allocations->allocateAppend(size);
        if (data != NULL) {
            // schneller Pfad
            return data;
        }
    }
    data = newAllocation(0, size)->allocateAppend(size);
    assert(data != NULL);
    return data;
}

// Versucht, Speicher am Ende einer bestehenden
// Allocation anzufordern. Gibt einen Zeiger auf den
// neuen Speicher zurück oder NULL, wenn es nicht genug
// Speicher gibt.
char* Buffer::Allocation::allocateAppend(int size) {
    if ((this->chunkTop - this->appendTop) < size)
        return NULL;
    char *retVal = &data[this->appendTop];
    this->appendTop += size;
    return retVal;
}
```

Das zweite Problem des ursprünglichen Codes sind seine zu vielen allesamt flachen Schichten. Das ist sowohl ein Performance- wie auch ein Designproblem. Der kritische Pfad führt neben dem Originalaufruf von `Buffer::alloc` noch zwei weitere Methodenaufrufe aus. Jeder Aufruf kostet Zeit, und in einem dieser Fälle muss das Ergebnis des Aufrufs auch noch geprüft werden, was zu einem weiteren zu berücksichtigenden Spezialfall führt. In Kapitel 7 ging es darum, dass sich Abstraktionen normalerweise ändern sollen, wenn Sie von einer Schicht zu einer anderen wechseln, aber alle drei Methoden in Beispiel 20-1 besitzen identische Signaturen und nutzen mehr oder weniger die gleichen Abstraktionen – das ist ein Warnzeichen. `Buffer::allocateAppend` ist im Großen und Ganzen eine Pass-Through-Methode – ihr einziger Beitrag liegt darin, bei Bedarf eine neue Allocation zu erzeugen. Die zusätzlichen Schichten sorgen dafür, dass der Code langsamer und komplizierter wird.

Um diese Probleme zu beheben, haben wir die Buffer-Klasse so refaktoriert, dass sich ihr Design am performancekritischsten Pfad orientiert. Wir haben uns nicht nur den oben gezeigten Code zum Allokieren vorgenommen, sondern auch eine Reihe anderer häufig ausgeführter Pfade, wie zum Beispiel das Bestimmen der Gesamtmenge der Bytes, die aktuell in einem Buffer gespeichert sind. Für jeden dieser kritischen Pfade haben wir versucht, den kürzestmöglichen Code zu ermitteln, der im Normalfall ausgeführt werden muss. Dann haben wir den Rest der Klasse rund um diese kritischen Pfade designt. Zudem haben wir die Designprinzipien aus diesem Buch angewendet, um die Klasse ganz allgemein zu vereinfachen. So wurden beispielsweise flache Schichten entfernt, tiefere interne Abstraktionen geschaffen und die Anzahl der zu prüfenden Spezialfälle wurde verringert. Die refaktorierte Klasse ist um 20% kleiner als die Ursprungsversion (1.476 Zeilen versus 1.886 Zeilen).

Beispiel 20-2: Der neue Code für das Allokieren neuen Speichers in einem internen Buffer-Chunk

```
char* Buffer::alloc(int numBytes)
    if (this->availableAppendBytes >= numBytes) {
        // Es gibt direkt nach dem aktuellen letzten
        // Chunk freien Speicher, daher können wir die
        // neue Region dort anfordern.

        Buffer::Chunk* chunk = this->lastChunk;
        char* result = chunk->data + chunk->length;
        chunk->length += numBytes;
        this->availableAppendBytes -= numBytes;
        this->totalLength += numBytes;
        return result;
    }

    // Wir müssen einen neuen Chunk erstellen.
    ...
}
```

In Beispiel 20-2 sehen Sie den neuen kritischen Pfad für das Allokieren von internem Speicher in einem Buffer. Der neue Code ist nicht nur schneller, er lässt sich auch leichter lesen, da er flache Abstraktionen vermeidet. Der gesamte Pfad wird in einer einzelnen Methode durchlaufen, und er nutzt eine einzige Abfrage für alle Spezialfälle. Der neue Code verwendet eine neue Instanzvariable `availableAppendBytes`, um den kritischen Pfad zu vereinfachen. In dieser Variablen steht, wie viel ungenutzter Speicher direkt nach dem letzten Chunk im Buffer noch verfügbar ist. Gibt es keinen Speicher mehr, handelt es sich beim letzten Chunk nicht um einen internen oder gibt es noch gar keine Chunks im Buffer, ist `availableAppendBytes` null – so können drei verschiedene Spezialfälle auf einmal geprüft werden. Der Code in Beispiel 20-2 repräsentiert den minimal erforderlichen Code, um den Normalfall, in dem Platz vorhanden ist, abzudecken.

Hinweis: Das Aktualisieren von `totalLength` hätte vermieden werden können, indem bei Bedarf die Gesamt-Buffer-Länge aus den einzelnen Chunks aufsummiert würde. Aber dieser Ansatz wäre für einen großen Buffer mit vielen Chunks teuer, und das Ermitteln der Gesamt-Buffer-Länge ist eine weitere häufig genutzte Operation. Daher entschieden wir uns, in `alloc` ein klein wenig Overhead hinzuzufügen, um sicherzustellen, dass die Buffer-Länge immer sofort zur Verfügung steht.

Der neue Code ist fast doppelt so schnell wie der alte: Die Gesamtzeit zum Anhängen eines 1-Byte-Strings an einen Buffer mit internem Storage sank von 8,8 ns auf 4,75 ns. Viele andere Buffer-Operationen wurden durch das Überarbeiten ebenfalls schneller. So reduzierte sich beispielsweise die Zeit für den Aufbau eines neuen Buffer, das Anhängen eines kleinen Chunks im internen Speicher und das Löschen des Buffer von 24 ns auf 12 ns.

Zusammenfassung

Die wichtigste Lektion aus diesem Kapitel ist, dass sich sauberes Design und hohe Performance nicht ausschließen. Das Überarbeiten der Buffer-Klasse verbesserte ihre Performance um einen Faktor von zwei, während gleichzeitig das Design vereinfacht und die Codemenge um 20% reduziert wurde. Komplizierter Code tendiert durch zusätzliche oder redundante Schritte dazu, langsam zu sein. Schreiben Sie andererseits sauberen, einfachen Code, wird Ihr System vermutlich schnell genug sein, sodass Sie sich nicht unbedingt um Performance zu kümmern brauchen. In den wenigen Fällen, in denen Sie die Performance optimieren müssen, liegt der Schlüssel wieder in der Einfachheit: Finden Sie die kritischen Pfade, die für die Performance am wichtigsten sind, und machen Sie sie so einfach wie möglich.

KAPITEL 21

Entscheiden, was wichtig ist

Eines der wichtigsten Elemente guten Softwaredesigns ist, zwischen Wichtigem und Unwichtigem zu unterscheiden. Strukturieren Sie Softwaresysteme rund um die wichtigen Dinge. Versuchen Sie, die Auswirkungen von Elementen, die nicht ganz so wichtig sind, auf den Rest des Systems klein zu halten. Wichtiges sollte hervorgehoben und offensichtlicher gemacht werden – Unwichtiges sollte so gut wie möglich verborgen sein.

Viele der Ideen aus den vorherigen Kapiteln tragen in ihrem Kern die Idee der Trennung der wichtigen von den unwichtigen Dingen. Das machen wir beispielsweise beim Designen von Abstraktionen. Die Schnittstelle eines Moduls spiegelt wider, was beim Anwenden dieses Moduls wichtig ist – Dinge, die für die Verwendung des Moduls nicht wichtig sind, sollten in der Implementierung verborgen werden, damit sie weniger offensichtlich sind. Beim Auswählen eines Variablennamens besteht das Ziel darin, ein paar Wörter zu finden, die über die Variable so viele Informationen wie möglich enthalten, und diese Wörter im Namen zu verwenden – das sind die Aspekte der Variablen, die am wichtigsten sind. Ist Performance für ein Modul wirklich wichtig, sollte das Design des Moduls danach strukturiert werden, die Performanceziele zu erreichen – im Beispiel aus Abschnitt »Ein Beispiel: RAMCloud-Buffer« auf Seite 175 hieß das, ein Design zu finden, bei dem der performancekritische Pfad so wenig Methodenaufrufe und Prüfungen auf Spezialfälle wie möglich enthält, das aber trotzdem sauber, einfach und offensichtlich ist.

Wie entscheidet man, was wichtig ist?

Manchmal werden einem System wichtige Aspekte als externe Vorgaben auferlegt, wie zum Beispiel Performance in Abschnitt »Ein Beispiel: RAMCloud-Buffer« auf Seite 175. Häufiger liegt es aber beim Designer oder bei der Designerin, festzulegen, was wichtig ist. Auch wenn es externe Vorgaben gibt, muss man beim Design herausfinden, was zum Erreichen dieser Vorgaben am wichtigsten ist.

Um zu entscheiden, was wichtig ist, halten Sie nach *Hebeln* Ausschau, bei denen die Lösung für ein Problem auch das Lösen vieler anderer Probleme erlaubt, oder bei denen das Wissen um eine Information es auch erleichtert, viele andere Dinge zu verstehen. In der Diskussion darüber, wie Text zu speichern ist (Abschnitt »Beispiel: Text für einen Editor speichern« auf Seite 54), konnte beispielsweise eine allgemein nutzbare Schnittstelle zum Einfügen und Löschen von Zeichenbereichen genutzt werden, um viele Probleme zu lösen, während spezialisierte Methoden wie `backspace` nur ein einzelnes Problem lösten. Die allgemein nutzbare Schnittstelle hatte einen größeren Hebel. Aus Sicht der Textklassenschnittstelle war es nicht wichtig, ob sie als Reaktion auf die Rücktaste aufgerufen wurde – es ging nur darum, dass Text zu löschen war. Eine Invariante ist ein weiteres Beispiel für einen Hebelansatz: Kennen Sie erst einmal eine Invariante für eine Variable oder Struktur, können Sie vorhersagen, wie sich diese Variable oder Struktur in vielen unterschiedlichen Situationen verhalten wird.

Es ist einfacher, herauszufinden, was am wichtigsten ist, wenn Sie aus mehreren Optionen wählen können. Wenn Sie beispielsweise einen Variablennamen festlegen wollen, erstellen Sie im Geiste eine Liste mit Wörtern, die mit dieser Variablen zu tun haben. Dann wählen Sie ein paar dieser Wörter aus, die die meisten Informationen übermitteln. Nutzen Sie diese Wörter nun, um den Variablennamen zu bilden. Das ist ein Beispiel für das Prinzip »Designe es zweimal«.

Manchmal mag es nicht offensichtlich sein, was am wichtigsten ist – das kann besonders für jüngere Entwickler und Entwicklerinnen schwierig sein, die noch nicht so viel Erfahrung haben. In diesen Situationen empfehle ich, eine Hypothese zu erstellen: »Ich denke, dieses ist am wichtigsten.« Dann legen Sie sich auf diese Hypothese fest, bauen das System entsprechend dieser Annahme und schauen, wie es funktioniert. War Ihre Hypothese richtig, denken Sie darüber nach, warum sie sich als korrekt erwiesen hat und welche Hinweise es gegeben haben könnte, die Sie in Zukunft nutzen können. War Ihre Hypothese falsch, ist das trotzdem in Ordnung: Überlegen Sie sich, warum das nicht funktioniert hat und ob es Anhaltspunkte gab, die Sie hätten nutzen können, um diese Entscheidung zu vermeiden. Sie werden auf jeden Fall aus dieser Erfahrung lernen und nach und nach bessere Entscheidungen treffen.

Lassen Sie möglichst wenig wichtig sein

Versuchen Sie dafür zu sorgen, dass so wenig wie möglich wichtig ist – das wird zu einfacheren Systemen führen. Probieren Sie beispielsweise, die Anzahl an Parametern zu minimieren, die zum Erstellen eines Objekts angegeben werden müssen, oder liefern Sie Standardwerte mit, die den häufigsten Anwendungsfall widerspiegeln. Wenn etwas wichtig ist, versuchen Sie, die Anzahl an Orten zu minimieren, an denen es wichtig ist. Informationen, die in einem Modul verborgen werden, sind für Code außerhalb dieses Moduls nicht wichtig. Kann eine Exception vollständig in einer unteren Schicht eines Systems gehandhabt werden, ist sie für den Rest des Systems nicht wichtig. Kann ein Konfigurationsparameter automatisch aus dem Systemverhalten ermittelt werden (statt ihn von einer Administratorin oder einem Administrator per Hand festlegen lassen zu müssen), ist dieser für die beteiligten Personen nicht mehr länger wichtig.

Wie Sie wichtige Dinge hervorheben

Haben Sie herausgefunden, welche Dinge wichtig sind, sollten Sie sie im Design hervorheben. Eine Möglichkeit dafür ist Prominenz: Wichtige Dinge sollten an Stellen erscheinen, an denen ihre Sichtbarkeit größer ist, zum Beispiel in der Schnittstellendokumentation oder in Namen und Parametern von häufig verwendeten Methoden. Eine andere Möglichkeit der Hervorhebung besteht in der Wiederholung: Zentrale Ideen tauchen immer wieder auf. Eine dritte Methode ist Zentralität. Die wichtigsten Dinge sollten sich im Kern des Systems befinden, wo sie die Struktur der Dinge um sie herum bestimmen. Ein Beispiel ist die Schnittstelle für Gerätetreiber in Betriebssystemen – das ist eine zentrale Idee, weil Hunderte oder Tausende von Treibern davon abhängen.

Natürlich gilt auch das Umgekehrte: Wenn eine Idee deutlicher sichtbar ist, wenn sie immer wieder auftaucht oder wenn sie die Struktur eines Systems wesentlich beeinflusst, dann ist diese Idee wichtig.

Genauso sollten Dinge, die nicht wichtig sind, auch nicht hervorgehoben sein. Sie sollten so weit wie möglich verborgen werden, nicht häufig erwähnt werden und auch keinen Einfluss auf die Struktur des Systems haben.

Fehler

Bei der Entscheidung darüber, was wichtig ist, gibt es zwei Arten von Fehlern, die Sie machen können. Der erste ist, zu viele Dinge als wichtig zu betrachten. Wenn das geschieht, verstopfen unwichtige Dinge das Design, sorgen für zusätzliche Komplexität und erhöhen die kognitive Last. Ein Beispiel sind Methoden mit Argumenten, die für einen Großteil des aufrufenden Codes unwichtig sind. Ein weiteres Beispiel ist die Java-I/O-Schnittstelle, die in Abschnitt »Beispiele: Java und Unix-I/O« auf Seite 40 behandelt wird: Sie zwingt beim Entwickeln dazu, sich der Unterschiede zwischen gepuffertem und ungepuffertem I/O bewusst zu sein, auch wenn das fast nie wichtig ist (man will so gut wie immer Buffering haben und keine Zeit damit verschwenden, explizit danach fragen zu müssen). Flache Klassen sind oft das Ergebnis davon, zu viele Dinge als wichtig zu betrachten.

Die zweite Art Fehler ist, nicht zu erkennen, dass etwas wichtig ist. Dieser Fehler führt zu Situationen, in denen wichtige Informationen verborgen werden oder wichtige Funktionalität nicht verfügbar ist, sodass man sie beim Entwickeln immer wieder neu erstellen muss. Solche Fehler beeinträchtigen die Produktivität und führen zu unbekannten Unbekannten.

Denken Sie umfassender

Die Idee, sich darauf zu fokussieren, was am wichtigsten ist, ist neben dem Softwaredesign auch in anderen Domänen gültig. Auch beim Schreiben technischer Dokumentation ist sie wichtig: Ein Dokument lässt sich leichter lesen, wenn man zu Beginn ein paar Schlüsselkonzepte erkennt und den Rest des Dokuments dementsprechend strukturiert. Und bei der Diskussion über die Details eines Systems hilft es, sie mit dem Gesamtkonzept in Bezug zu setzen.

Es ist darüber hinaus eine großartige Lebensphilosophie, sich darauf zu konzentrieren, was wichtig ist: Legen Sie ein paar Dinge fest, die Ihnen besonders wichtig sind, und versuchen Sie, für diese Dinge so viel Energie wie möglich aufzuwenden. Vertrödeln Sie nicht Ihre ganze Zeit mit Dingen, die Ihnen nicht wichtig sind oder nicht lohnenswert erscheinen.

Der Begriff »guter Geschmack« beschreibt die Fähigkeit, zwischen Wichtigem und Unwichtigem unterscheiden zu können. Für ein gutes Softwaredesign ist es wichtig, einen guten Geschmack zu haben.

KAPITEL 22

Zusammenfassung

In diesem Buch geht es um eine Sache: Komplexität. Der Umgang mit Komplexität ist die wichtigste Herausforderung im Softwaredesign. Sie sorgt dafür, dass Systeme schwer zu bauen und zu warten sind, und oft macht Komplexität die Systeme auch langsamer. Ich habe versucht, die tatsächlichen Ursachen zu beschreiben, die zu Komplexität führen, wie zum Beispiel Abhängigkeiten und Unklarheiten. Ich habe Warnzeichen besprochen, die Ihnen dabei helfen können, überflüssige Komplexität zu erkennen, etwa Informationslecks, unnötige Fehlerbedingungen oder zu generische Namen. Ich habe ein paar allgemeine Ideen vorgestellt, mit denen Sie einfachere Softwaresysteme erschaffen können, wie beispielsweise das Ziel, tiefe und allgemein nutzbare Klassen zu bauen, Fehler wegzudefinieren und die Schnittstellendokumentation von der Implementierungsdokumentation zu trennen. Und schließlich bin ich auch auf die Investitionsmentalität eingegangen, die erforderlich ist, um einfache Designs schaffen zu können.

Der Nachteil all dieser Vorschläge ist, dass sie in den frühen Stadien eines Projekts für zusätzlichen Aufwand sorgen. Wenn Sie es bisher nicht gewohnt sind, über Designthemen nachzudenken, wird Sie das noch mehr ausbremsen, während Sie zunächst erst einmal lernen, gute Designtechniken anzuwenden. Wenn es Ihnen nur darum geht, Ihren aktuellen Code so schnell wie möglich zum Laufen zu bringen, wird das Nachdenken über Design sehr nervig erscheinen und Ihnen das Gefühl vermitteln, Ihrem wirklichen Ziel nur im Weg zu sein.

Ist gutes Design andererseits ein wichtiges Ziel für Sie, sollten die Ideen in diesem Buch dafür sorgen, dass Ihnen das Programmieren mehr Spaß macht. Design ist ein faszinierendes Rätsel: Wie kann ein bestimmtes Problem mit einer möglichst einfachen Struktur gelöst werden? Es macht Spaß, unterschiedliche Ansätze zu untersuchen, und es ist ein tolles Gefühl, eine Lösung zu entdecken, die gleichzeitig einfach und leistungsfähig ist. Ein sauberes, einfaches und offensichtliches Design ist etwas sehr Schönes.

Zudem werden sich die Investitionen, die Sie in gutes Design stecken, schnell bezahlt machen. Die zu Beginn eines Projekts sorgfältig definierten Module werden Ihnen später immer wieder Zeit sparen, wenn Sie sie regelmäßig einsetzen. Die klare

Dokumentation, die Sie vor sechs Monaten geschrieben haben, wird Ihnen Zeit sparen, wenn Sie sich für ein neues Feature wieder mit dem Code befassen müssen. Die Zeit, die Sie zum Verbessern Ihrer Designfähigkeiten eingesetzt haben, wird sich ebenfalls auszahlen: Mit wachsenden Fähigkeiten und zunehmender Erfahrung werden Sie feststellen, dass Sie immer schneller gute Designs schaffen können. Ein gutes Design benötigt nicht viel länger als ein schnelles und schmutziges Design, wenn Sie erst einmal wissen, wie es geht.

Sind Sie ein guter Designer, wird das dadurch belohnt, dass Sie mehr Zeit in der Designphase verbringen können – was Spaß macht. Baut man ein schlechtes Design, muss man mehr Zeit damit verbringen, Fehler in kompliziertem und anfälligem Code zu jagen. Verbessern Sie Ihre Designfähigkeiten, werden Sie nicht nur schneller qualitativ hochwertige Software schaffen, die Softwareentwicklung wird auch noch mehr Spaß machen.

Index

L

M

N

O

P

Über den Autor

John Ousterhout ist Professor für Informatik an der Stanford University. Er hat die Entwicklung weit verbreiteter Softwaresysteme wie Raft, Tcl/Tk, Sprite und Magic geleitet und eigene Unternehmen gegründet. Er ist Mitglied der National Academy of Engineering und erhielt zahlreiche Auszeichnungen wie den U.C. Berkeley Distinguished Teaching Award.

Kolophon

Das Tier auf dem Cover von »Prinzipien des Softwaredesigns« ist eine Schwarze Ruderschlange (*Hydrophis melanosoma*).

Ruderschlangen gehören zur Unterfamilie der Seeschlangen, die zur Familie der Giftnattern gehören. Alle Arten dieser Gattung haben einen abgeplatteten Schwanz, mit dem sie im Wasser Ruderbewegungen ausführen und sich somit sehr schnell fortbewegen können. Auch die schlanke Körperform hilft ihnen dabei, sich durch Riffe und Steine hindurchzuschlängeln und Beutetiere in ihren Verstecken aufzuspüren.

Seeschlangen haben eines der stärksten Schlangengifte überhaupt. Die Giftzähne sind feststehend und eher klein. Ein Biss muss allerdings nicht tödlich enden, denn die Schlangen geben ihr Gift nur in geringen Dosen ab, da diese ausreichen, um ihre Opfer, die Fische, zu lähmen.

Die Schwarze Ruderschlange lebt in den warmen Küstengewässern Malaysias, Borneos, Sumatras und Sulawesis. Auf der Roten Liste der IUCN (International Union for Conservation of Nature and Natural Resources) wird sie als Art geführt, für die es nur eine unzureichende Datengrundlage gibt (*data deficient*). Wie bei vielen anderen Tierarten ist auch über diese Schlangenart nur sehr wenig bekannt, insbesondere über die Populationszahlen und Vermehrungsraten. Bekannt ist allerdings, dass Seeschlangen nach wie vor für die Lederproduktion gefangen werden und massenweise als Beifang in die Netze der Fischer geraten und so millionenfach verenden.

Rezensieren
Sie dieses Buch

Senden
Sie uns Ihre Rezension
unter **www.oreilly.de/rez**

Erhalten
Sie Ihr Wunschbuch aus
unserem Verlagsangebot